Arbeiten zur Archäologie Süddeutschlands

Band 19

Rainer Kreutle

Die Urnenfelderkultur zwischen Schwarzwald und Iller

südliches Württemberg, Hohenzollern und südöstliches Baden

Teil II: Tafeln und Beilagen

Verlag Dr. Faustus 2007

ISBN 978-3-933474-39-1

© 2007 Verlag Dr. FAUSTUS. Alle Rechte vorbehalten
Umschlaggestaltung: Dr. Ulrich Pfauth
Redaktion: Dr. Rainer Kreutle, Dr. Ulrich Pfauth
Verlag: Dr. FAUSTUS, Sandstr. 23, 91186 Büchenbach
Druck: inprint GmbH, 91058 Erlangen
Printed in Germany

Kartennachweis:
Kartengrundlage für Abb. 34; 44; 55; 61 und Beil. 1–5: Reliefkarte 1:1000 000 © Landesvermessungsamt Baden-Württemberg (www.lv-bw.de), vom 16.5.2006, Az.: 2851.2-A/709).
Kartengrundlage für Abb. 79: Topographische Karte 1:25 000, Nrn. 7625 und 7626 © Landesvermessungsamt Baden-Württemberg (www.lv-bw.de), vom 16.5.2006, Az.: 2851.2-A/709).

Tafel 1

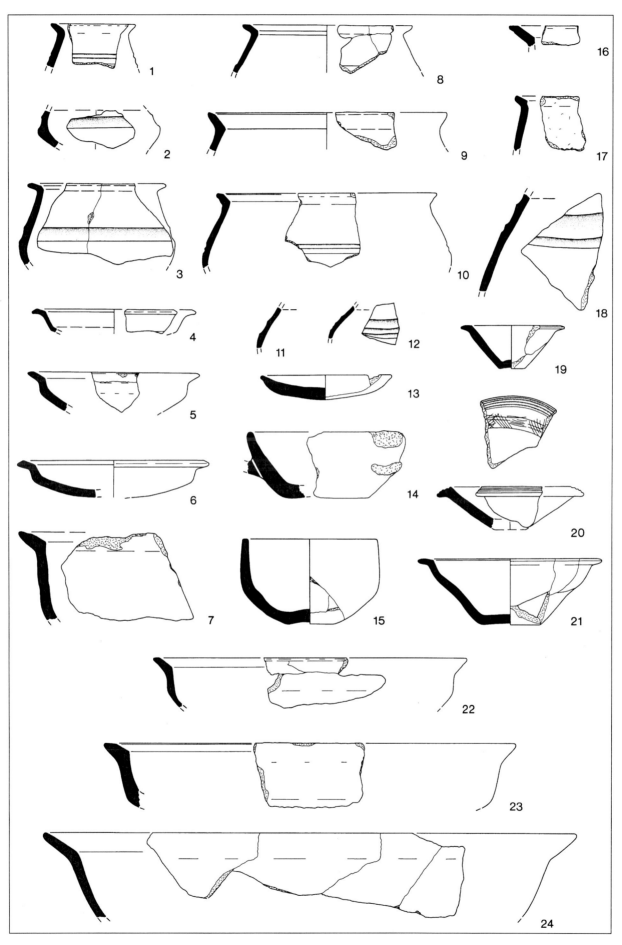

Ammerbuch-Reusten, „Halden" (FS 6), Lkr. Tübingen. – M. 1:3.

Tafel 2

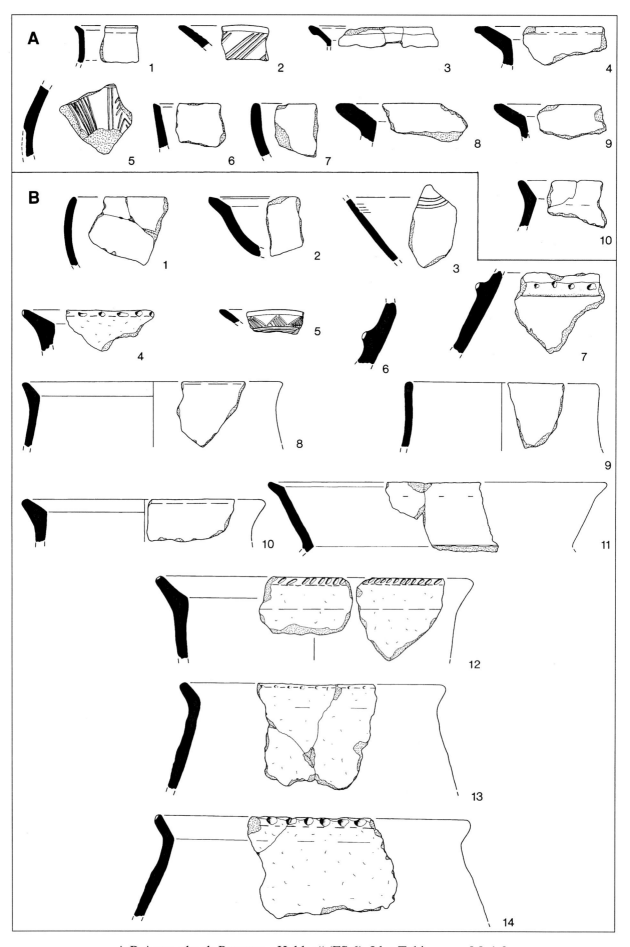

A.B Ammerbuch-Reusten, „Halden" (FS 6), Lkr. Tübingen. – M. 1:3.

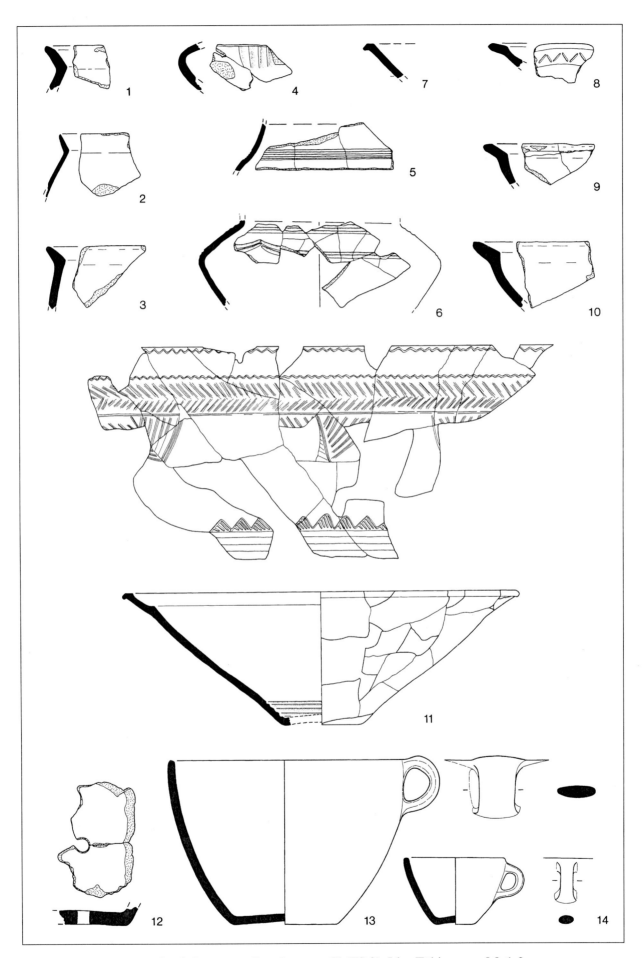

Ammerbuch-Reusten, „Stützbrunnen I" (FS 9), Lkr. Tübingen. – M. 1:3.

Tafel 4

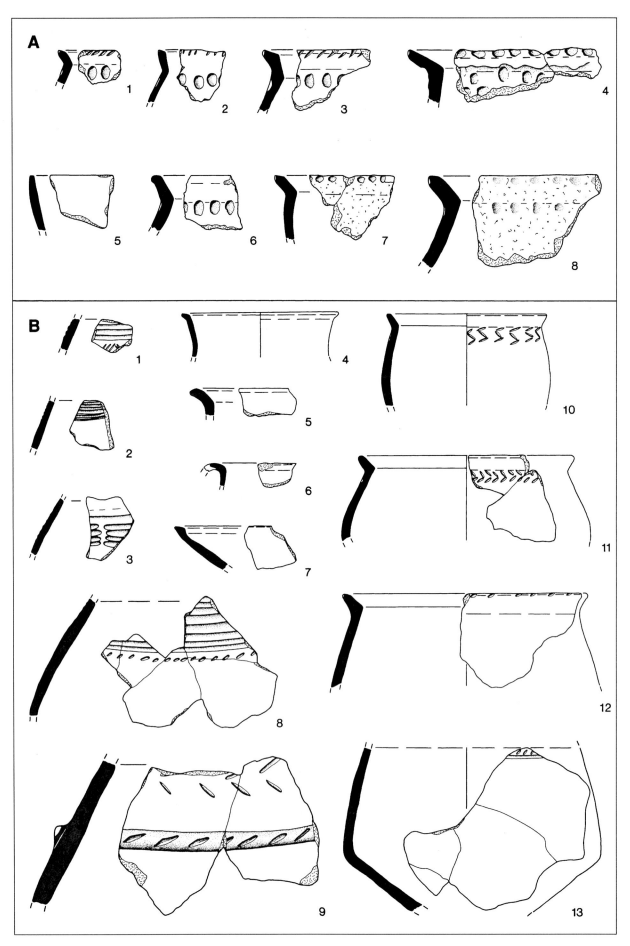

A Ammerbuch-Reusten, „Stützbrunnen I" (FS 9). – B Ammerbuch-Reusten, „Stützbrunnen II" (FS 8),
Lkr. Tübingen. – M. 1:3.

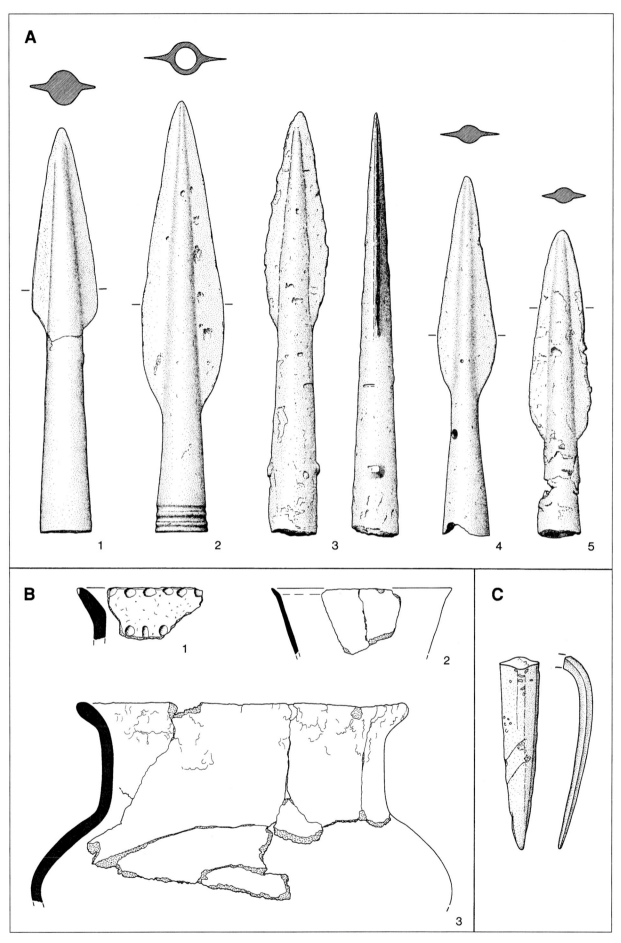

A 2 Kirchentellinsfurt (FS 11). – A 1.3–5 Kirchentellinsfurt (FS 12 B.C). – B Ammerbuch-Altingen
(FS 1). – C Ammerbuch-Entringen (FS 4), Lkr. Tübingen. – Bronze M. 1:2; Keramik M. 1:3.

Tafel 6

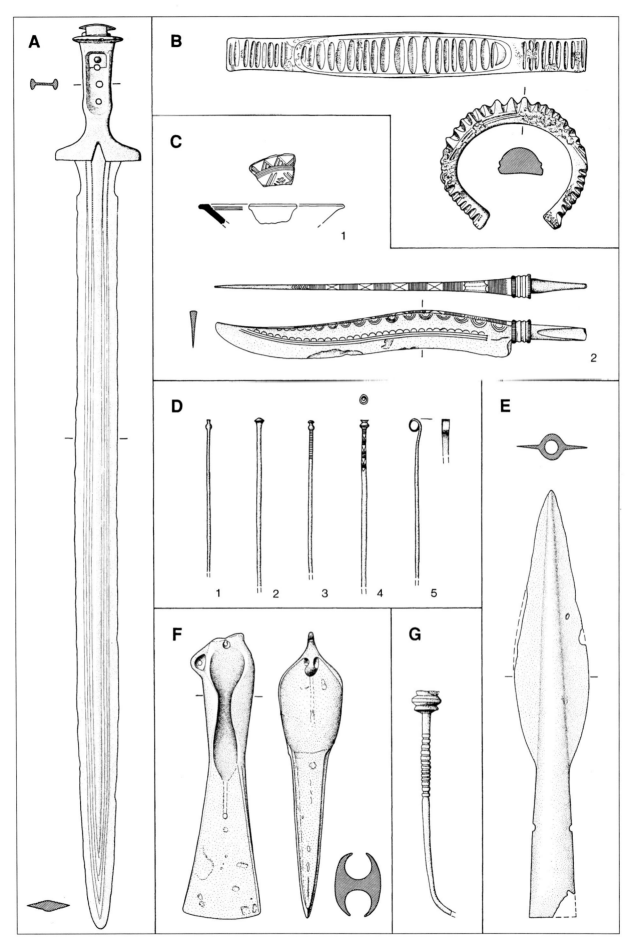

A.F Kirchentellinsfurt (FS 12 A.D). – B Mössingen-Belsen (FS 14). – C Mössingen-Talheim (FS 16). –
D Rottenburg a.N.? (FS 25). – E Mössingen (FS 13). – G Neustetten-Wolfenhausen (FS 19), Lkr. Tübingen. – A M. 1:3, Bronze sonst M. 1:2; Keramik M. 1:3 (B nach A. Beck).

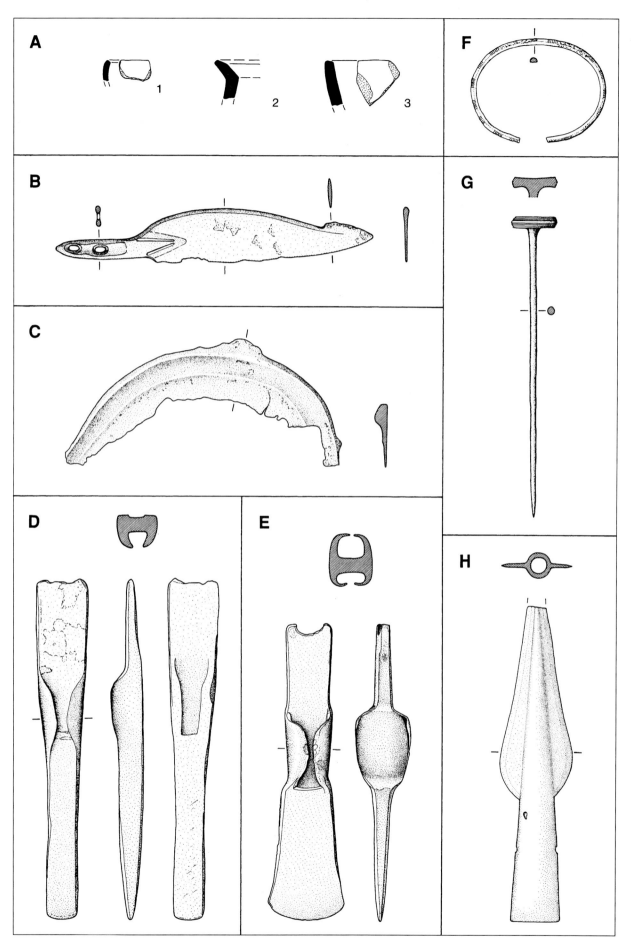

A Rottenburg a.N. (FS 23; dazu Taf. 17 B). – B–E Rottenburg a.N. (FS 21A–C). – F Rottenburg a.N. (FS 29). – G Rottenburg a.N. (FS 27). – H Rottenburg a.N. (FS 26), Lkr. Tübingen. – Bronze M. 1:2; Keramik M. 1:3 (B nach Beck).

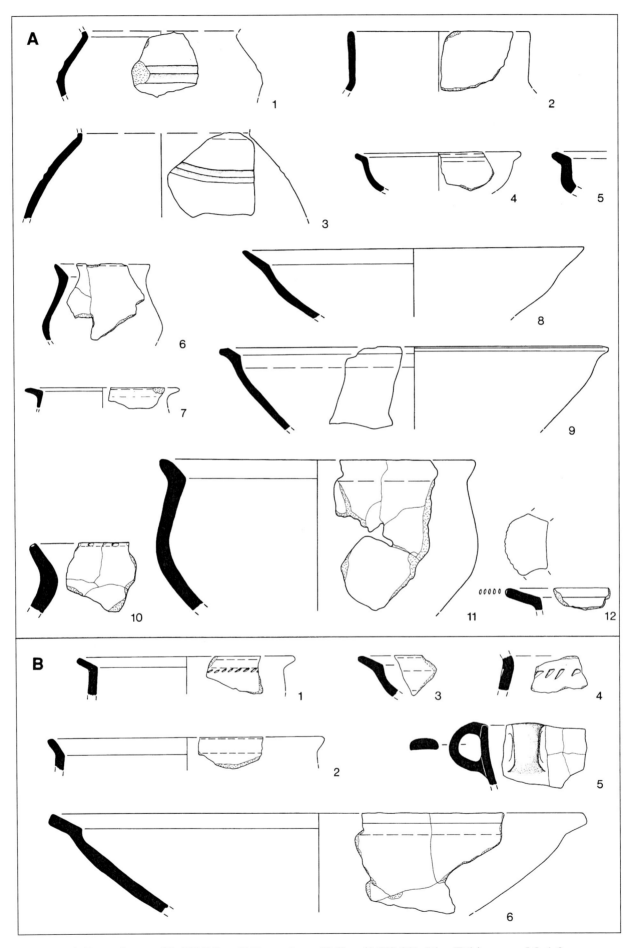

A Rottenburg a.N. (FS 24). – B Rottenburg-Kalkweil (FS 33), Lkr. Tübingen. – M. 1:3.

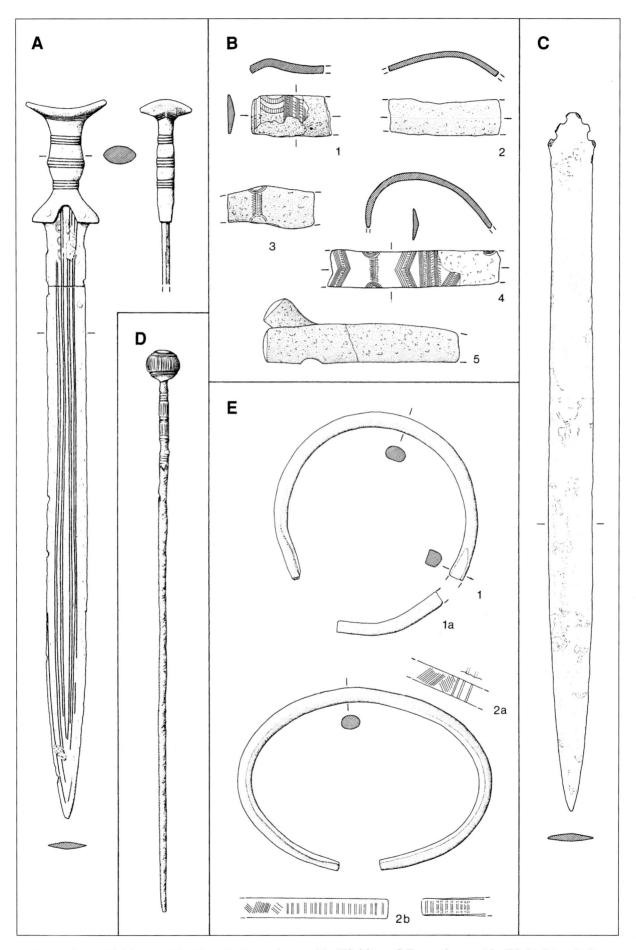

A Rottenburg-Kiebingen (FS 34). – B Rottenburg a.N. (FS 20). – C Rottenburg a.N. (FS 21 B). – D Rottenburg a.N. (FS 22). – E Rottenburg a.N. (FS 28), Lkr. Tübingen. – A.C. M. 1:3, sonst M. 1:2 (D nach A. Beck).

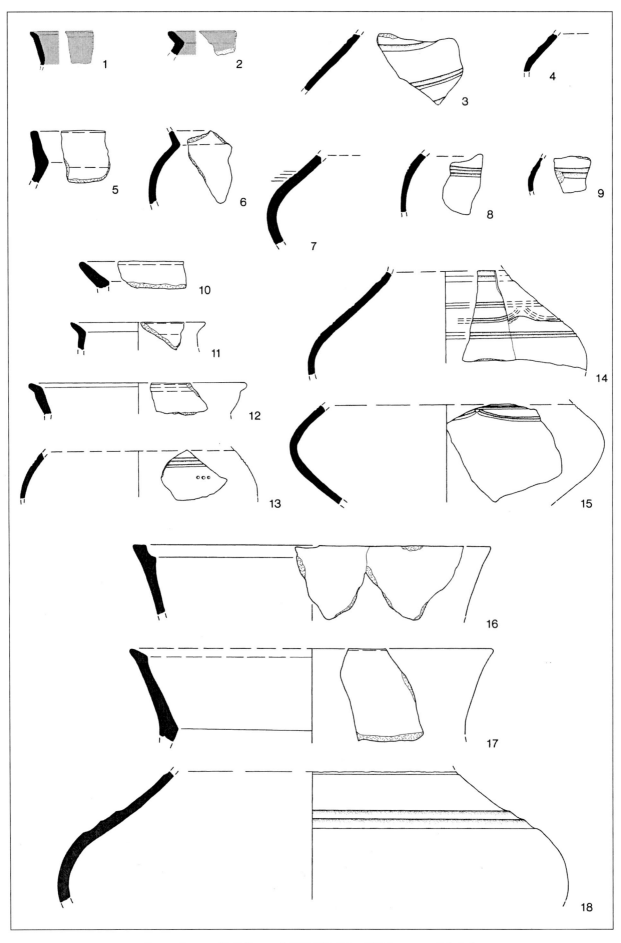

Rottenburg-„Hailfingen" (FS 30), Lkr. Tübingen. – M. 1:3.

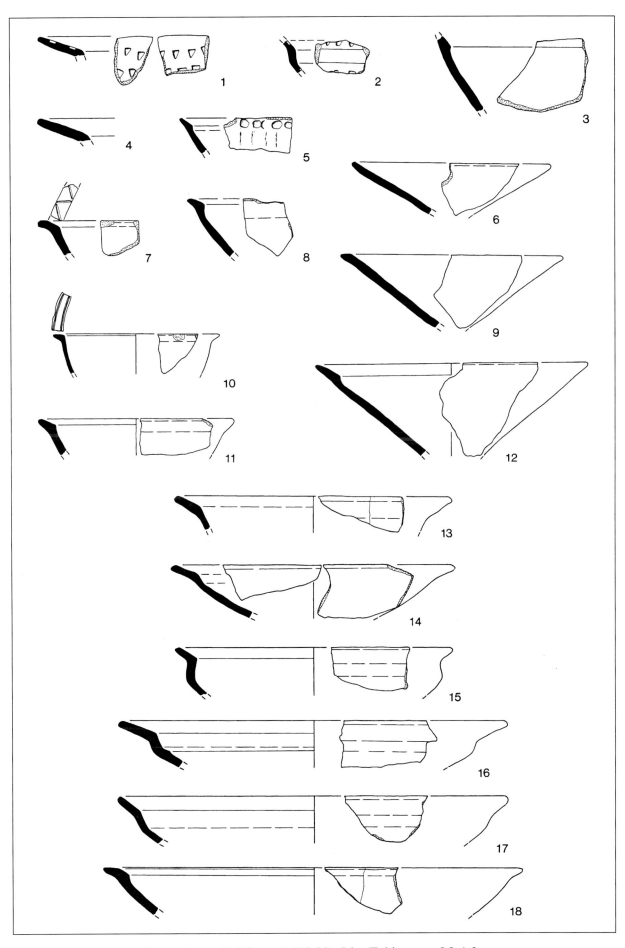

Rottenburg-„Hailfingen" (FS 30), Lkr. Tübingen. – M. 1:3.

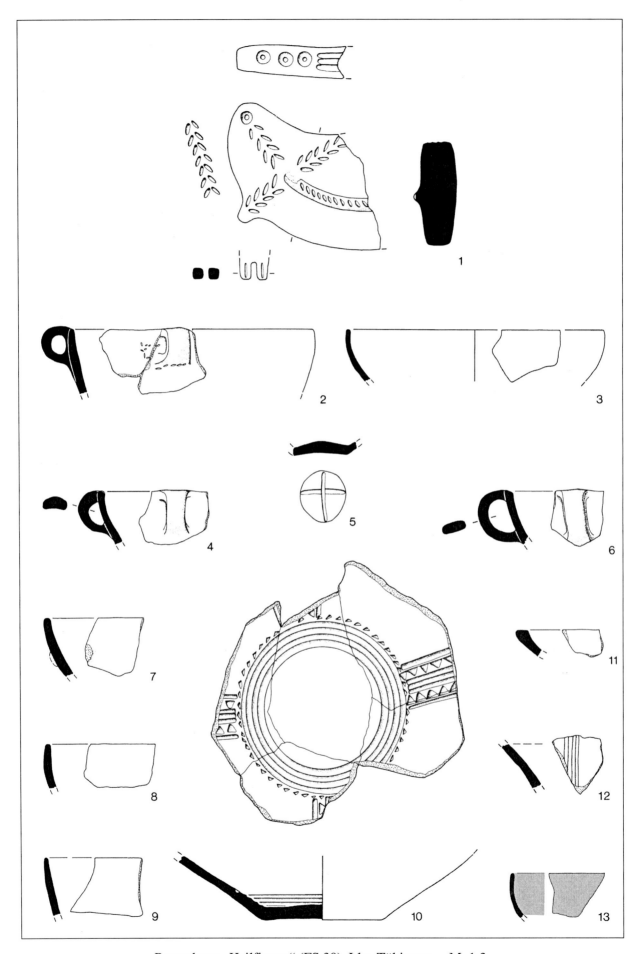

Rottenburg-„Hailfingen" (FS 30), Lkr. Tübingen. – M. 1:3.

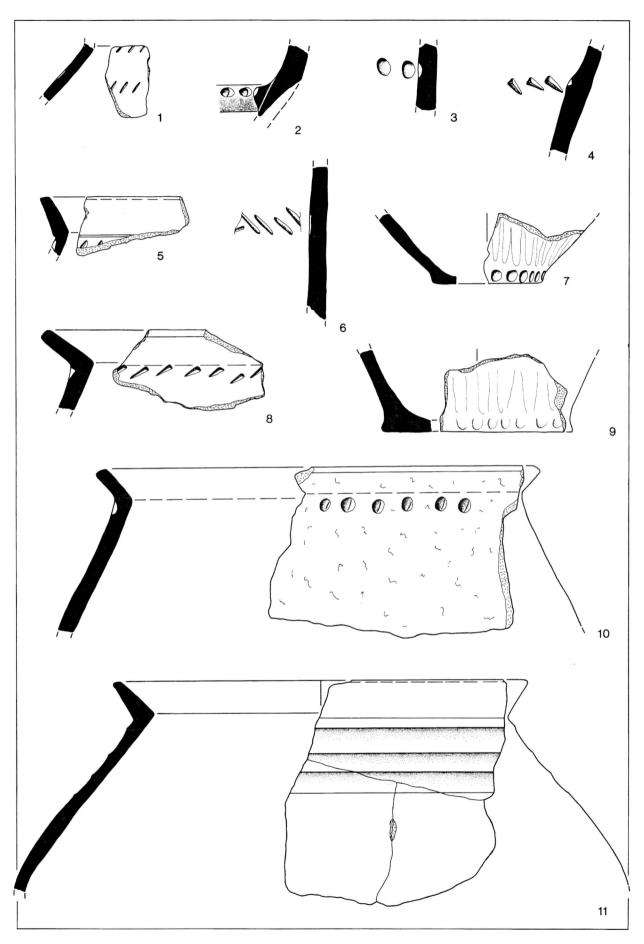

Rottenburg-„Hailfingen" (FS 30), Lkr. Tübingen. – M. 1:3.

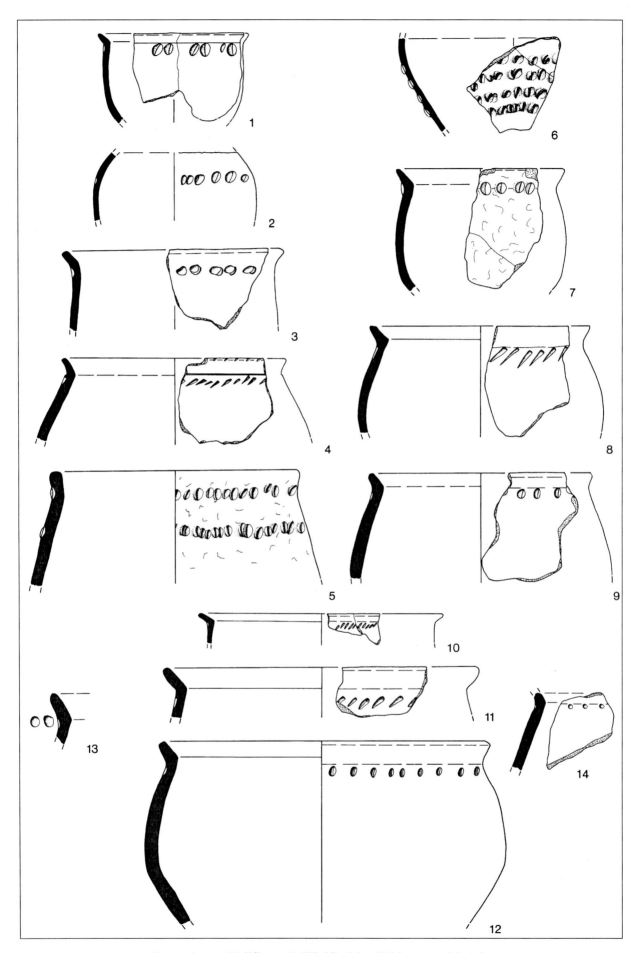

Rottenburg-„Hailfingen" (FS 30), Lkr. Tübingen. – M. 1:3.

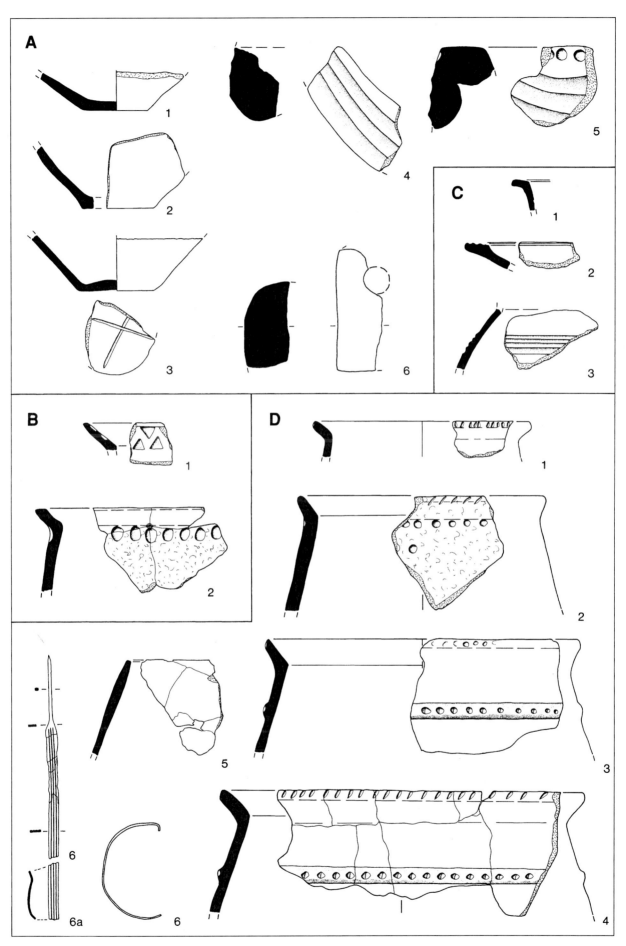

A Rottenburg-„Hailfingen" (FS 30). – B Rottenburg-„Hailfingen" (FS 30 A). – C Rottenburg-Hailfingen (FS 31). – D Rottenburg-Hailfingen (FS 32), Lkr. Tübingen. – Bronze M. 1:2; Keramik M. 1:3.

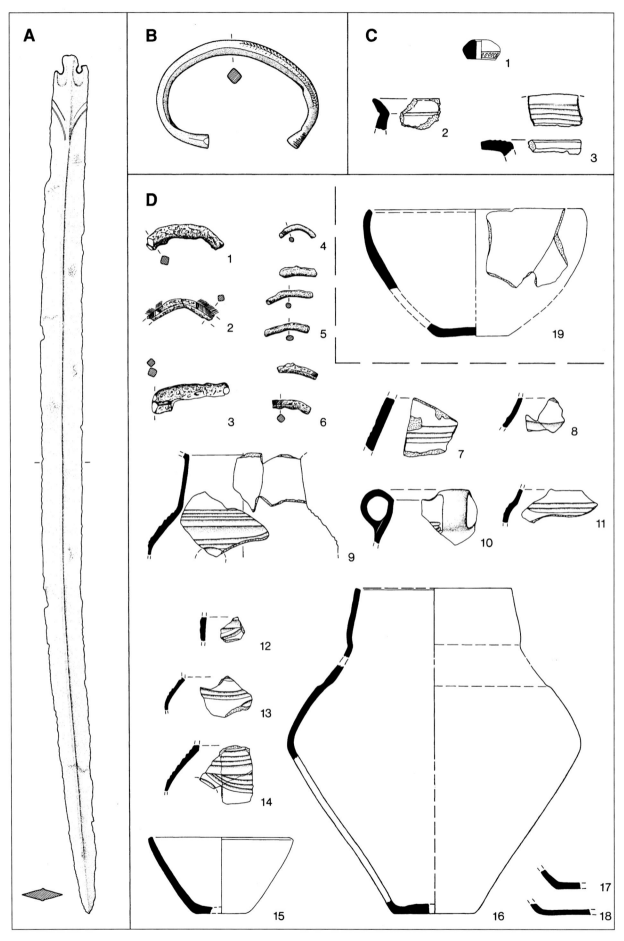

A Tübingen-Bühl (FS 39). – B Tübingen-Hirschau (FS 40). – C Tübingen-Unterjesingen (FS 41). –
D 1–19 Tübingen (FS 37), Lkr. Tübingen. – A M. 1:3, Bronze sonst M. 1:2; D16 M. 1:6, Keramik sonst
M. 1:3 (A nach H. Reim).

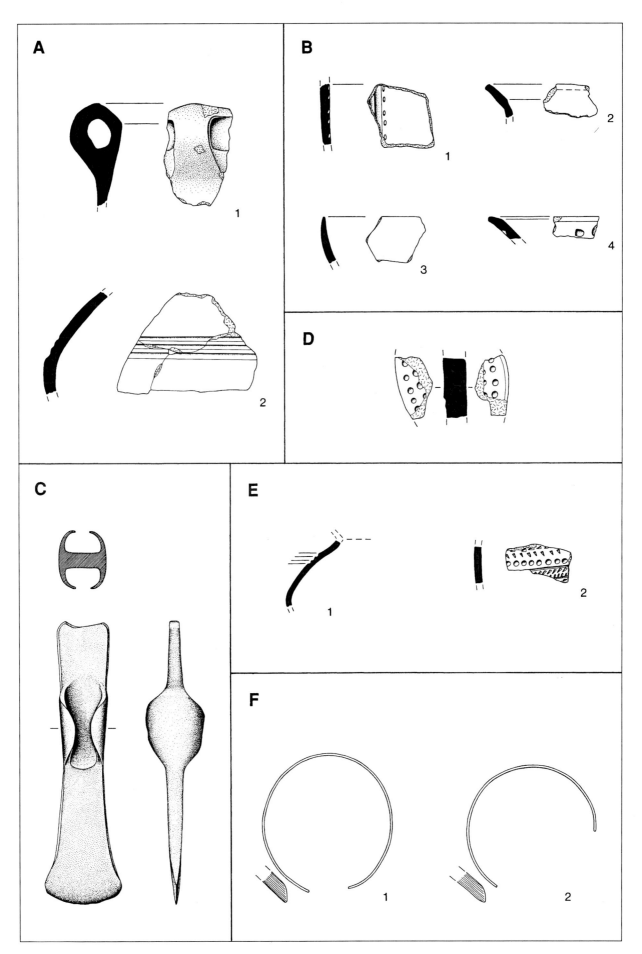

A Ammerbuch-Reusten (FS 10). – B Rottenburg a.N. (FS 23; dazu Taf. 7A). – C Mössingen-Talheim (FS 18), Lkr. Tübingen. – Albstadt-Ebingen (FS 45), D Hügel I; E 1–2 Hügel II (dazu Taf. 18 A). – F Albstadt-Ebingen (FS 44; dazu Taf. 19 D), Zollernalbkreis. – Bronze M. 1:2; Keramik M. 1:3 (F nach H. Zürn).

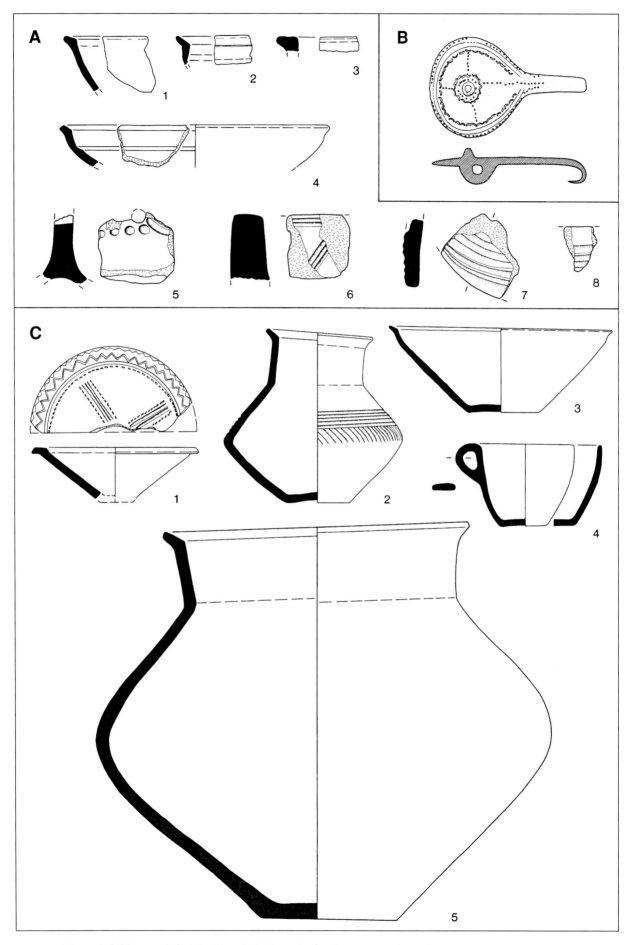

A Albstadt-Ebingen (FS 45), Hügel II (dazu Taf. 17 E). – B Albstadt-Ebingen (FS 52). – C Albstadt-Ebingen (FS 43), Grab, Zollernalbkreis. – Bronze M. 1:2; Keramik M. 1:3 (B nach A. Beck).

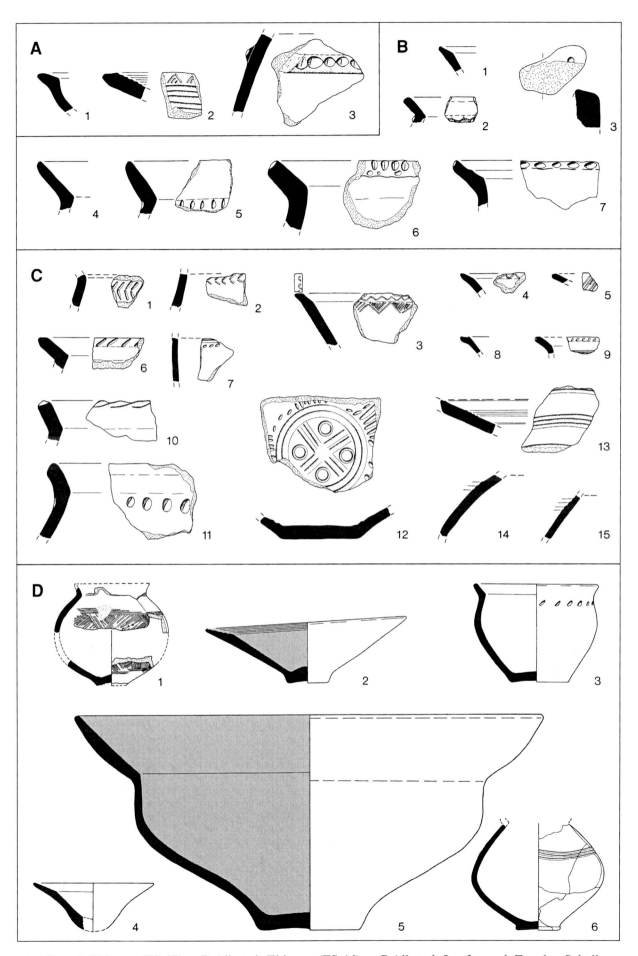

A Albstadt-Ebingen (FS 47). – B Albstadt-Ebingen (FS 46). – C Albstadt-Laufen a. d. Eyach, „Schalks-
burg" (FS 53). – D Albstadt-Ebingen (FS 44; dazu Taf. 17 F), Zollernalbkreis. – M. 1:3.

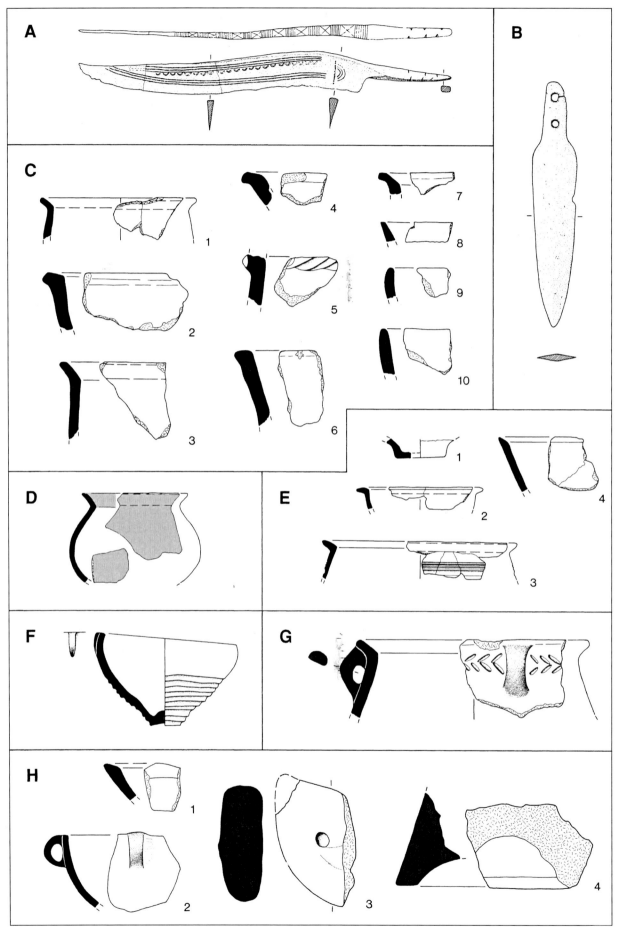

A Albstadt-Onstmettingen (FS 59). – B Albstadt-Onstmettingen (FS 60). – C Albstadt-Onstmettingen (FS 58). – D Albstadt-Truchtelfingen (FS 62). – E Albstadt-Lautlingen (FS 54). – F Albstadt-Truchtelfingen (FS 64), Grabhügel (dazu Taf. 21 E). – G Albstadt-Onstmettingen (FS 57). – H Albstadt-Onstmettingen (FS 56), Zollernalbkreis. – Bronze M. 1:2; Keramik M. 1:3 (F Zeichnung E. Keefer).

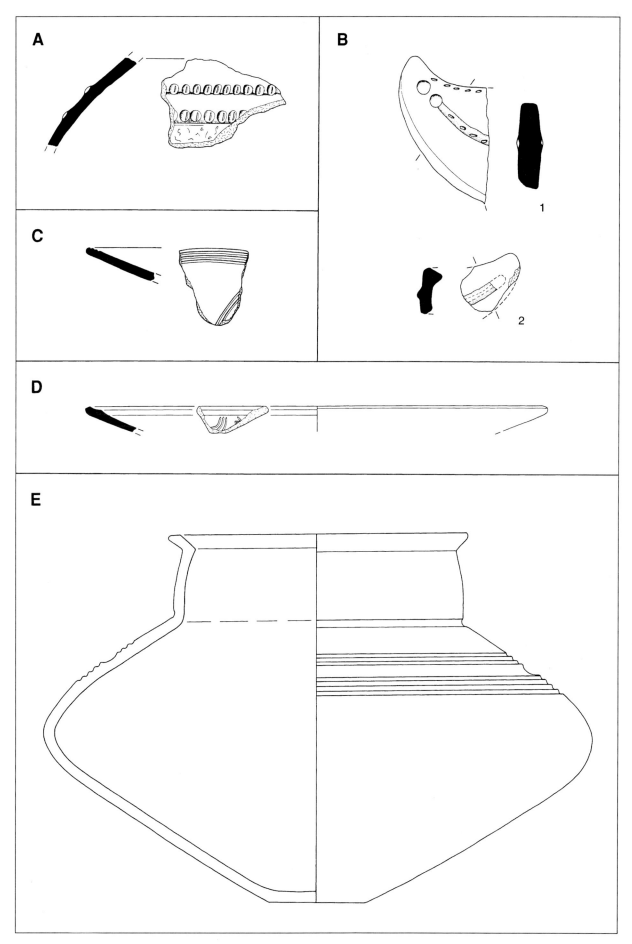

A Albstadt-Lautlingen (FS 55). – B Hausen am Tann (FS 101). – C Winterlingen (FS 112; dazu Taf. 41F). – D Straßberg (FS 108). – E Albstadt-Truchtelfingen (FS 64), Grabhügel (dazu Taf. 20 F), Zollern-albkreis. – M. 1:3 (E nach Vorlage A. Hänsel).

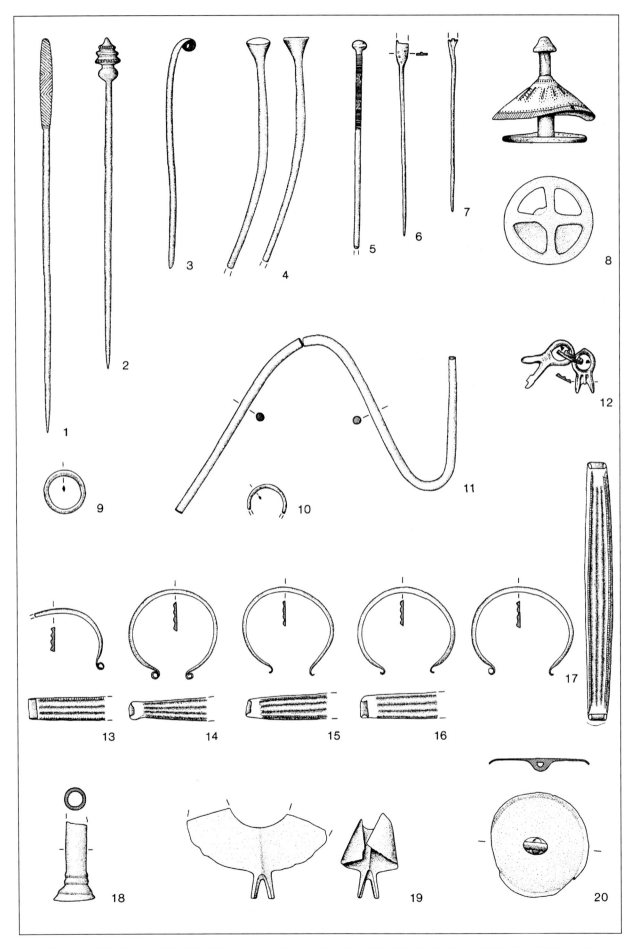

Albstadt-Pfeffingen (FS 61), Hortfund, Zollernalbkreis. – M. 1:2 (5–7.12 nach H. Zürn/S. Schiek; 19 nach F. Stein).

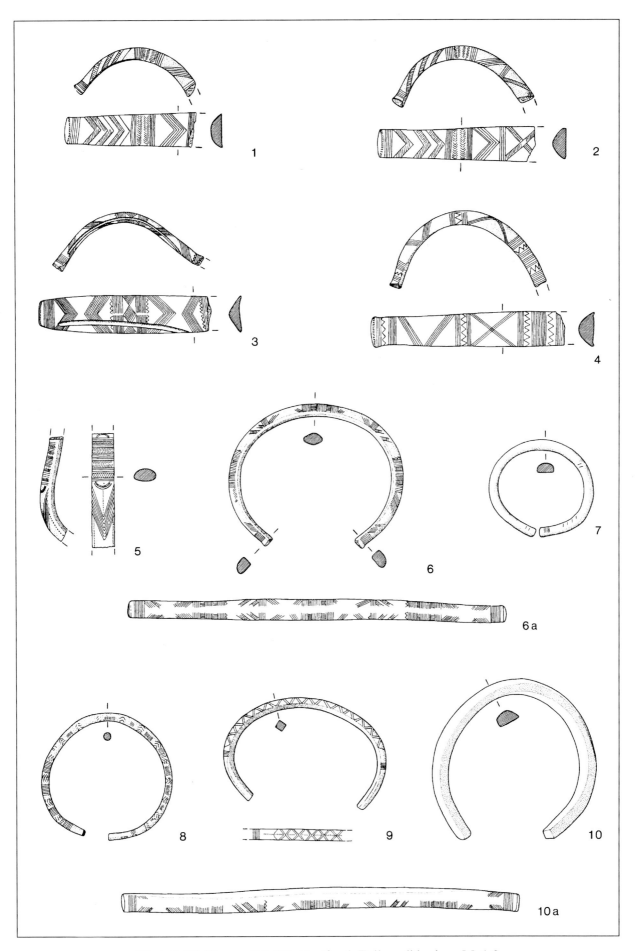

Albstadt-Pfeffingen (FS 61), Hortfund, Zollernalbkreis. – M. 1:2.

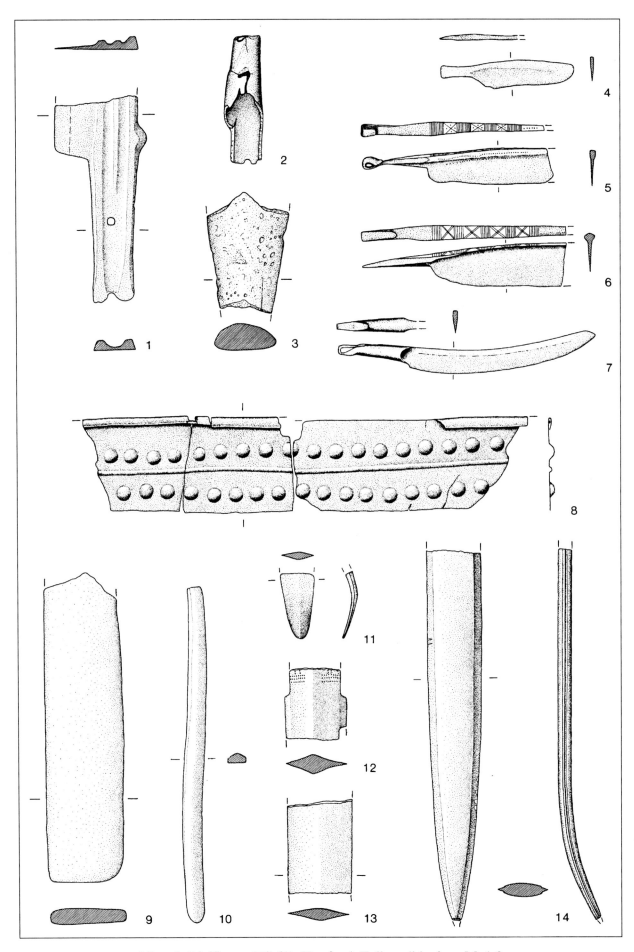

Albstadt-Pfeffingen (FS 61), Hortfund, Zollernalbkreis. – M. 1:2.

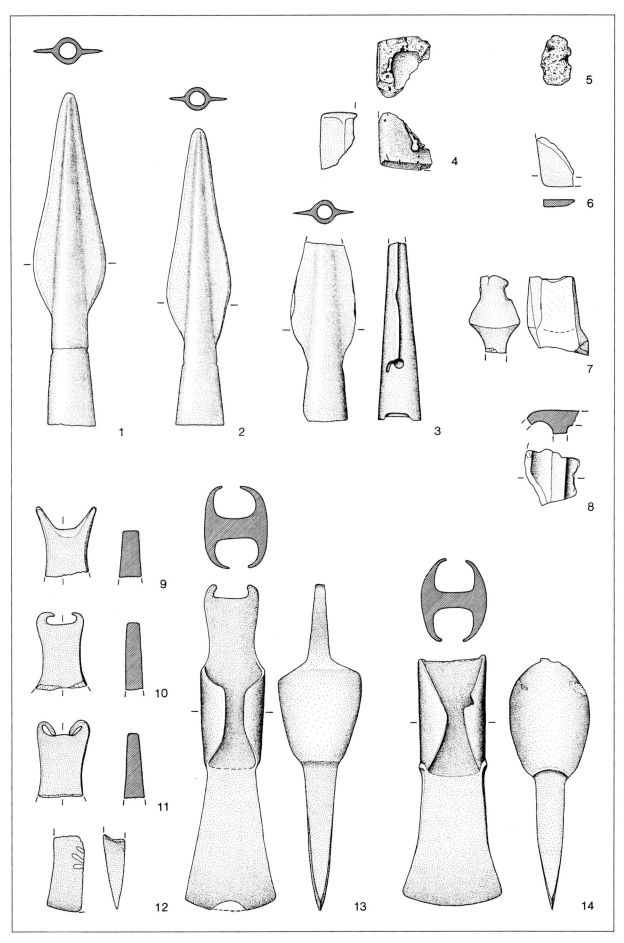

Albstadt-Pfeffingen (FS 61), Hortfund, Zollernalbkreis. – M. 1:2 (5.7.8 nach F. Stein).

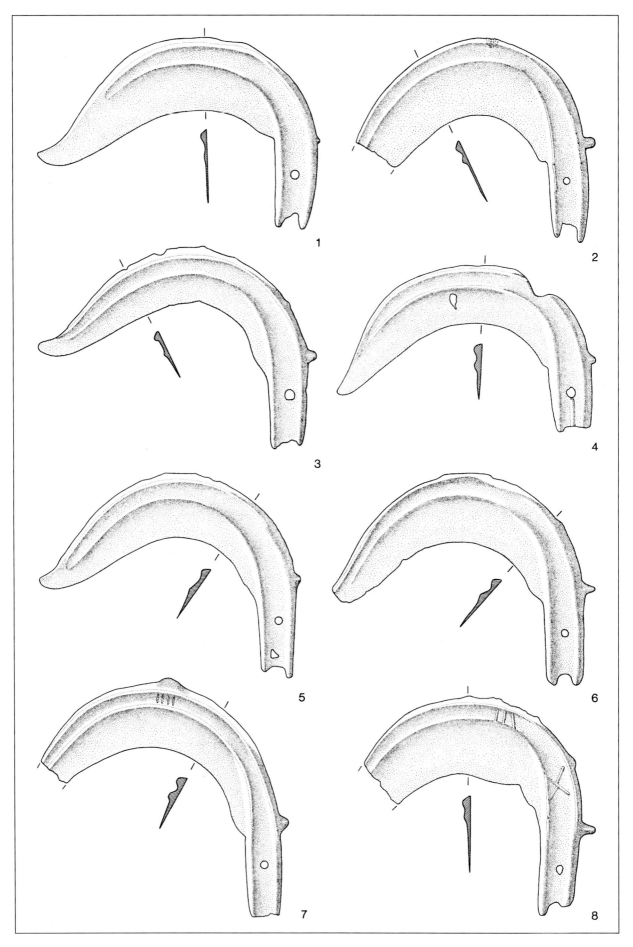

Albstadt-Pfeffingen (FS 61), Hortfund, Zollernalbkreis. – M. 1:2.

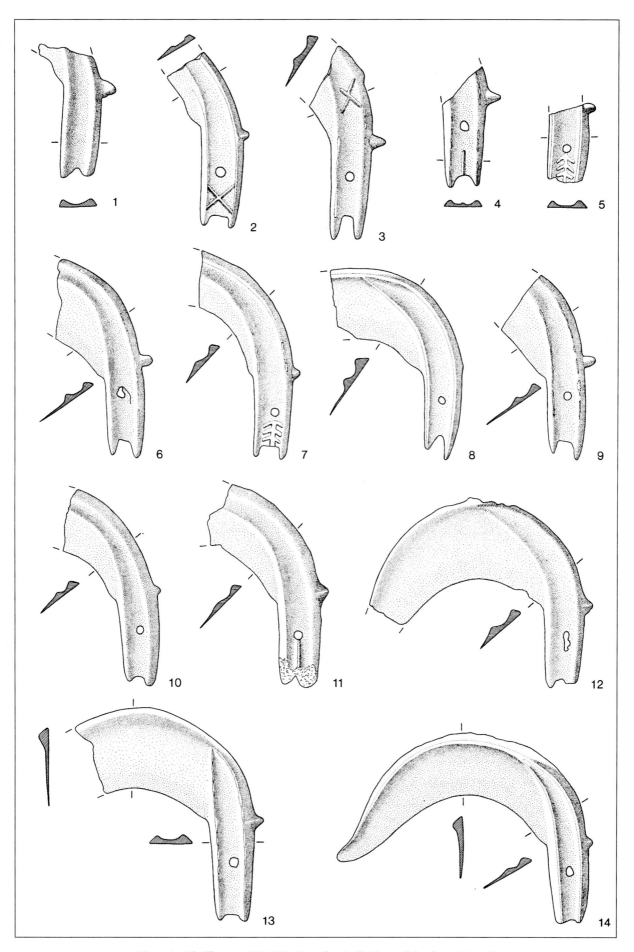

Albstadt-Pfeffingen (FS 61), Hortfund, Zollernalbkreis. – M. 1:2.

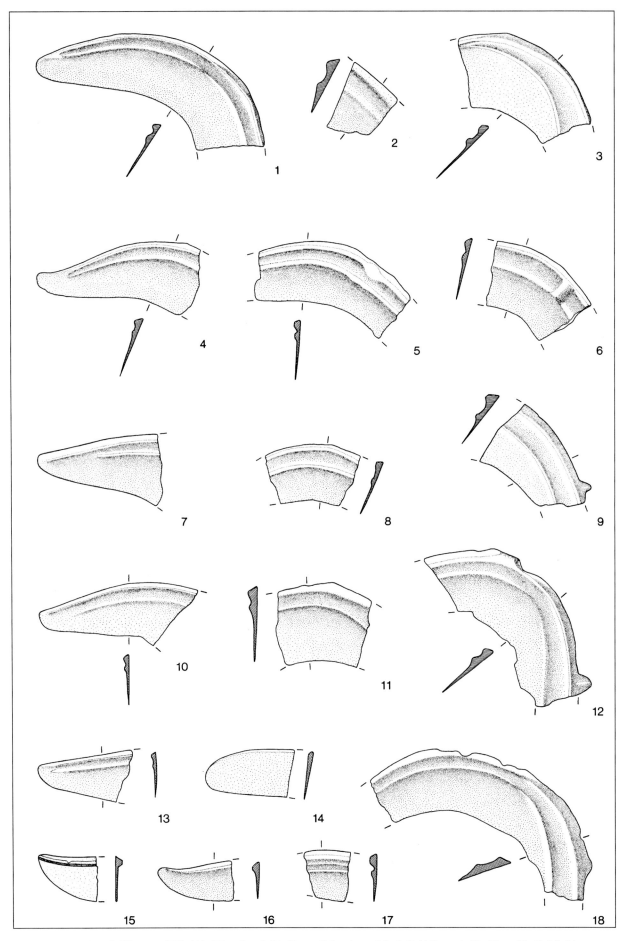

Albstadt-Pfeffingen (FS 61), Hortfund, Zollernalbkreis. – M. 1:2 (15 nach H. Zürn/S. Schiek).

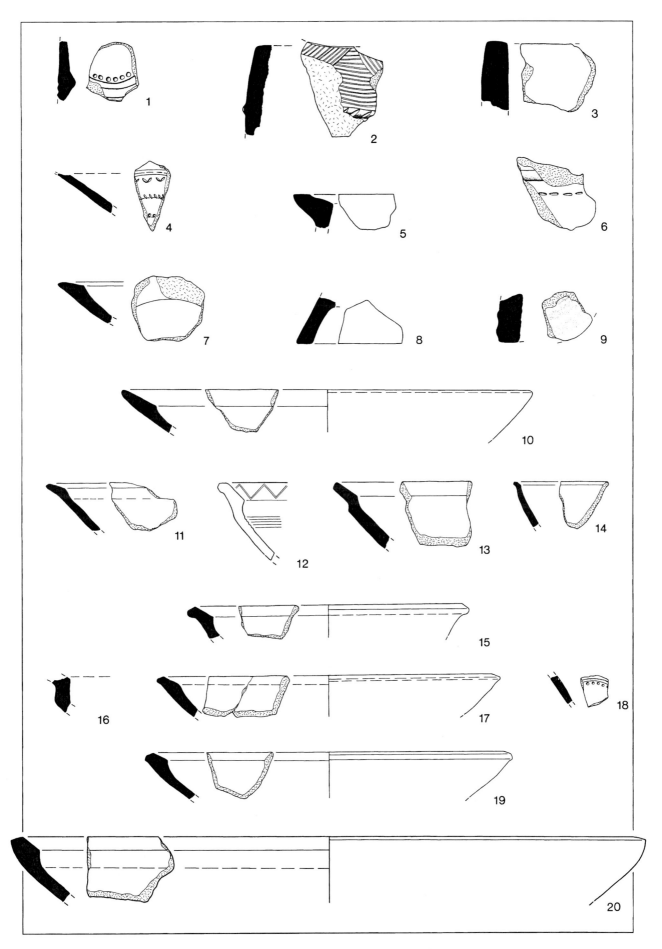

Albstadt-Truchtelfingen (FS 70), Zollernalbkreis. – M. 1:3.

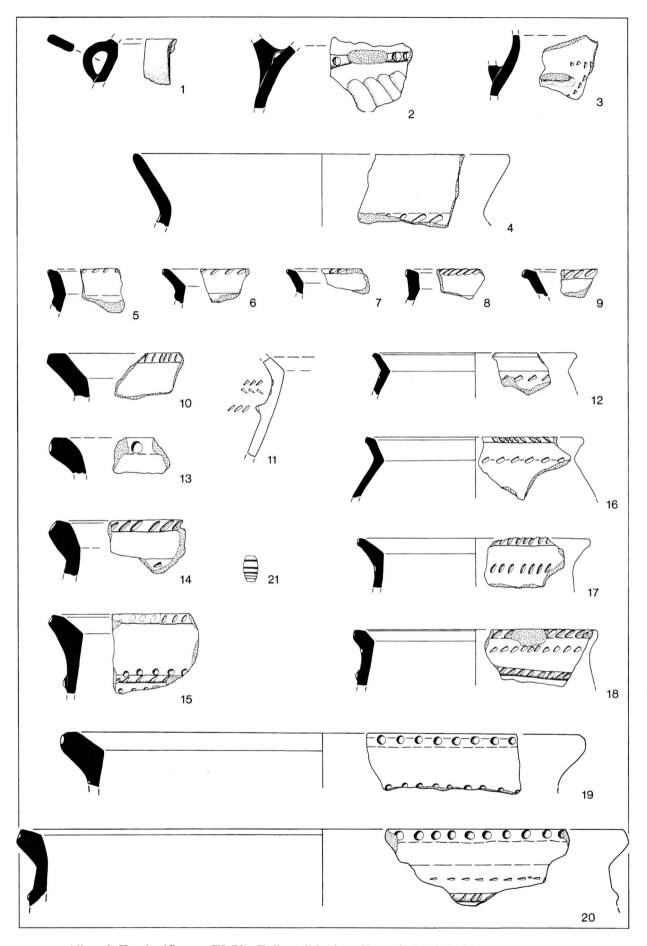

Albstadt-Truchtelfingen (FS 70), Zollernalbkreis. – Keramik M. 1:3; Glas (Nr. 21) M. 1:2.

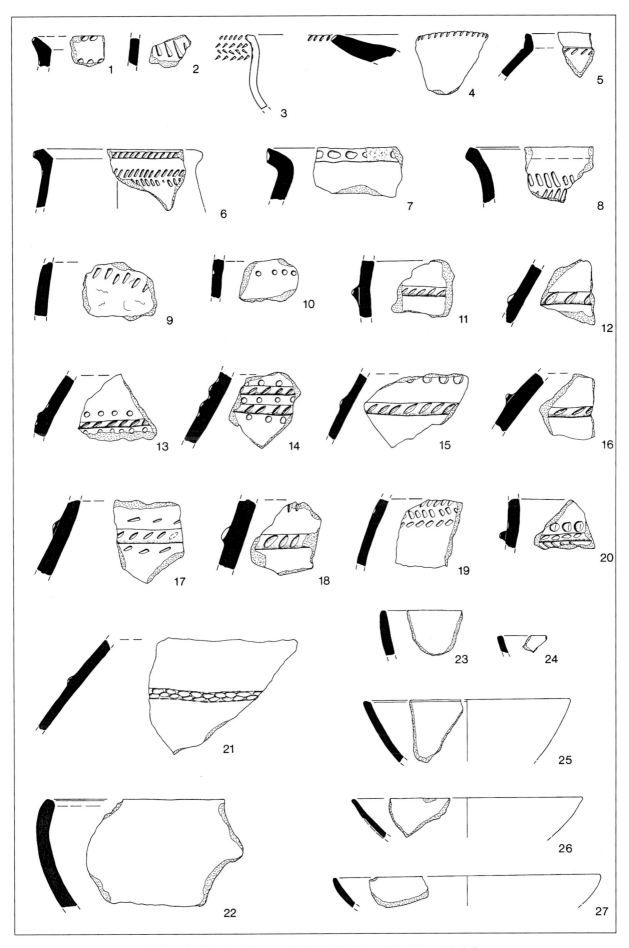

Albstadt-Truchtelfingen (FS 70), Zollernalbkreis. – M. 1:3.

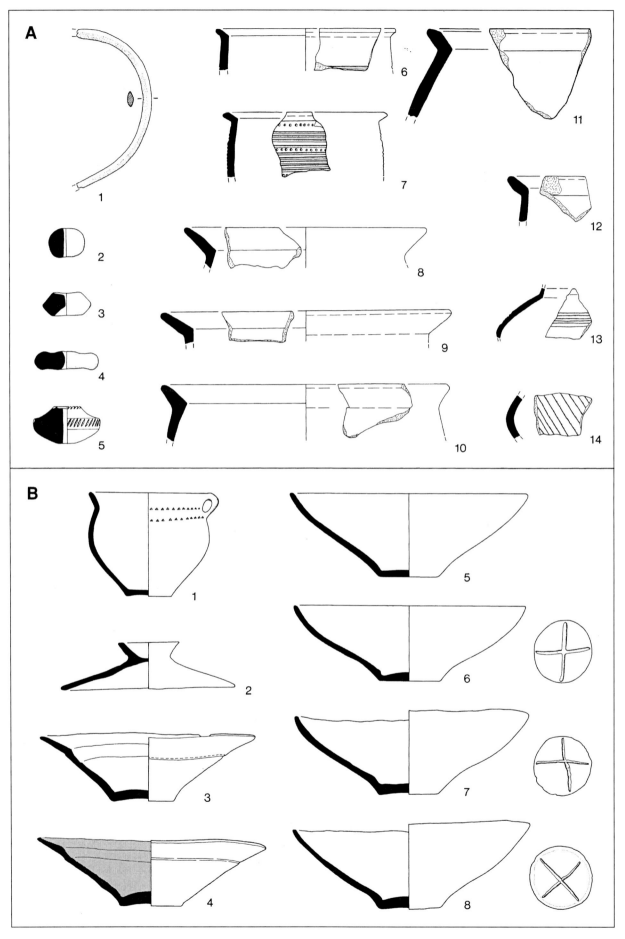

A Albstadt-Truchtelfingen (FS 70). – B Albstadt-Truchtelfingen (FS 65; dazu Taf. 33), Grab, Zollernalbkreis. – Bronze M. 1:2; Keramik M. 1:3 (B nach H. Zürn/S. Schiek).

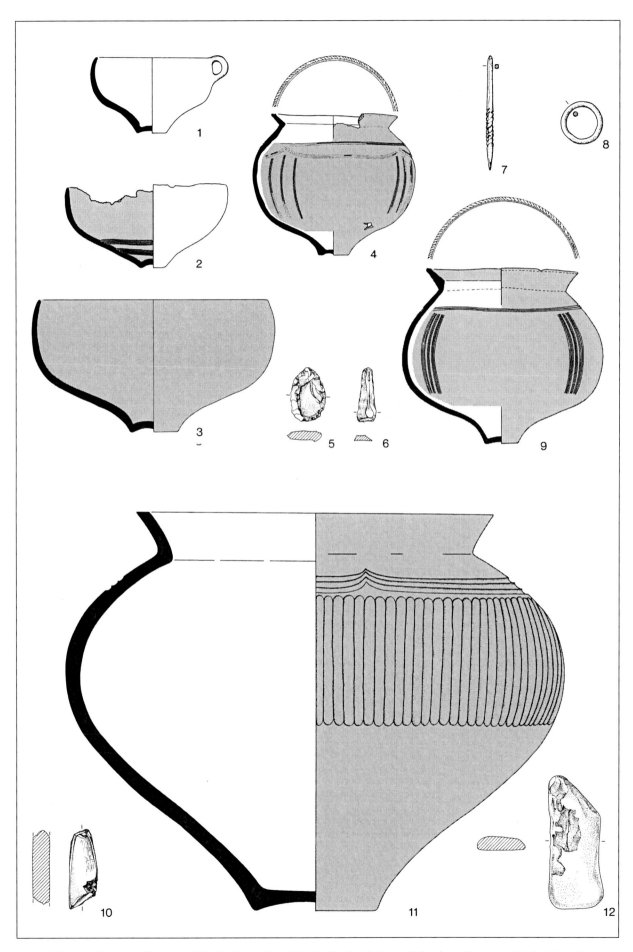

Albstadt-Truchtelfingen (FS 65; dazu Taf. 32 B), Grab, Zollernalbkreis. – Bronze, Stein M. 1:2;
11 M. 1:4, Keramik sonst M. 1:3 (nach H. Zürn/S. Schiek).

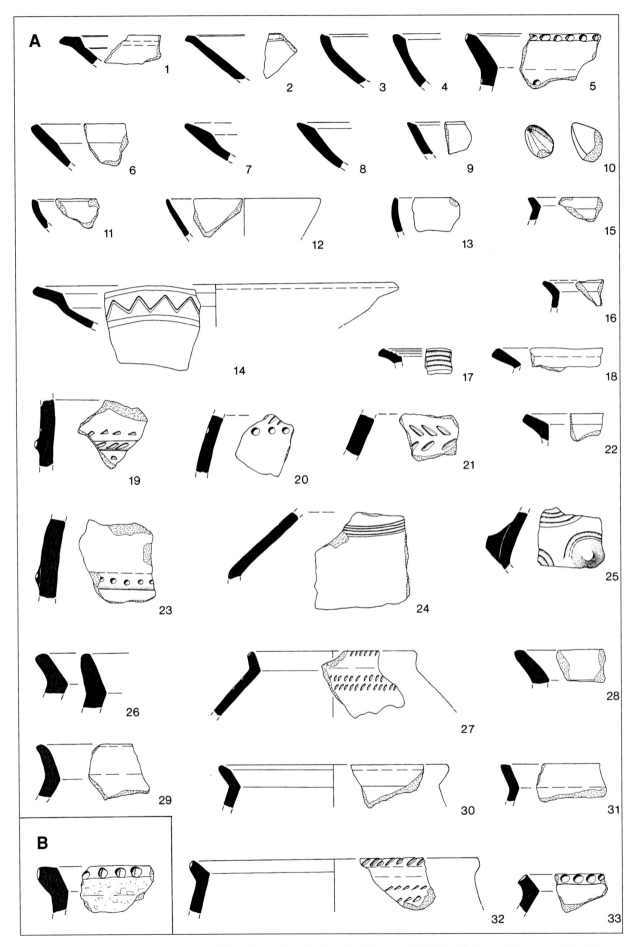

A Albstadt-Truchtelfingen (FS 71). – B Albstadt-Truchtelfingen (FS 72), Zollernalbkreis. – M. 1:3.

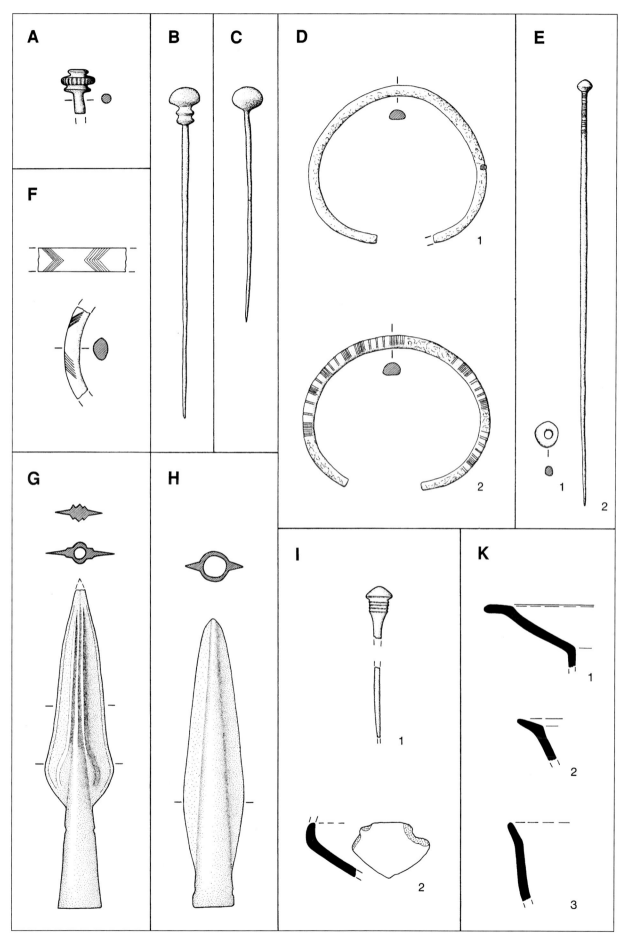

A Burladingen (FS 85 A). – B Burladingen (FS 83). – C Bisingen (FS 76). – D Balingen (FS 74). –
E „Bitz"? (FS 79). – F „Albstadt" (FS 42). – G „Bitz"? (FS 78). – H Burladingen (FS 84). – I Bisingen
(FS 77 A). – K Bisingen (FS 77 B), Zollernalbkreis. – Bronze M. 1:2; Keramik M. 1:3.

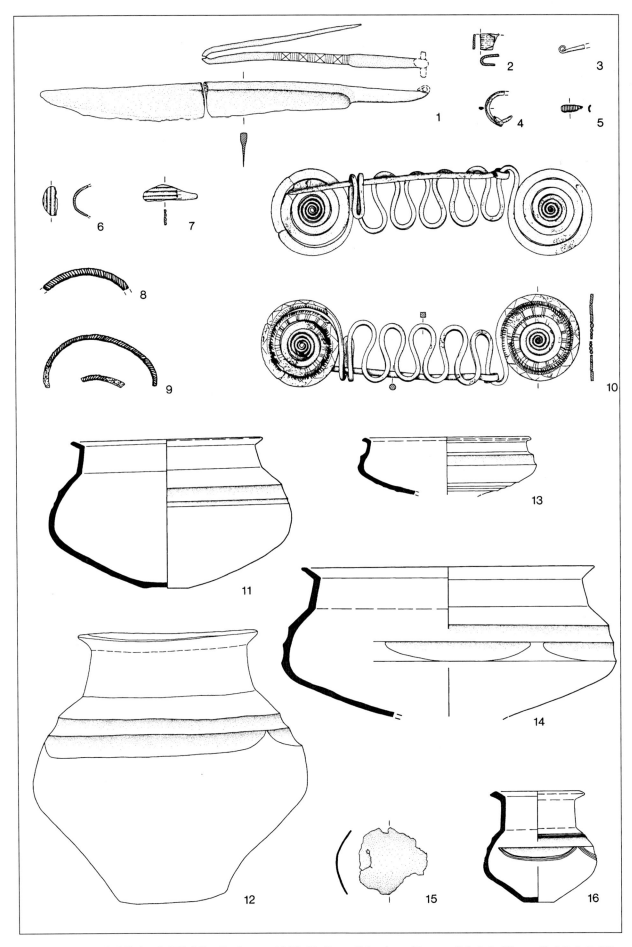

Burladingen, „Schlichte" (FS 82), Grab von 1899, Zollernalbkreis. – Bronze M. 1:2; Keramik M. 1:3 (Nr. 12 [= Abb. 68 Foto] nach *AuhV* V).

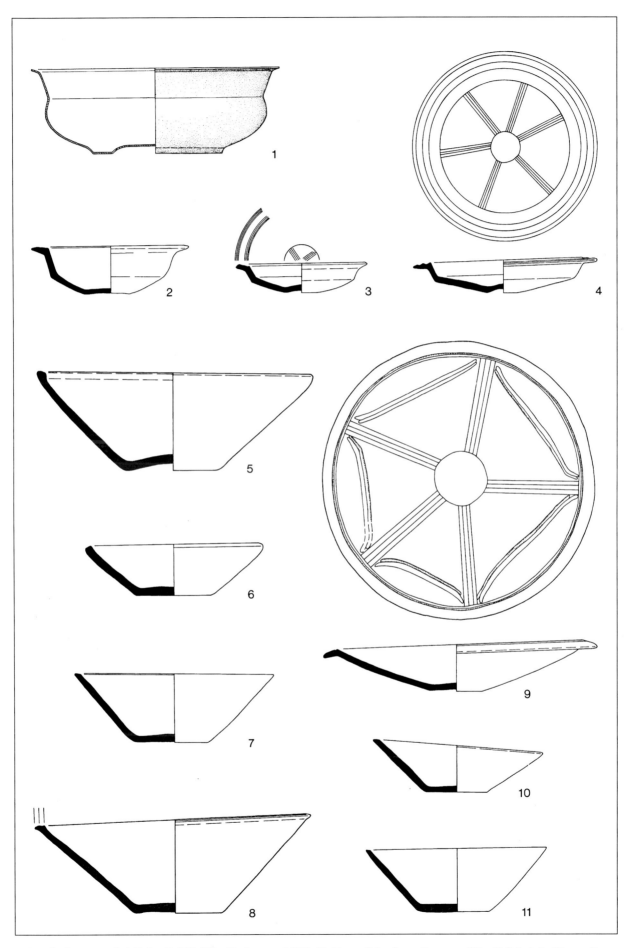

Burladingen, „Schlichte" (FS 82), Grab von 1899, Zollernalbkreis. – Bronze (Nr. 1) M. 1:2; Keramik
M. 1:3.

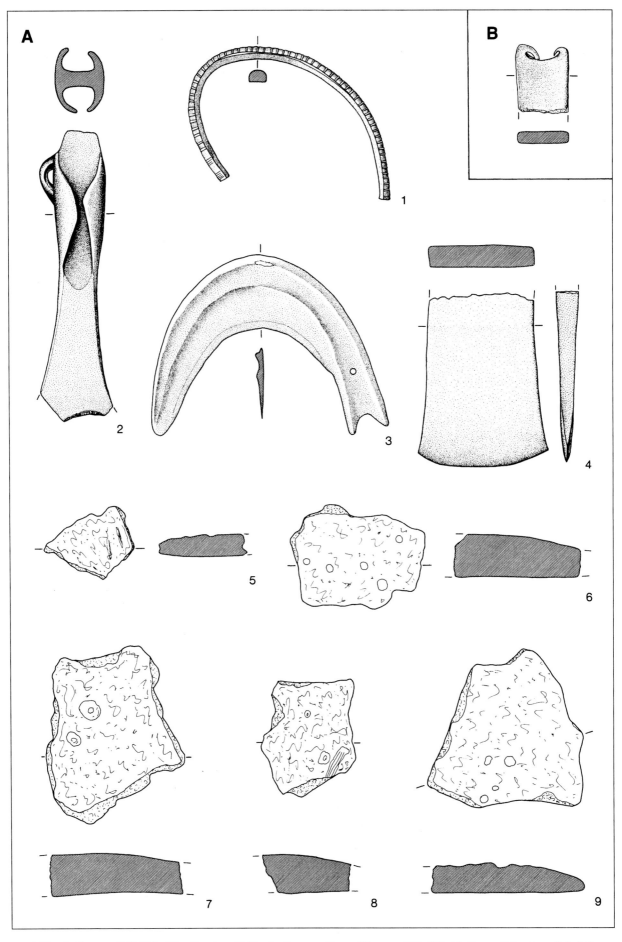

A Burladingen (FS 86), Hortfund. – B Burladingen-Gauselfingen (FS 87), Zollernalbkreis. – M. 1:2.

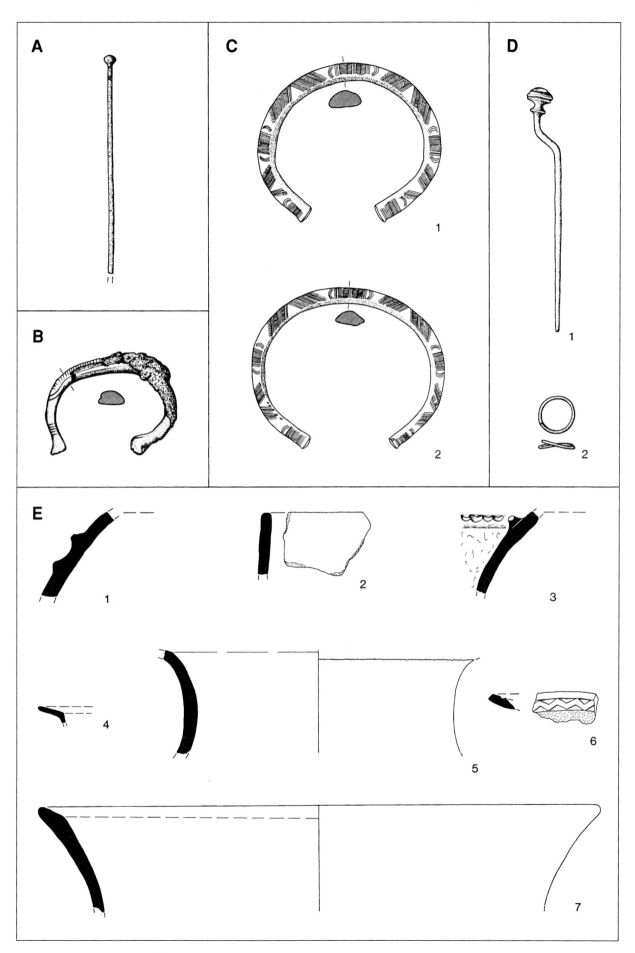

A Burladingen-Salmendingen (FS 91). – B Dormettingen? (FS 96). – C Straßberg-Kaiseringen (FS 109).
– D Meßstetten-Hossingen (FS 104), Grab. – E Burladingen-Ringingen (FS 90), Zollernalbkreis. –
Bronze M. 1:2; Keramik M. 1:3 (B nach A. Beck; D nach H. Zürn/S. Schiek).

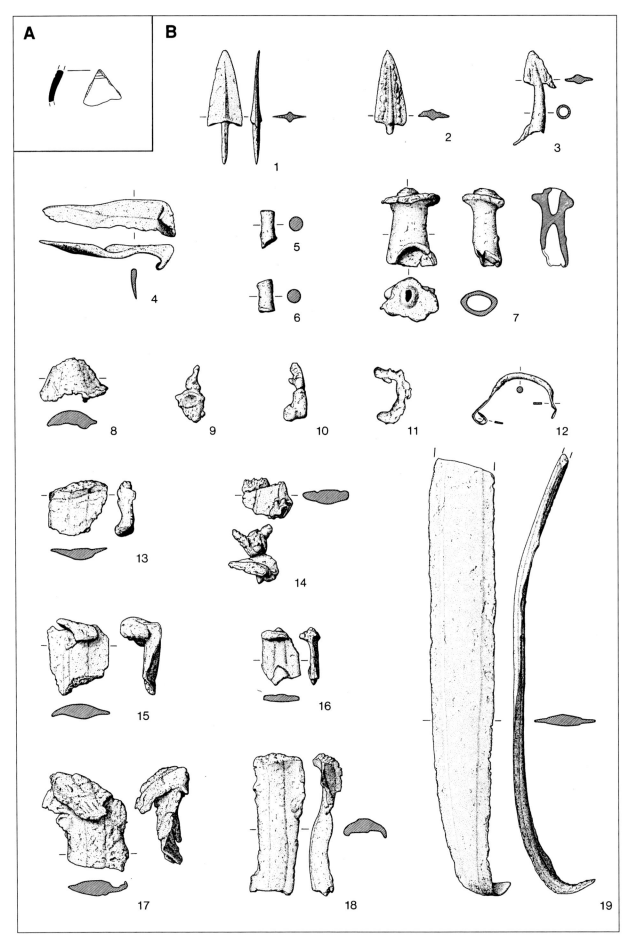

A Albstadt-Truchtelfingen (FS 63). – B Hechingen-Stetten (FS 103), Zollernalbkreis. – Bronze M. 1:2; Keramik M. 1:3.

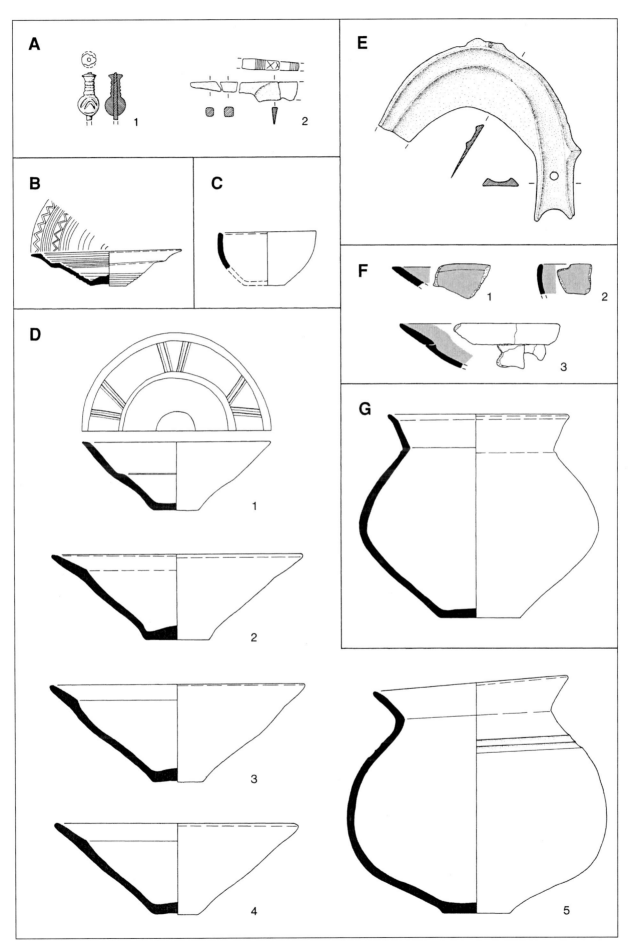

Schömberg (FS 107), A Hügel 3, Bestattung 2. – B Hügel 2, Urnengrab 1. – C Hügel 2 oder 3. – D Hügel 3, Bestattung 1. – E Winterlingen (FS 110; dazu Taf. 42), Hortfund. – F Winterlingen (FS 112; dazu Taf. 21C). – G Winterlingen (FS 111), Zollernalbkreis. – Bronze M. 1:2; Keramik M. 1:3.

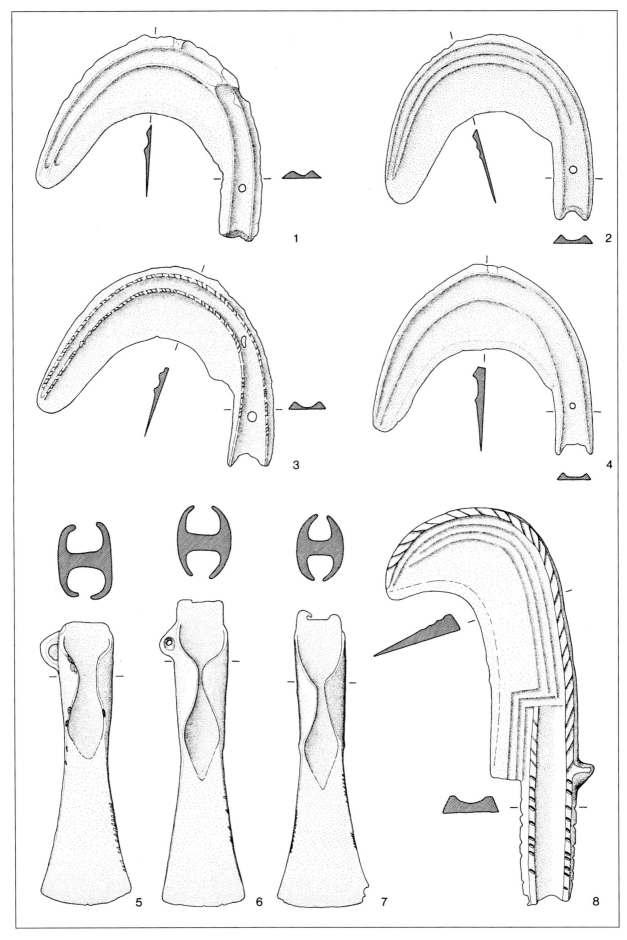

Winterlingen (FS 110; dazu Taf. 41E), Hortfund, Zollernalbkreis. – M. 1:2.

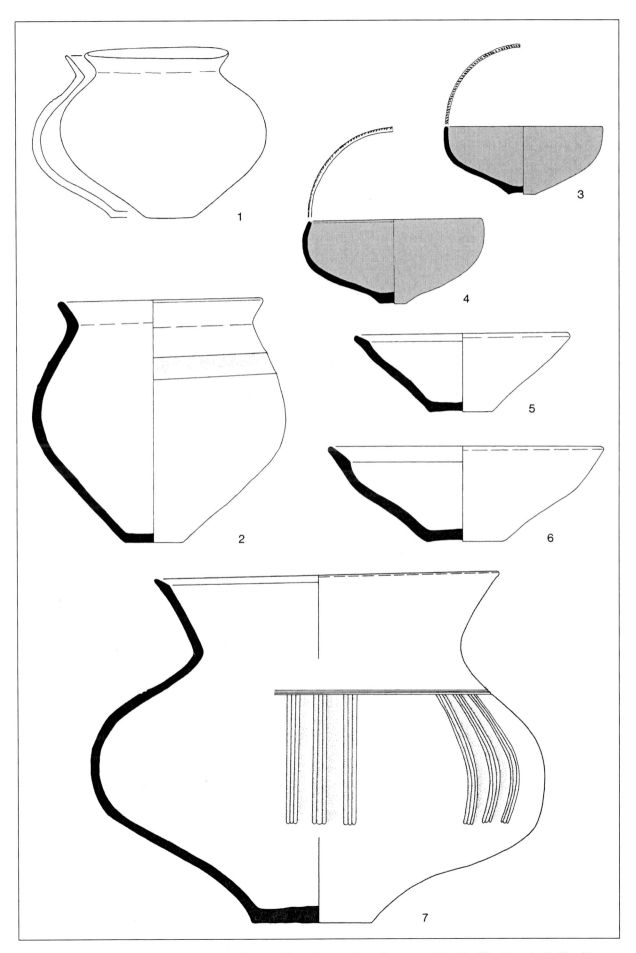

Engstingen-Großengstingen (FS 122), Grabhügel, Lkr. Reutlingen. – M. 1:3 (Nr. 1 nach G. Kraft).

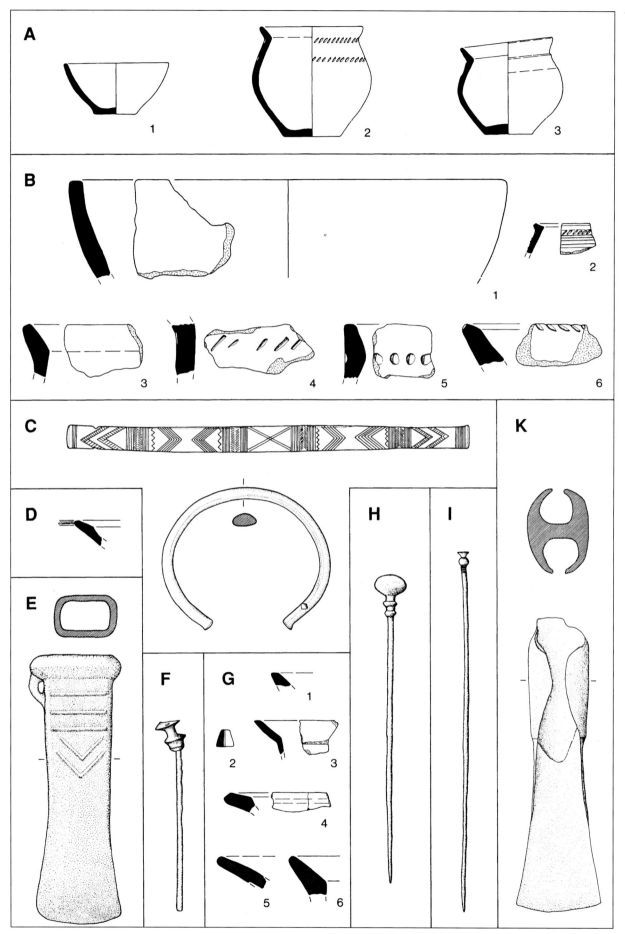

A Engstingen-Großengstingen (FS 124). – B Engstingen-Kleinengstingen (FS 126). – C Dettingen a. d. Erms (FS 118). – D Gomadingen (FS 128A). – E „Von der Alb" (FS 115). – F Engstingen-Großengstingen (FS 120). – G Gomadingen-Dapfen (FS 129). – H Engstingen-Großengstingen (FS 121). – I Engstingen-Großengstingen oder Trochtelfingen (FS 123). – K Dettingen a. d. Erms (FS 119), Lkr. Reutlingen. – Bronze M. 1:2; Keramik M. 1:3.

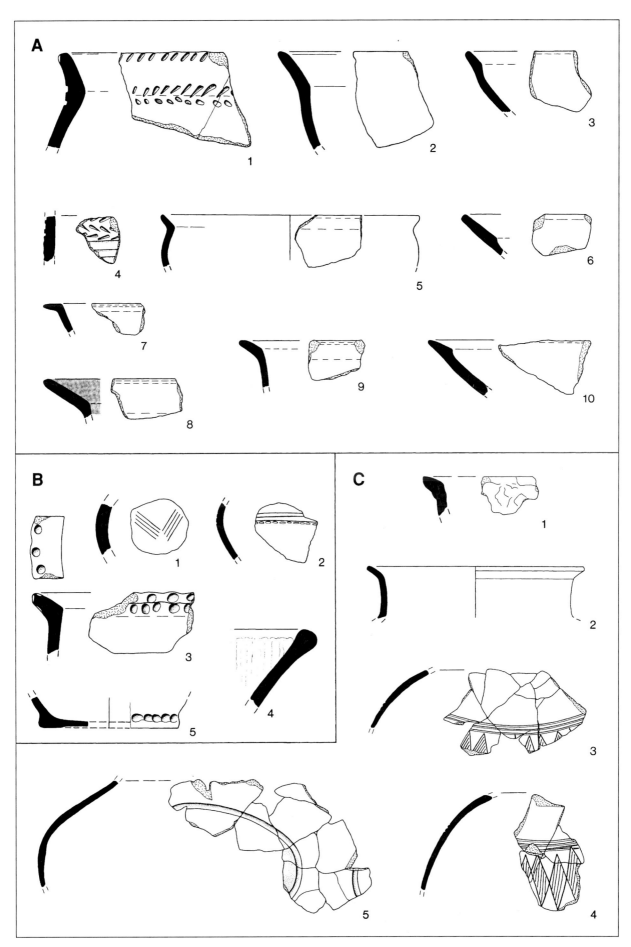

A Gomadingen (FS 127). – B Pfullingen (FS 173), Lkr. Reutlingen. – C Burladingen (FS 85 B), Zollernalbkreis. – M. 1:3.

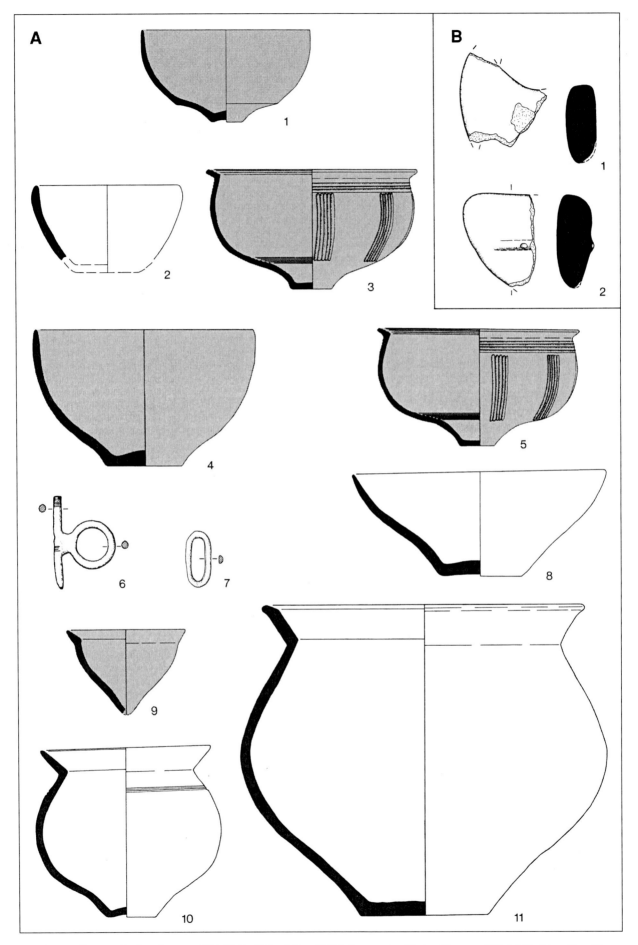

A Gomadingen-Steingebronn (FS 131), Hügel 2. – B Lichtenstein-Holzelfingen (FS 144), Lkr. Reutlingen. – Bronze M. 1:2; Keramik M. 1:3.

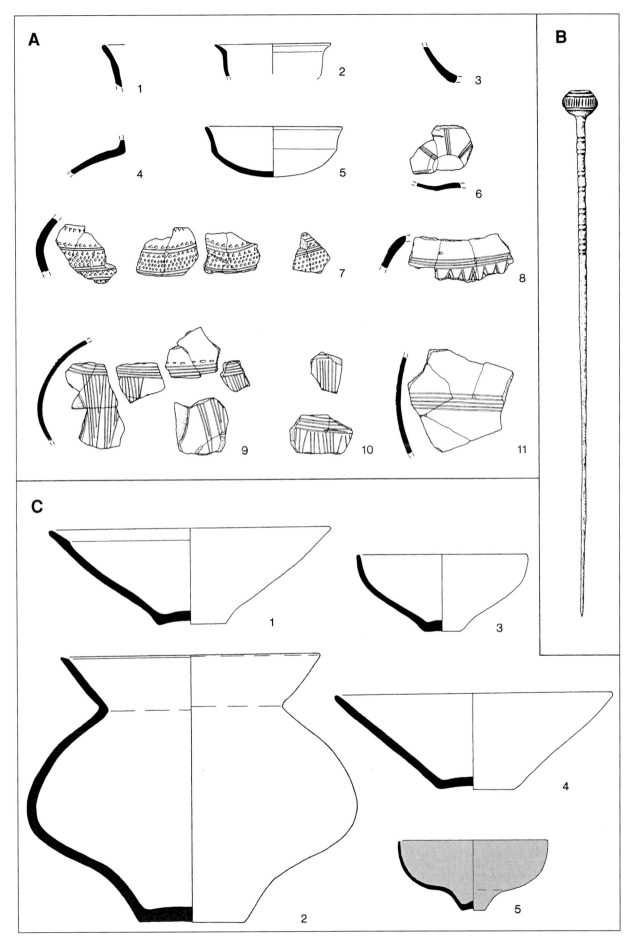

A Gomadingen-Dapfen (FS 130). – B Gomadingen-Steingebronn (FS 132). – C Gomadingen-Steingebronn (FS 131), Hügel 4, Lkr. Reutlingen. – Bronze M. 1:2; Keramik M. 1:3 (A nach Chr. Unz; B nach
A. Beck).

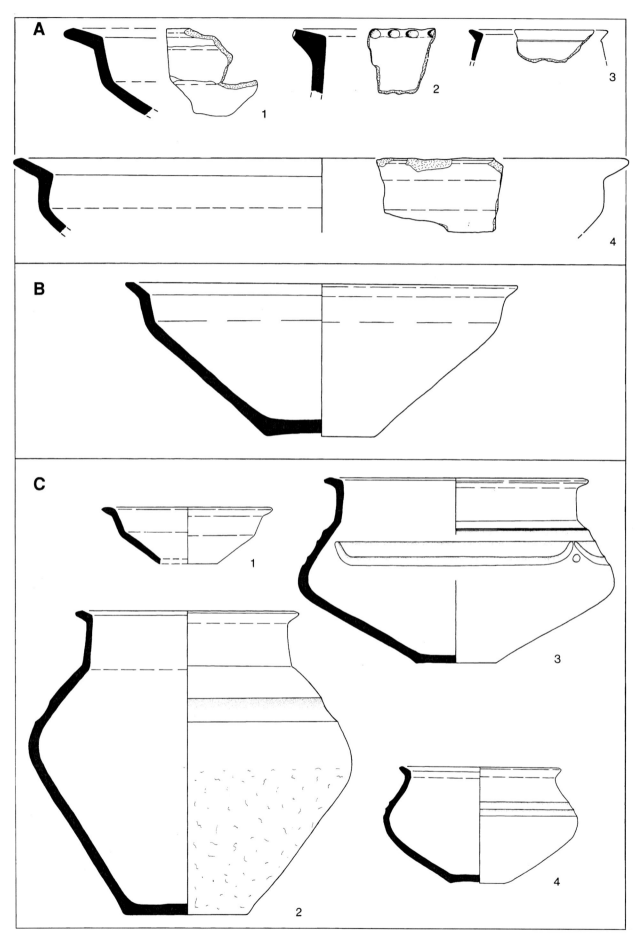

A Pfronstetten (FS 166). – B Hohenstein-Eglingen (FS 134), Grabhügel, Bestattung 2. – C Bestattung 1,
Lkr. Reutlingen. – C 2 M. 1:6, sonst M. 1:3.

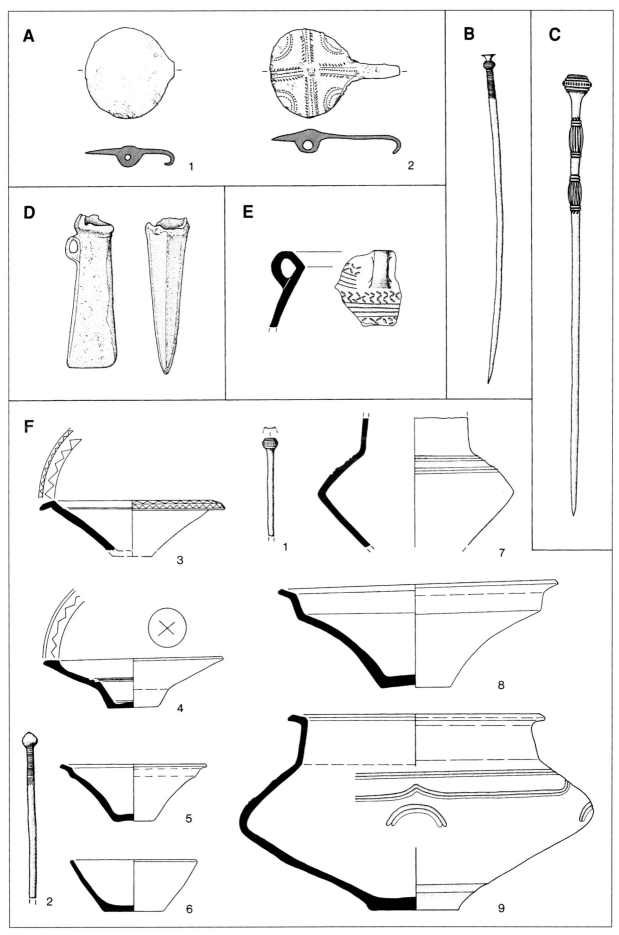

A Hohenstein-Ödenwaldstetten (FS 138; 139). – B Lichtenstein-Holzelfingen (FS 143). – C Hohenstein-Ödenwaldstetten (FS 138). – D Hülben (FS 140). – E Lichtenstein-Holzelfingen? (FS 142). – F Hohenstein-Ödenwaldstetten (FS 137), Grabhügel (dazu Abb. 71), Lkr. Reutlingen. – Bronze M. 1:2; Keramik M. 1:3 (A.C nach A. Beck; D nach R. Fiedler).

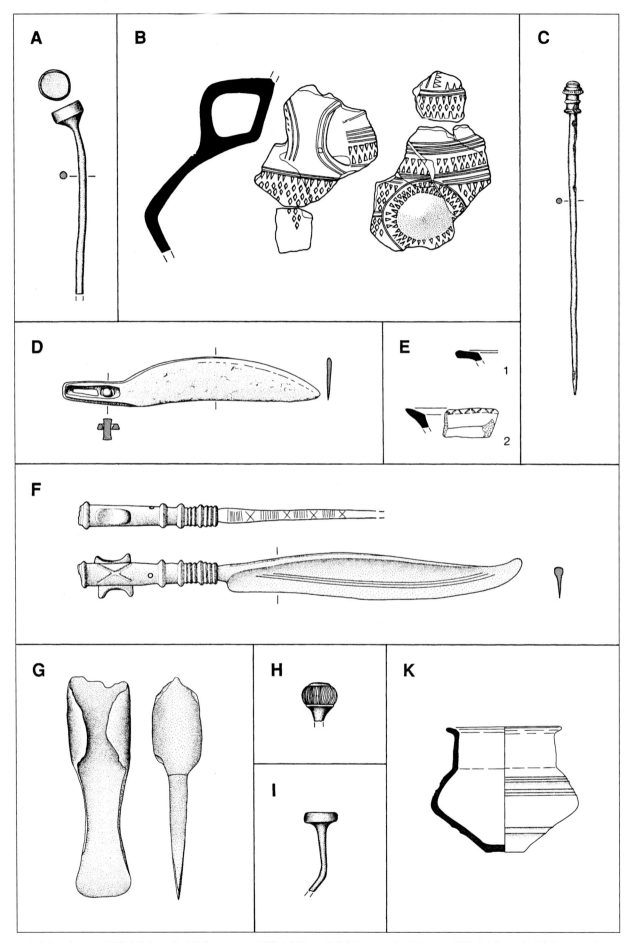

A Metzingen (FS 154). – B Mehrstetten (FS 151). – C Lichtenstein-Honau (FS 146). – D Lichtenstein-Unterhausen (FS 148). – E Lichtenstein-Honau (FS 145). – F Lichtenstein-Unterhausen (FS 147). – G Mehrstetten (FS 152). – H Münsingen (FS 164). – I „Münsinger Alb" (FS 165). – K Lichtenstein-Unterhausen (FS 149), Lkr. Reutlingen. – Bronze M. 1:2; Keramik M. 1:3 (B nach Chr. Unz; C.D nach A. Beck; H nach G. Kraft).

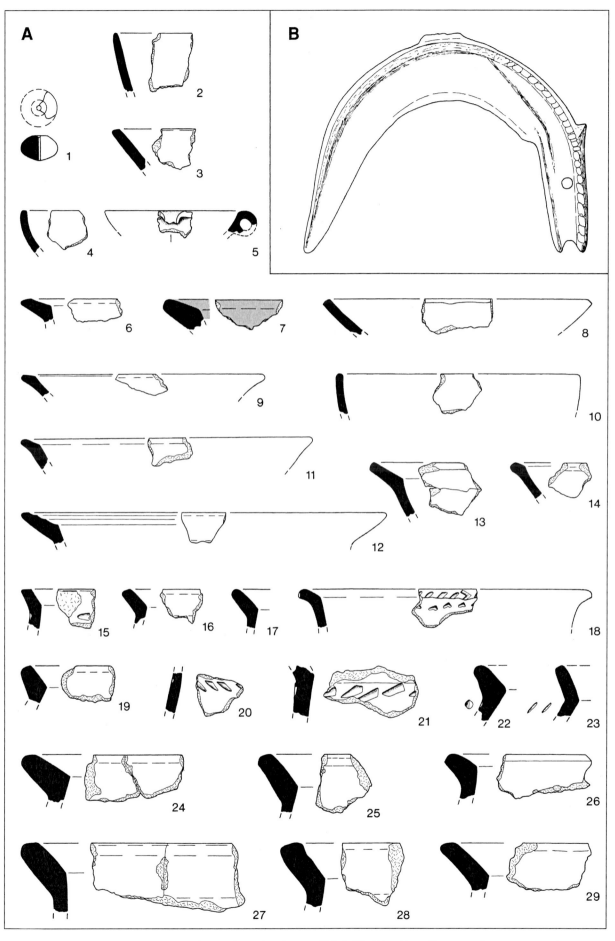

A Metzingen (FS 153). – B Münsingen-Hundersingen (FS 163), Lkr. Reutlingen. – Bronze M. 1:2; Keramik M. 1:3.

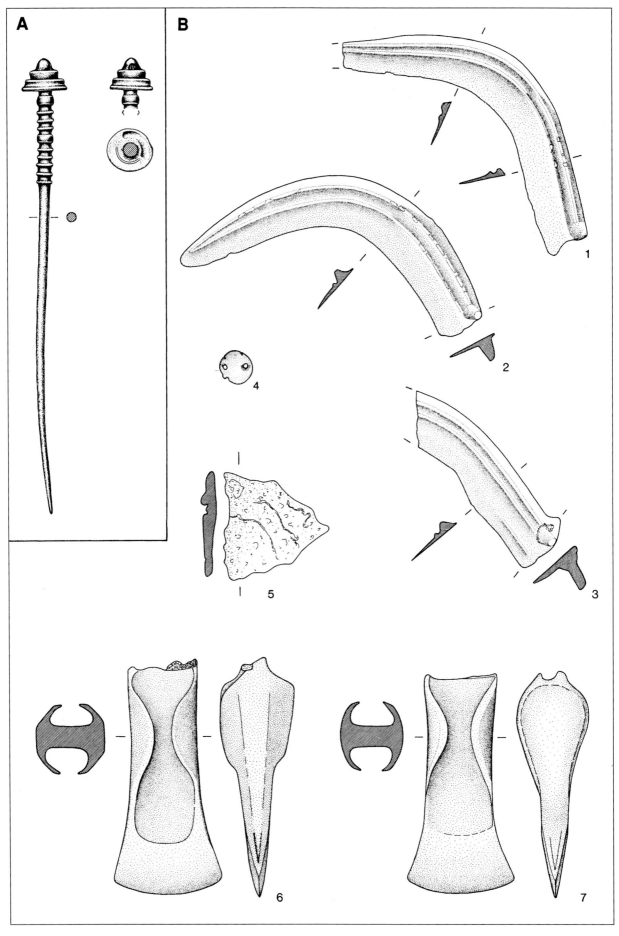

A Albstadt-Ebingen, Zollernalbkreis, oder Krauchenwies, Lkr. Sigmaringen (FS 50 B). – B Münsingen
(FS 155), Hortfund, Lkr. Reutlingen. – M. 1:2 (B nach F. Stein).

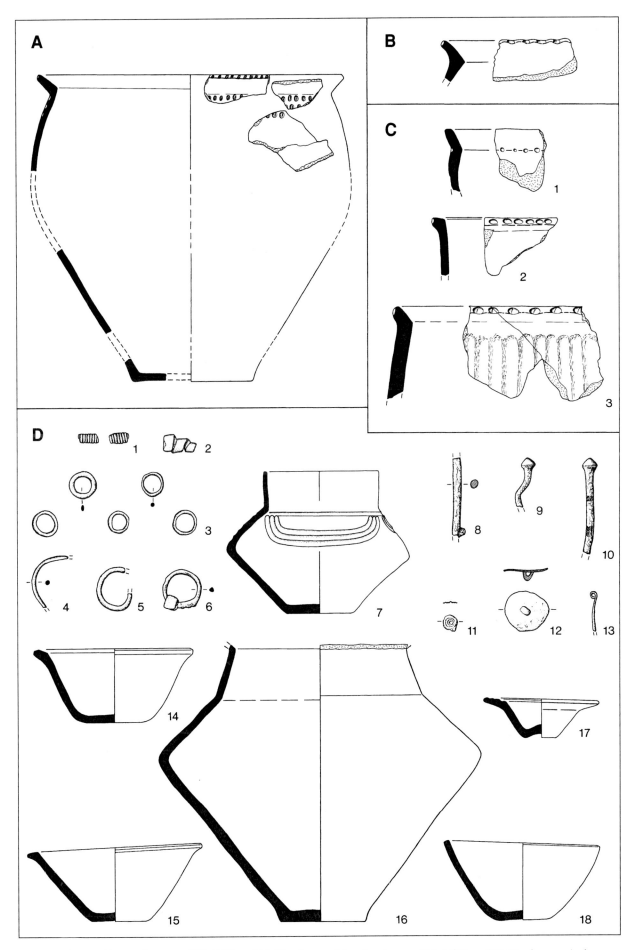

A Münsingen-Buttenhausen (FS 159). – B Münsingen-Hundersingen (FS 161). – C Münsingen-Auingen (FS 156). – D Münsingen-Dottingen (FS 160), Hügel 18, Lkr. Reutlingen. – Bronze M. 1:2; A.D 16 M. 1:6, Keramik sonst M. 1:3.

Tafel 54

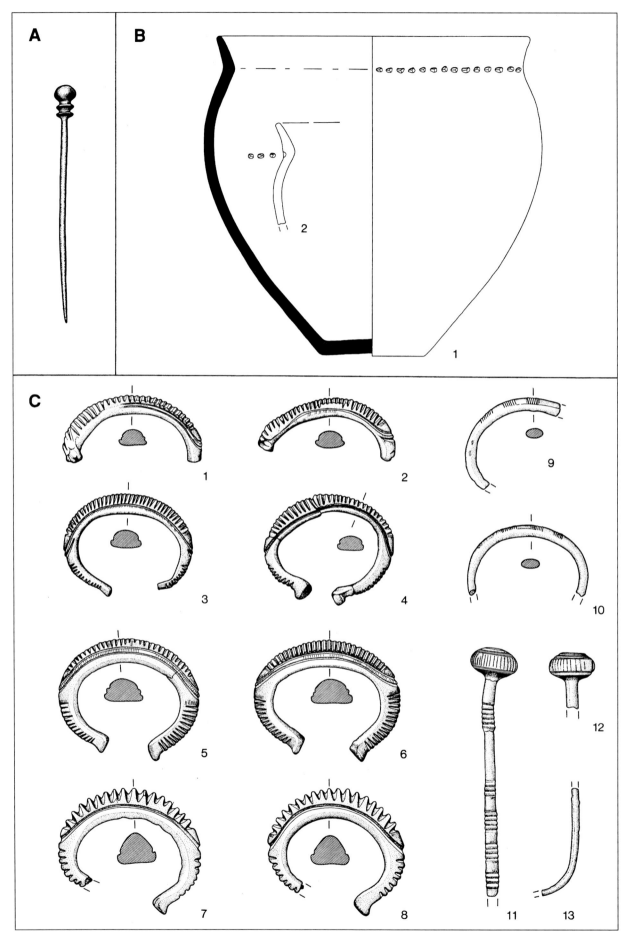

A Pfullingen, Lkr. Reutlingen, oder Ulm, Skr. Ulm (FS 168). – B Pfullingen (FS 174). – C Pfullingen, Marktstraße 49 (FS 169), Brandgrab, Lkr. Reutlingen. – Bronze M. 1:2; Keramik M. 1:3 (A nach W. Veeck).

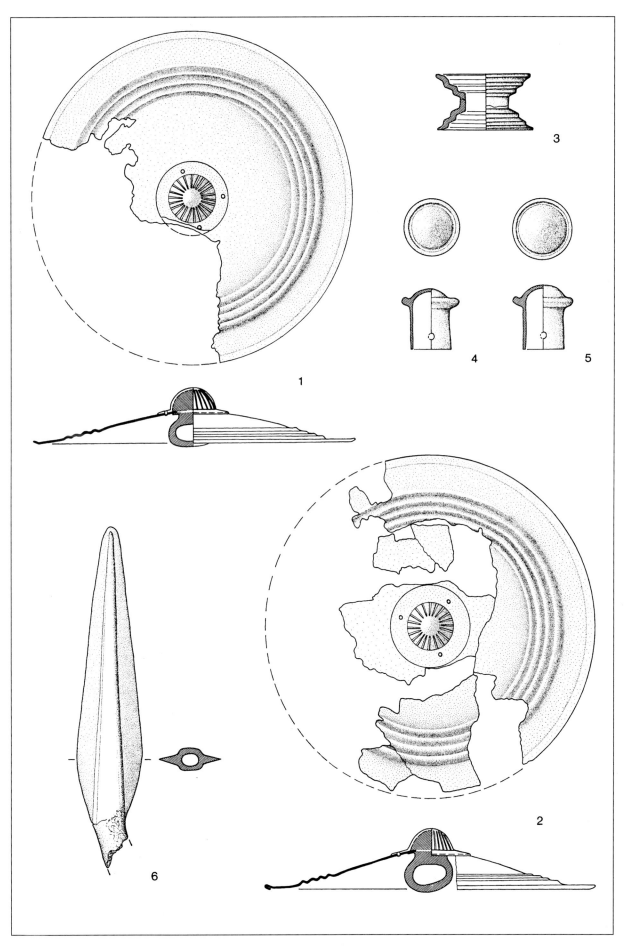

Pfullingen, „Hohmorgen" (FS 171), Grab, Lkr. Reutlingen. – M. 1:2.

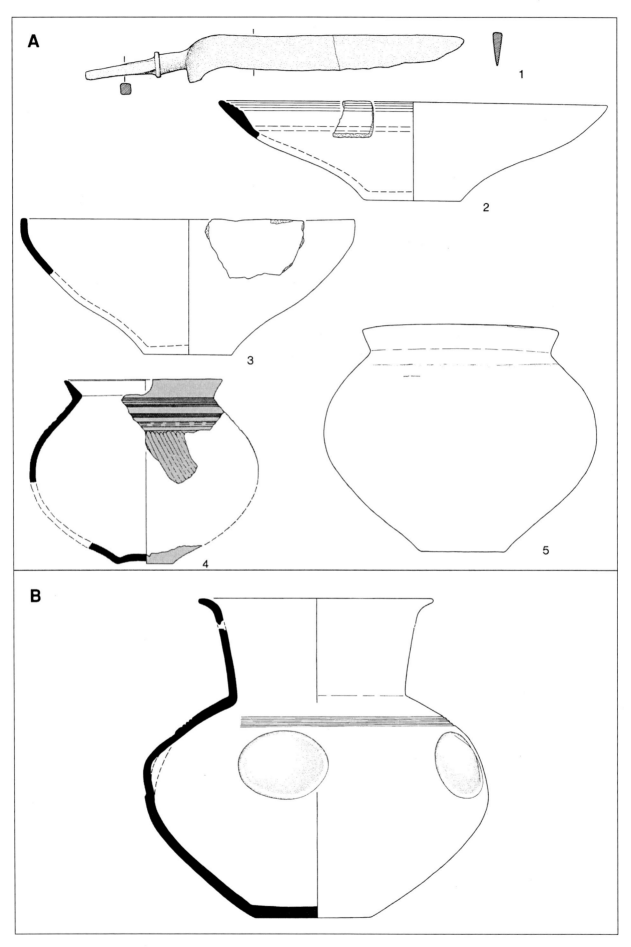

A Pfullingen, „Hohmorgen" (FS 171), Grab. – B Reutlingen-Ohmenhausen (FS 180), Grabhügel, Lkr. Reutlingen. – Bronze M. 1:2; Keramik M. 1:3 (A 5 [= Abb. 73 Foto]).

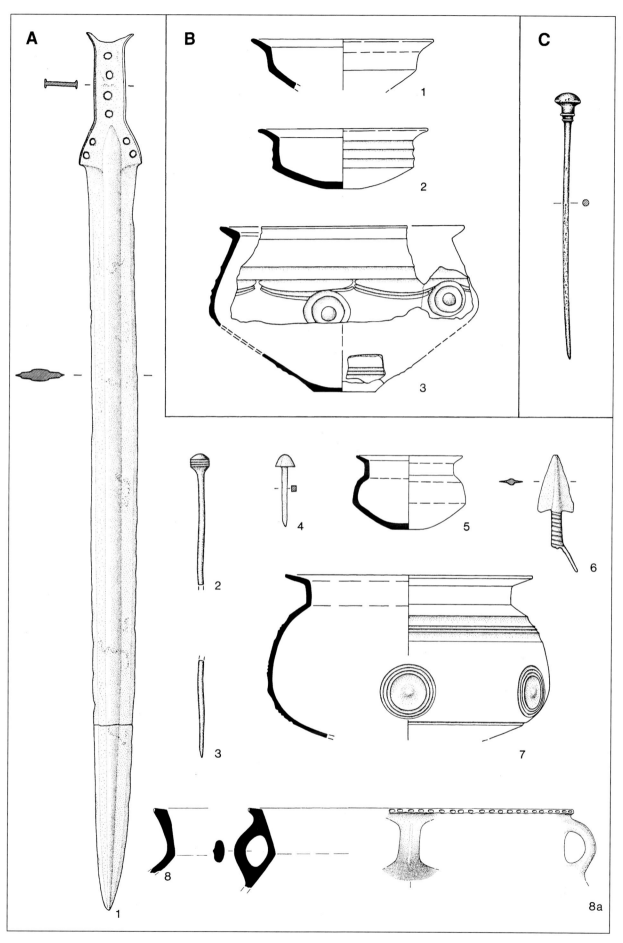

Reutlingen (FS 176), A „Fundpunkt" 4, Brandgrab. – B „Fundpunkt" 7. – C „Fundpunkt" 10, Lkr. Reutlingen. – A 1 M. 1:3, Bronze sonst M. 1:2; A 8 M. 1:6, Keramik sonst M. 1:3 (A1 nach H. Reim; A 4.6 nach Chr. Unz).

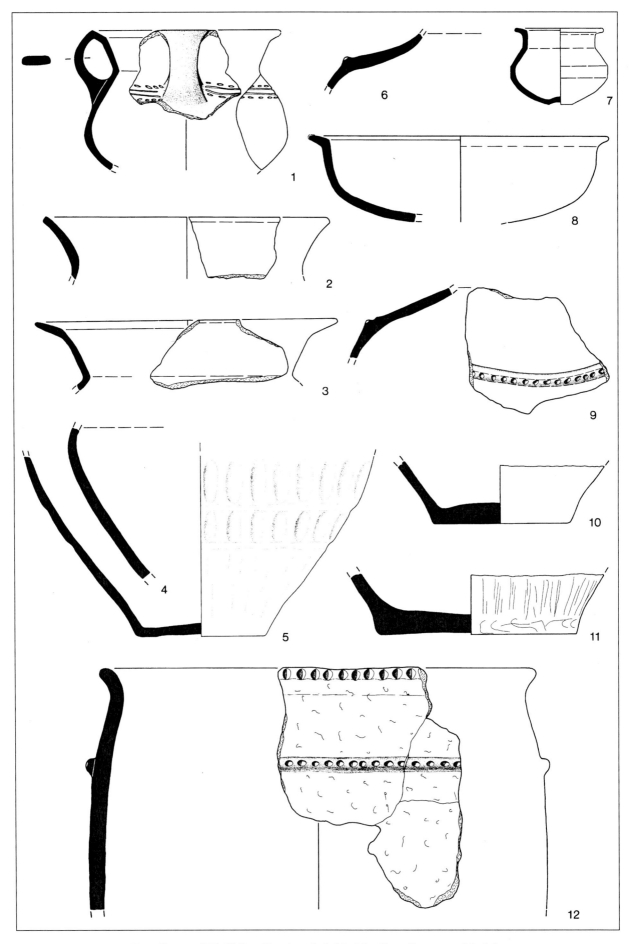

Reutlingen (FS 176), „Fundpunkt" 11, Lkr. Reutlingen. – M. 1:3.

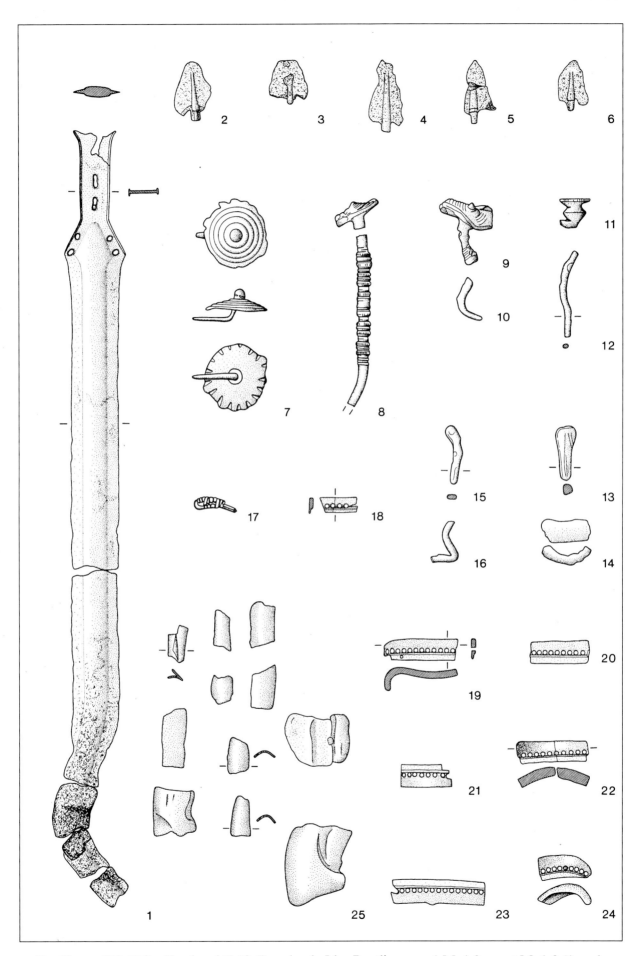

Reutlingen (FS 176), „Fundpunkt" 12, Brandgrab, Lkr. Reutlingen. – 1 M. 1:3, sonst M. 1:2 (1 nach
P. Schauer mit Ergänzung; 7–17.25 nach Chr. Unz).

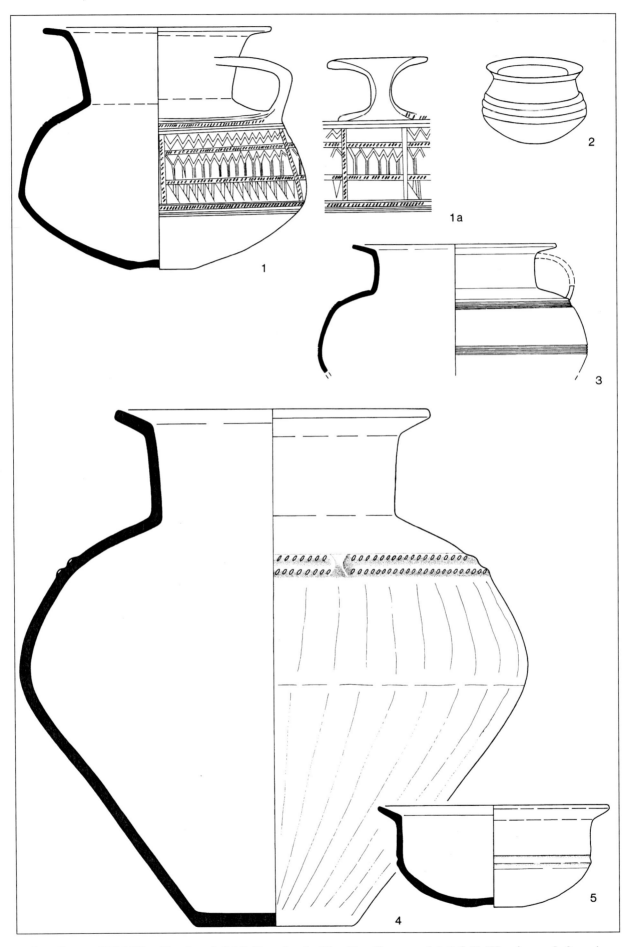

Reutlingen (FS 176), „Fundpunkt" 12, Brandgrab, Lkr. Reutlingen. – M. 1:3 (1 [Verzierung], 3 nach Chr. Unz).

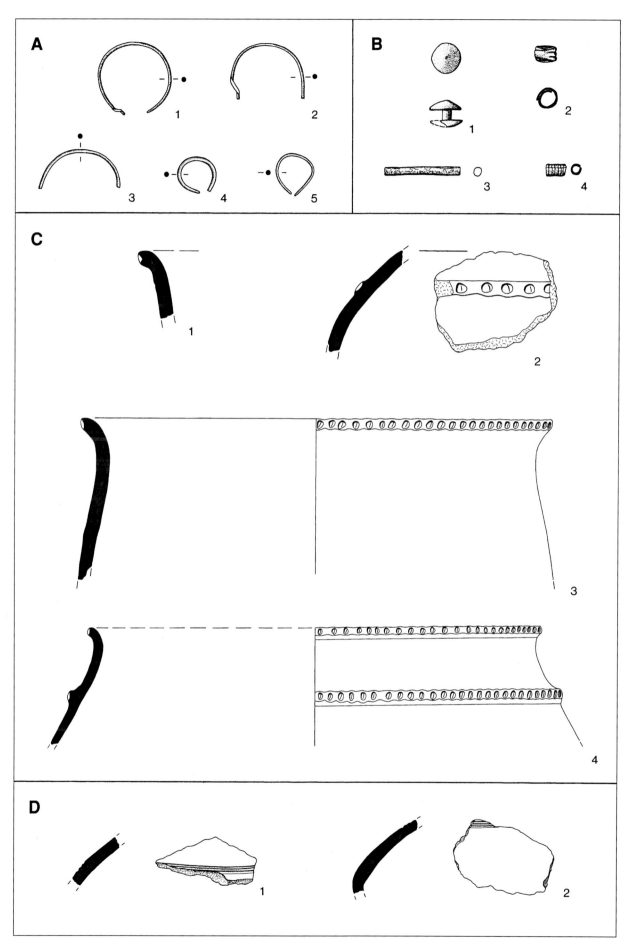

Reutlingen (FS 176), A „Fundpunkt" 4. – B 3.4, „Fundpunkt" 2. – B 1 „Fundpunkt" 7. – B 2 „Fundpunkt" 1? – C „Fundpunkt" 14. – D Lichtenstein-Unterhausen (FS 150; dazu Taf. 62 B), Lkr. Reutlingen.
– Bronze M. 1:2; Keramik M. 1:3.

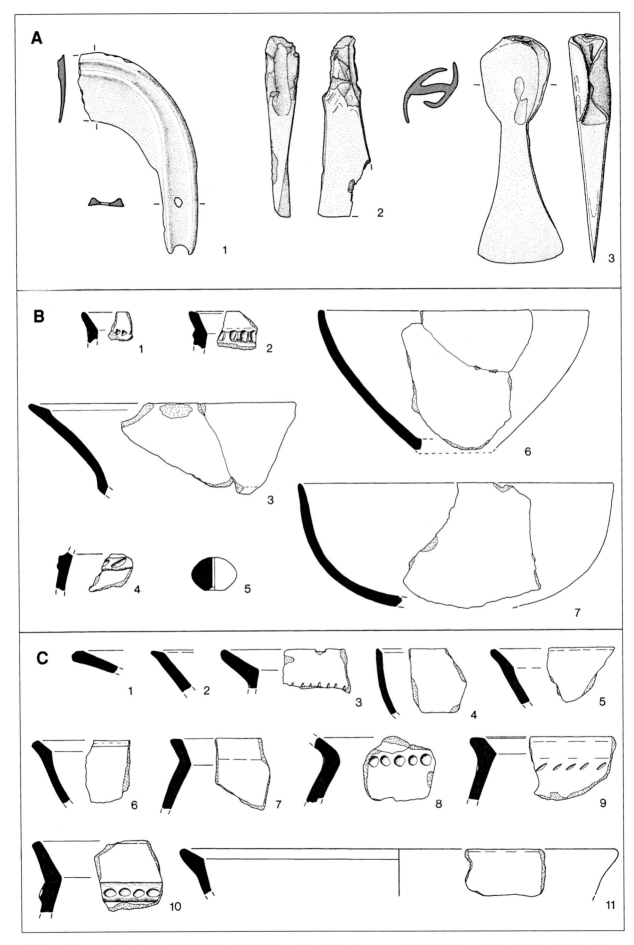

A Reutlingen-Altenburg (FS 177). – B Lichtenstein-Unterhausen (FS 150; dazu Taf. 61 D). – C Reutlingen-Mittelstadt (FS 179), Lkr. Reutlingen. – Bronze M. 1:2; M. 1:3.

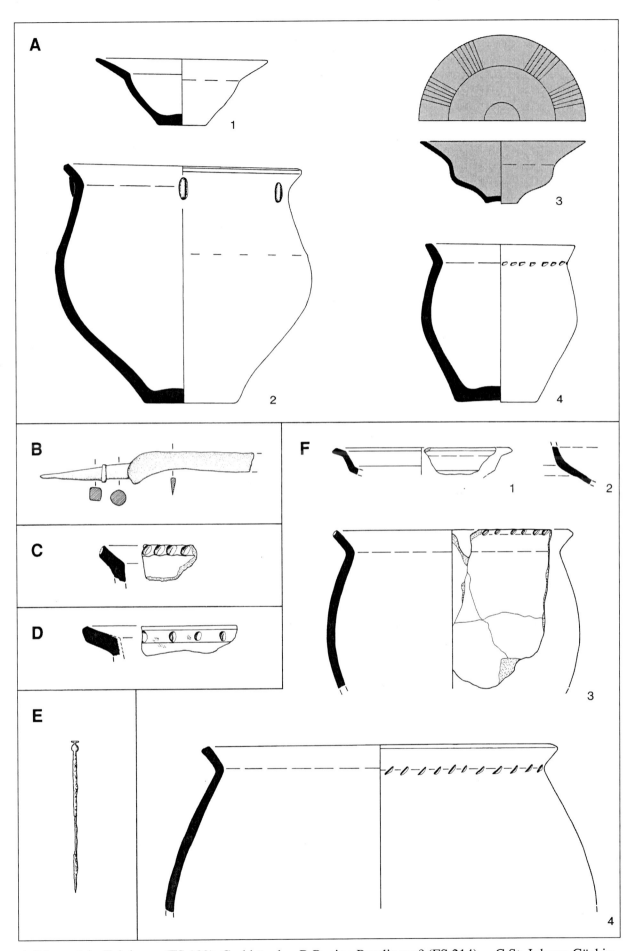

A Römerstein-Zainingen (FS 183), Grabhügel. – B Region Reutlingen? (FS 214). – C St. Johann-Gächingen (FS 186). – D St. Johann-Gächingen (FS 187). – F St. Johann-Gächingen (FS 185), Lkr. Reutlingen. – E Römerstein-Zainingen, Lkr. Reutlingen, oder Laichingen-Feldstetten (FS 182), Alb-Donau-Kreis. – Bronze M. 1:2; Keramik M. 1:3 (A 3 nach H. Zürn).

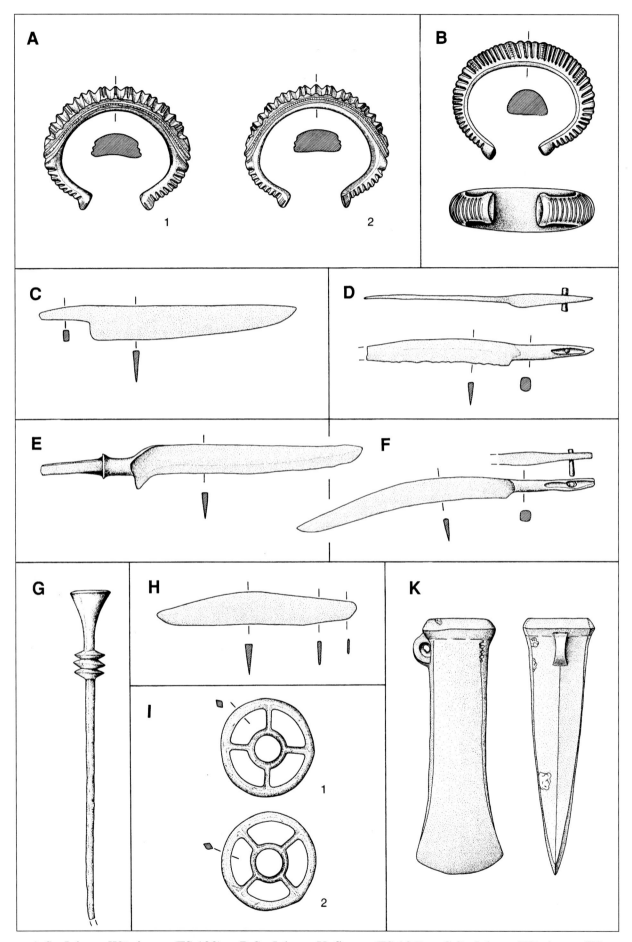

A St. Johann-Würtingen (FS 198). – B St. Johann-Upfingen (FS 191). – C St. Johann-Würtingen (FS 197). – D St. Johann-Upfingen (FS 190). – E St. Johann-Würtingen (FS 195). – F St. Johann-Upfingen (FS 189). – G St. Johann-Würtingen (FS 193). – H Trochtelfingen-Steinhilben (FS 208). – I St. Johann-Würtingen (FS 196). – K St. Johann-Würtingen (FS 194), Lkr. Reutlingen. – M. 1:2 (A.G nach A. Beck).

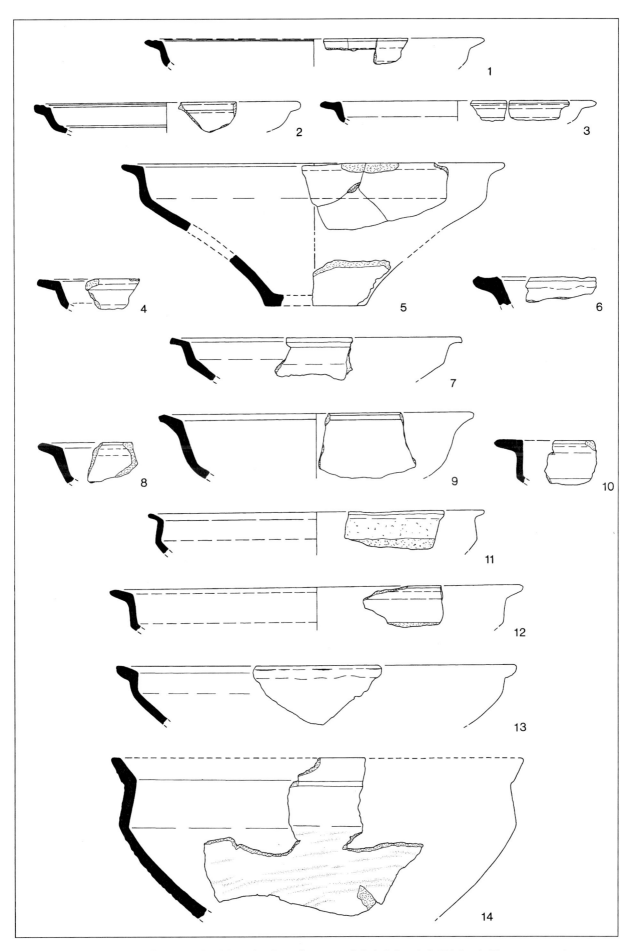

St. Johann-Würtingen (FS 192), Lkr. Reutlingen. – M. 1:3 (nach J. Biel mit Ergänzungen).

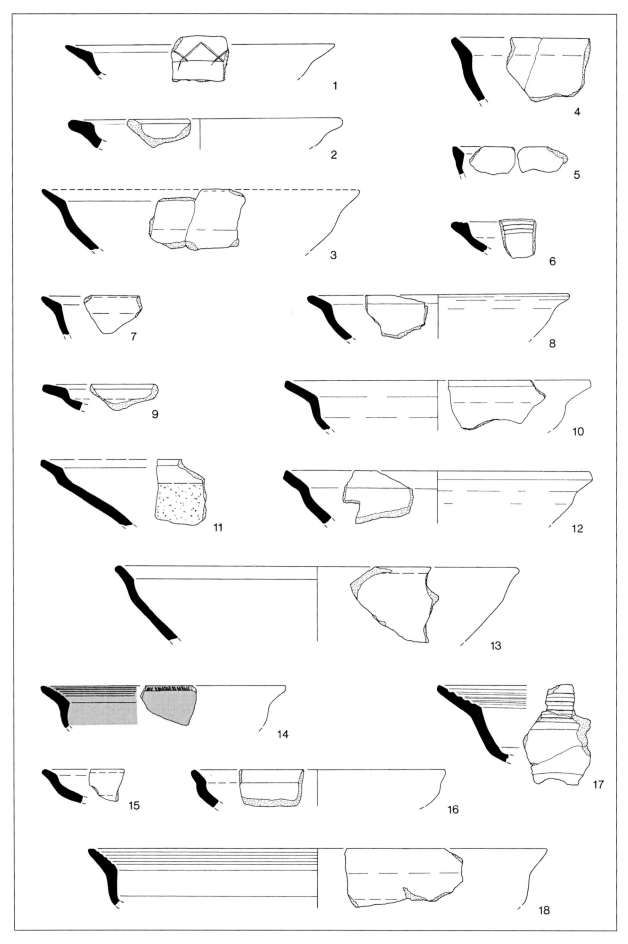

St. Johann-Würtingen (FS 192), Lkr. Reutlingen. – M. 1:3 (nach J. Biel mit Ergänzungen).

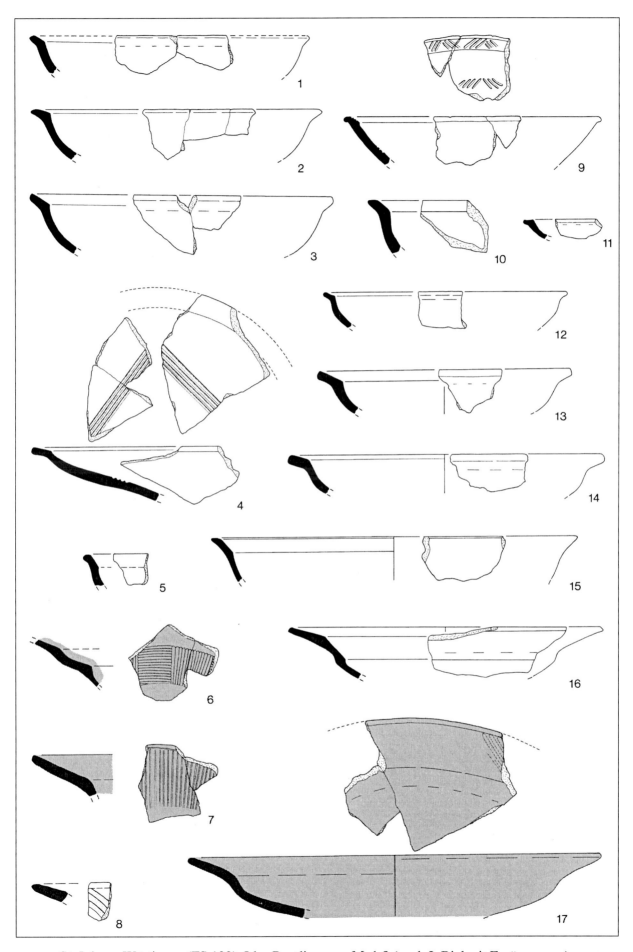

St. Johann-Würtingen (FS 192), Lkr. Reutlingen. – M. 1:3 (nach J. Biel mit Ergänzungen).

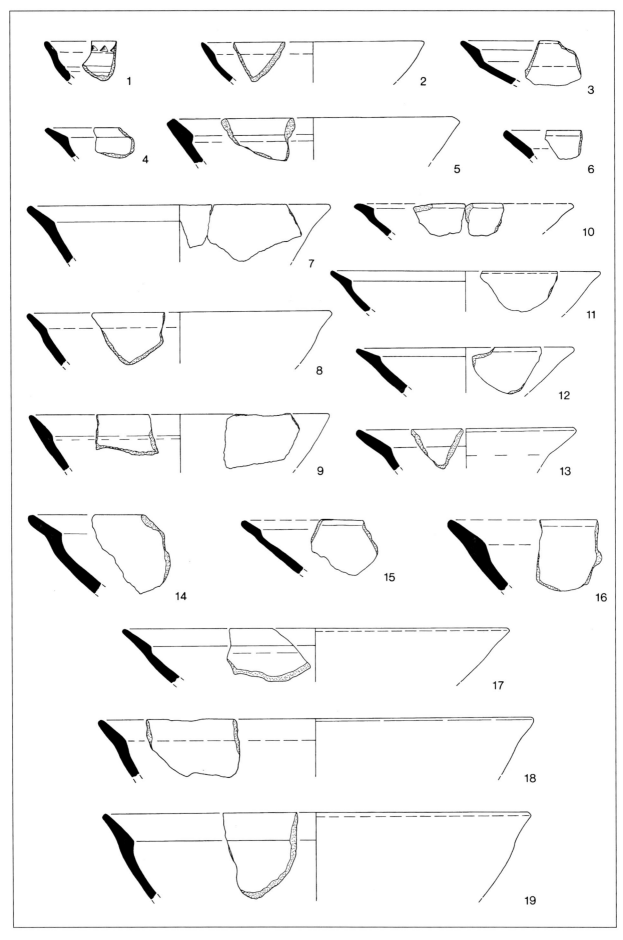

St. Johann-Würtingen (FS 192), Lkr. Reutlingen. – M. 1:3 (nach J. Biel mit Ergänzungen).

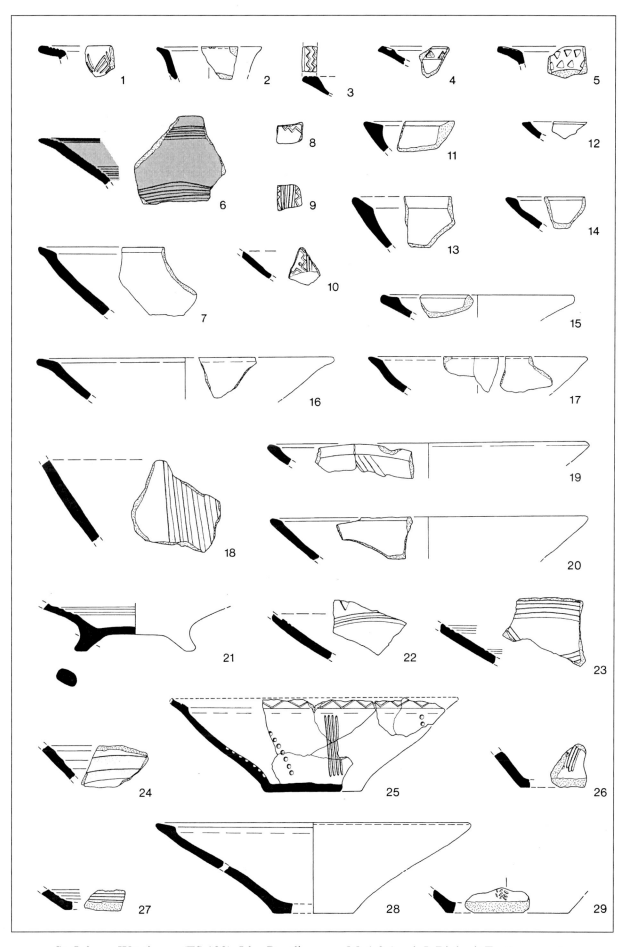

St. Johann-Würtingen (FS 192), Lkr. Reutlingen. – M. 1:3 (nach J. Biel mit Ergänzungen).

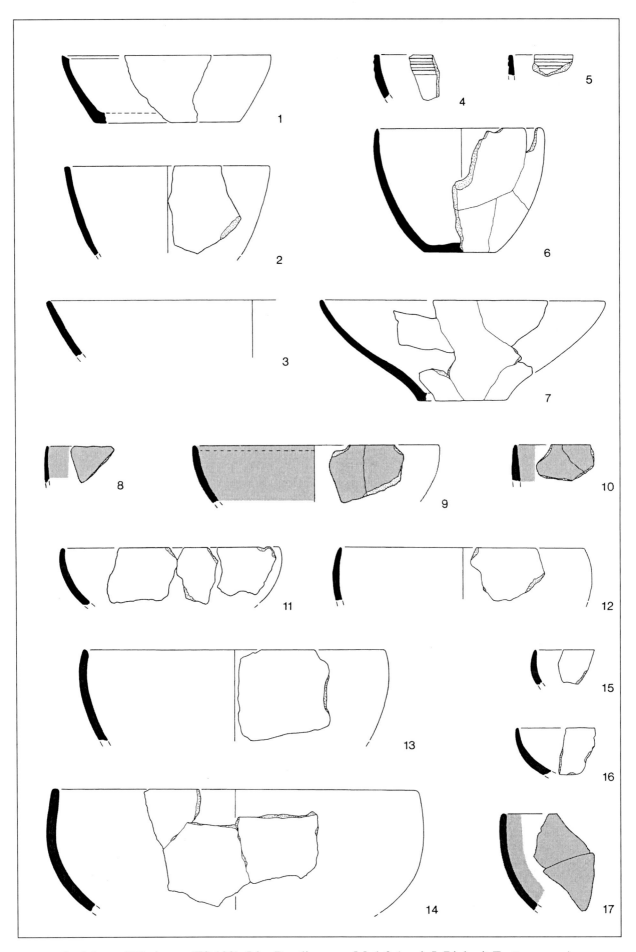

St. Johann-Würtingen (FS 192), Lkr. Reutlingen. – M. 1:3 (nach J. Biel mit Ergänzungen).

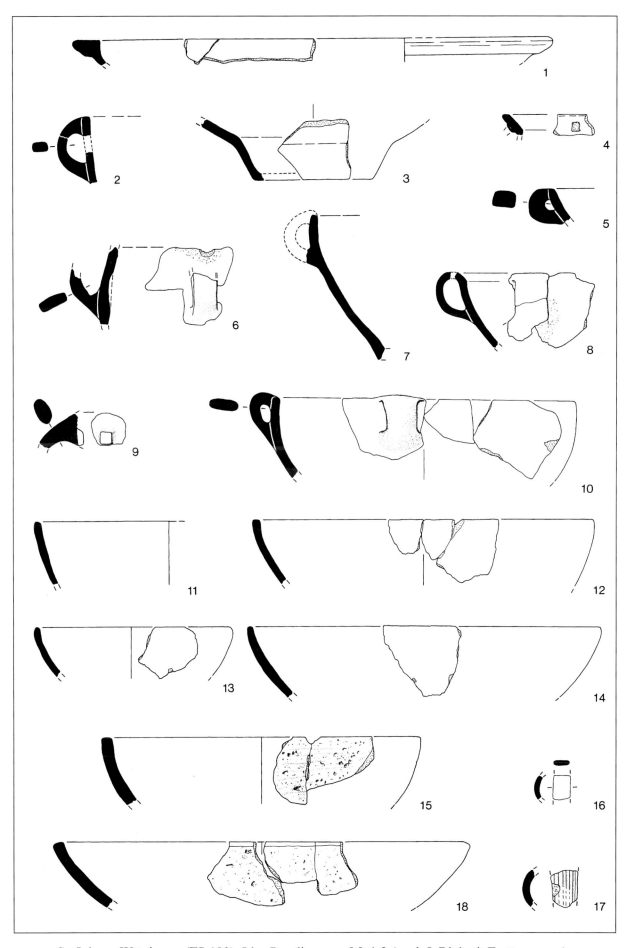

St. Johann-Würtingen (FS 192), Lkr. Reutlingen. – M. 1:3 (nach J. Biel mit Ergänzungen).

Tafel 72

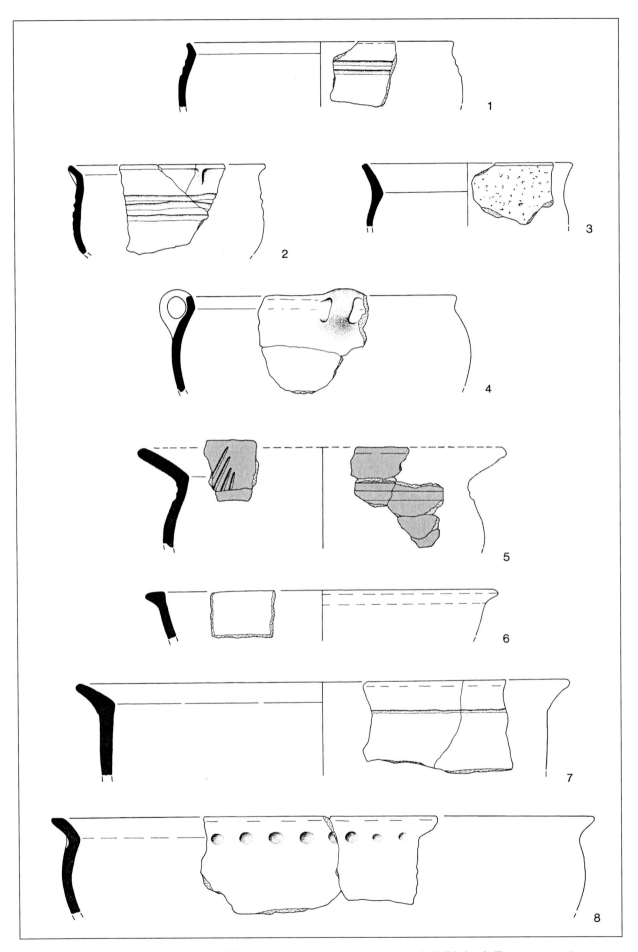

St. Johann-Würtingen (FS 192), Lkr. Reutlingen. – M. 1:3 (nach J. Biel mit Ergänzungen).

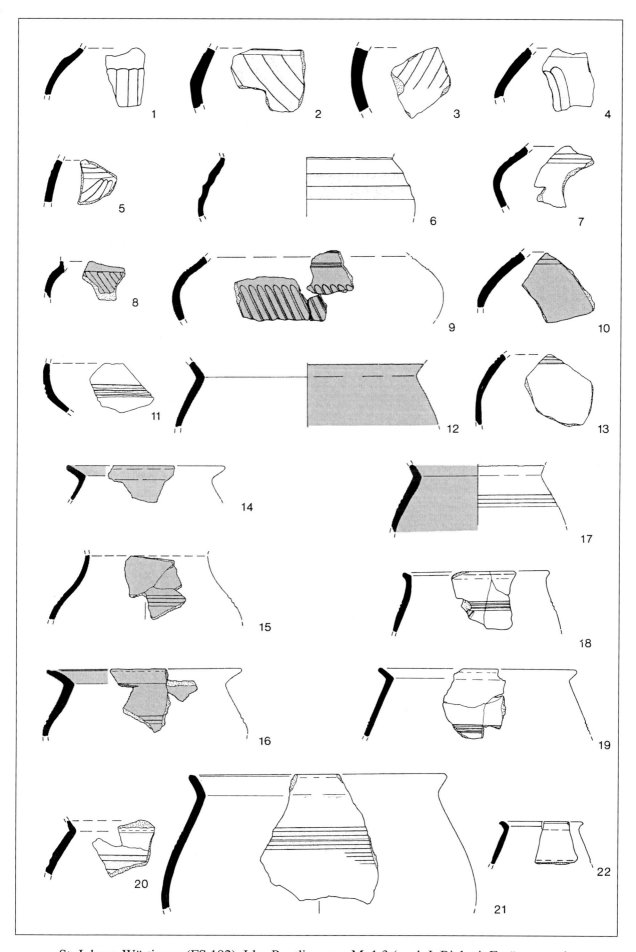

St. Johann-Würtingen (FS 192), Lkr. Reutlingen. – M. 1:3 (nach J. Biel mit Ergänzungen).

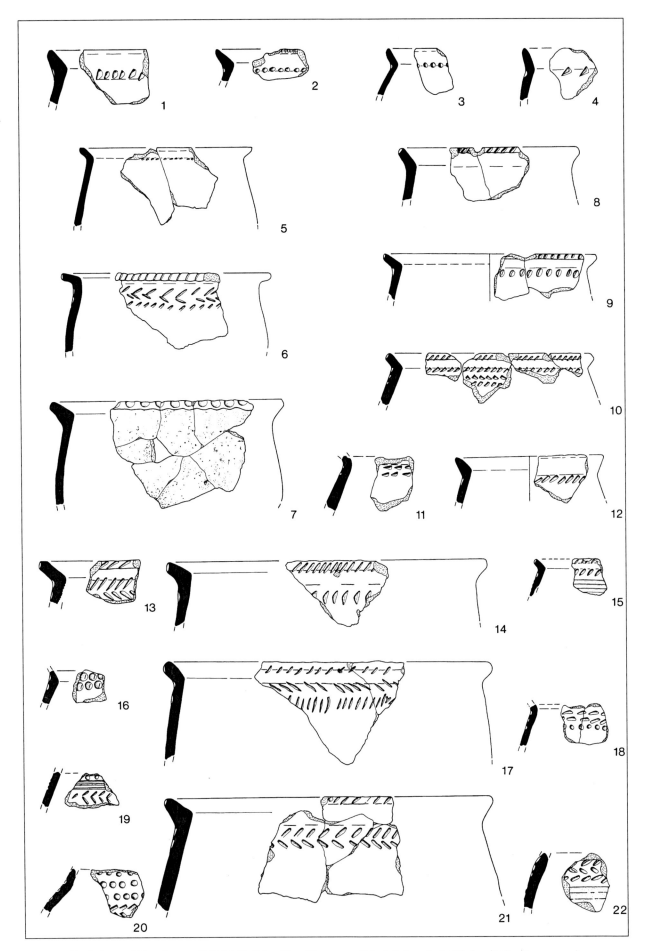

St. Johann-Würtingen (FS 192), Lkr. Reutlingen. – M. 1:3 (nach J. Biel mit Ergänzungen).

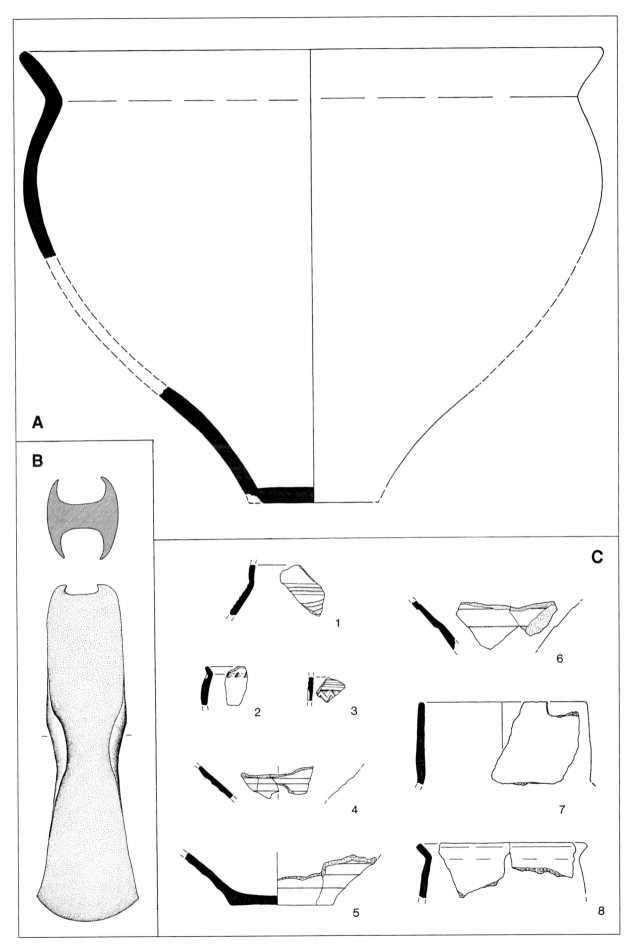

A Großengstingen oder Trochtelfingen (FS 125). – B Münsingen-Auingen (FS 157). – C St. Johann-Würtingen (FS 192), Lkr. Reutlingen. – Bronze M. 1:2; Keramik M. 1:3 (C nach J. Biel mit Ergänzungen).

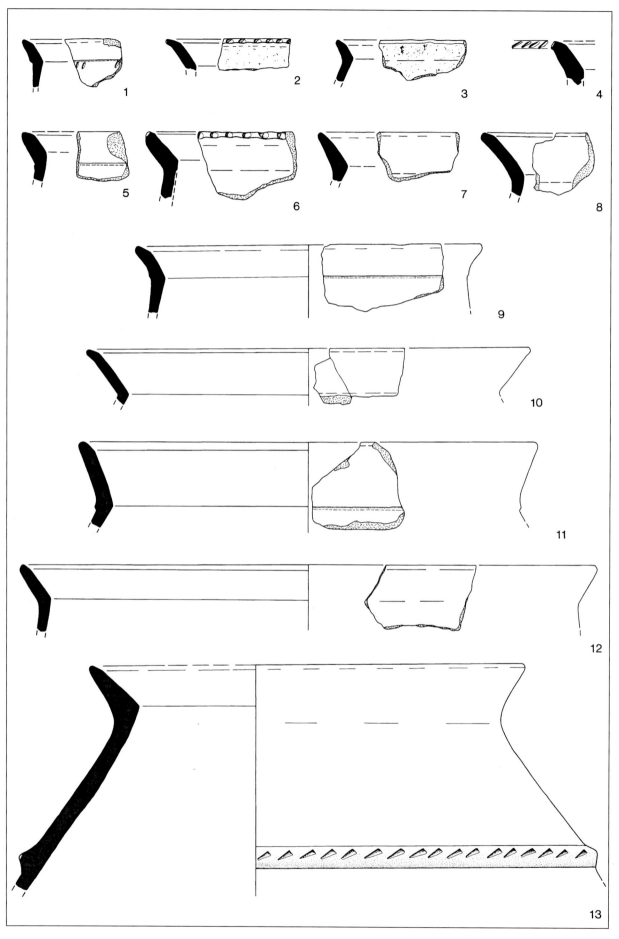

St. Johann-Würtingen (FS 192), Lkr. Reutlingen. – M. 1:3 (nach J. Biel mit Ergänzungen).

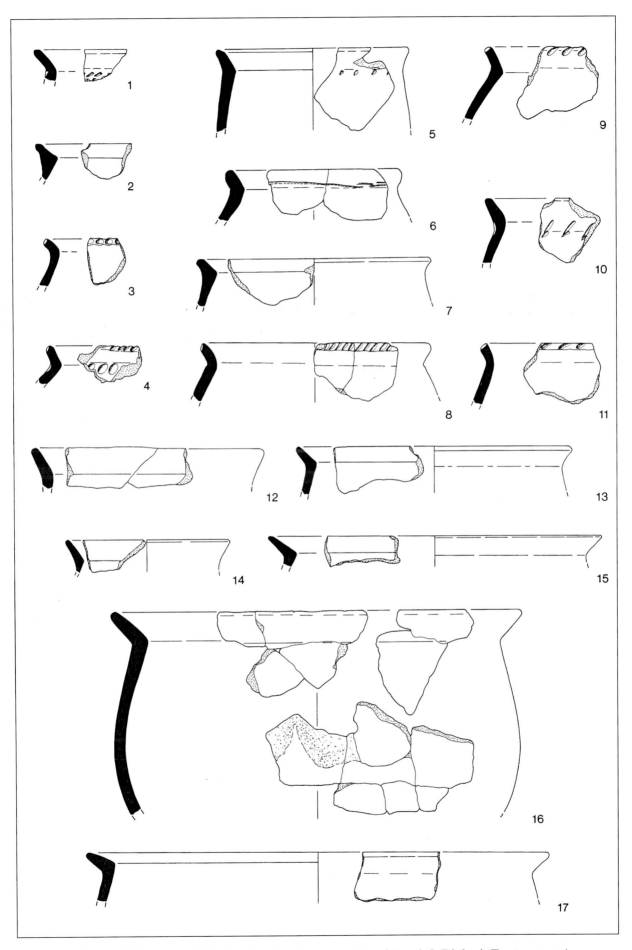

St. Johann-Würtingen (FS 192), Lkr. Reutlingen. – M. 1:3 (nach J. Biel mit Ergänzungen).

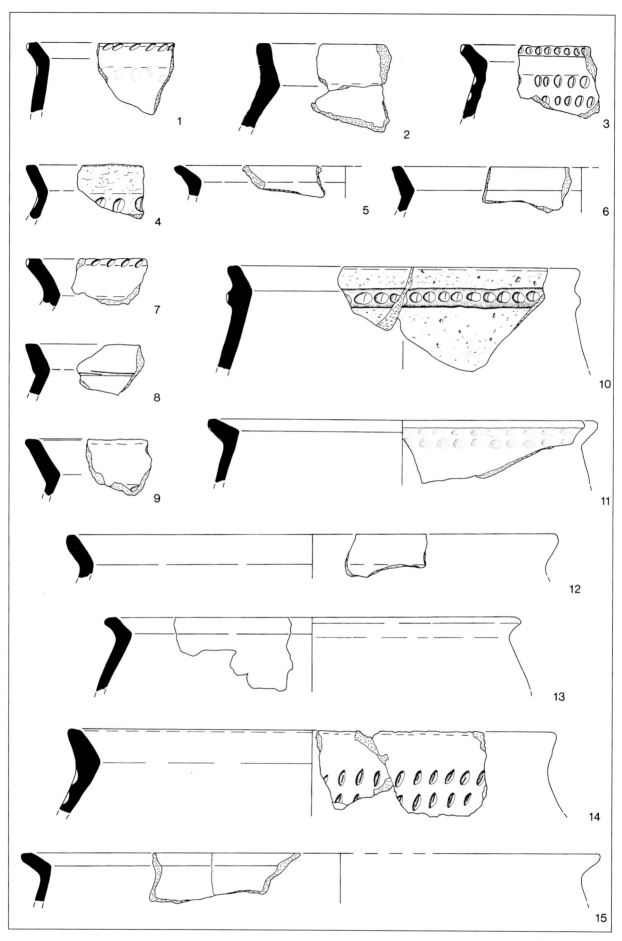

St. Johann-Würtingen (FS 192), Lkr. Reutlingen. – M. 1:3 (nach J. Biel mit Ergänzungen).

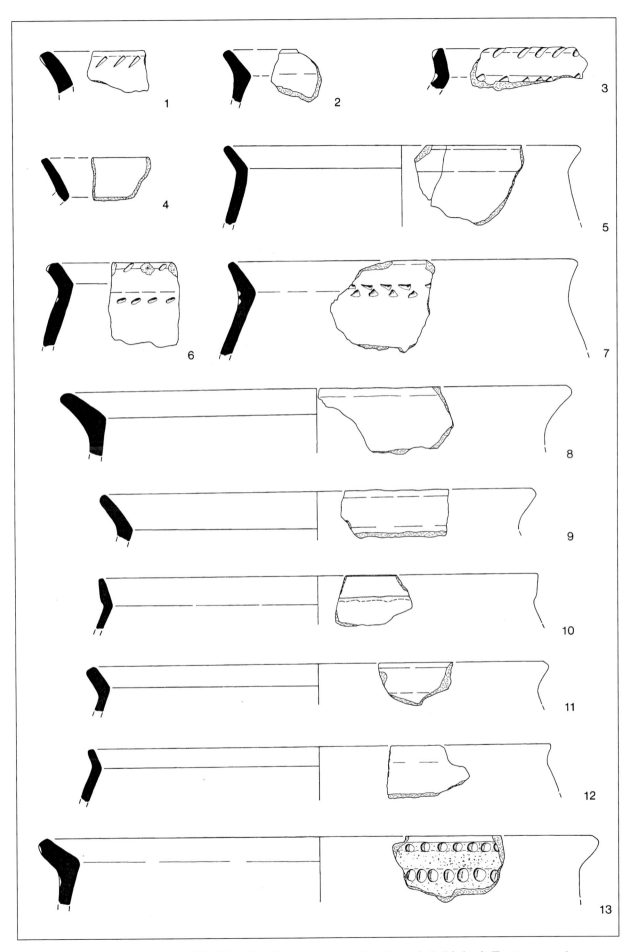

St. Johann-Würtingen (FS 192), Lkr. Reutlingen. – M. 1:3 (nach J. Biel mit Ergänzungen).

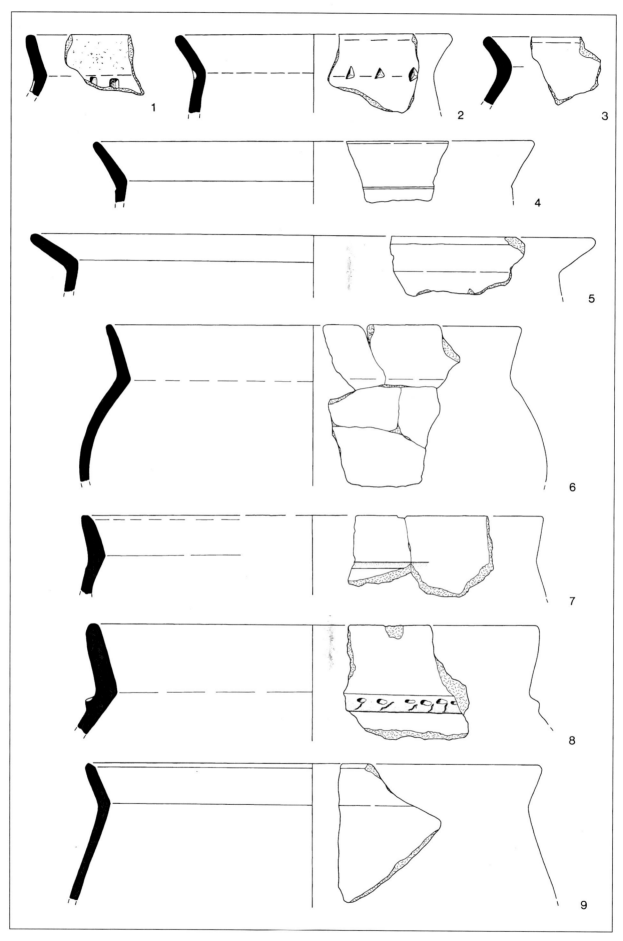

St. Johann-Würtingen (FS 192), Lkr. Reutlingen. – M. 1:3 (nach J. Biel mit Ergänzungen).

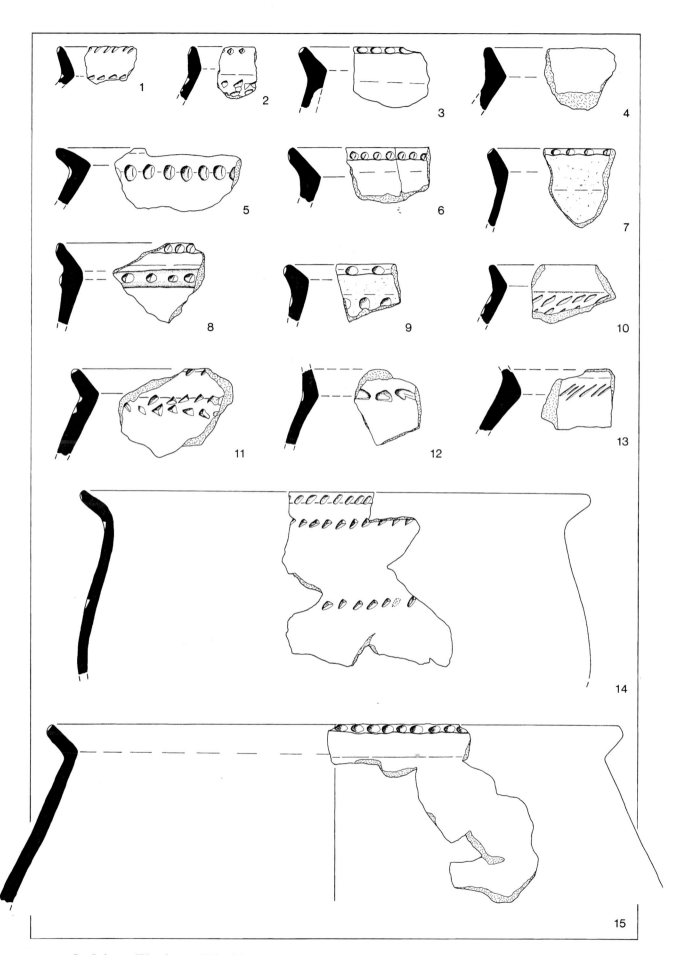

St. Johann-Würtingen (FS 192), Lkr. Reutlingen. – M. 1:3 (nach J. Biel mit Ergänzungen).

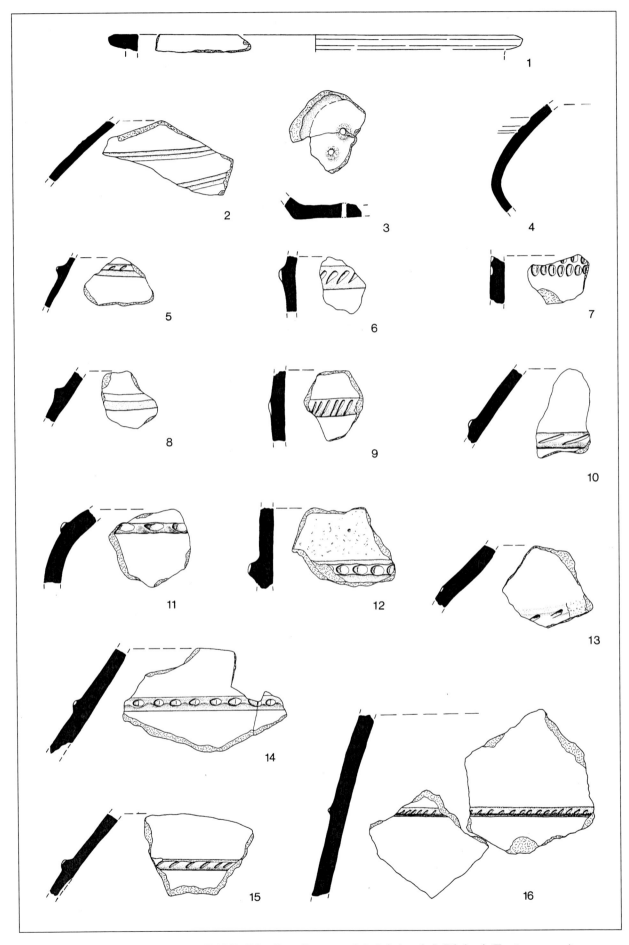

St. Johann-Würtingen (FS 192), Lkr. Reutlingen. – M. 1:3 (nach J. Biel mit Ergänzungen).

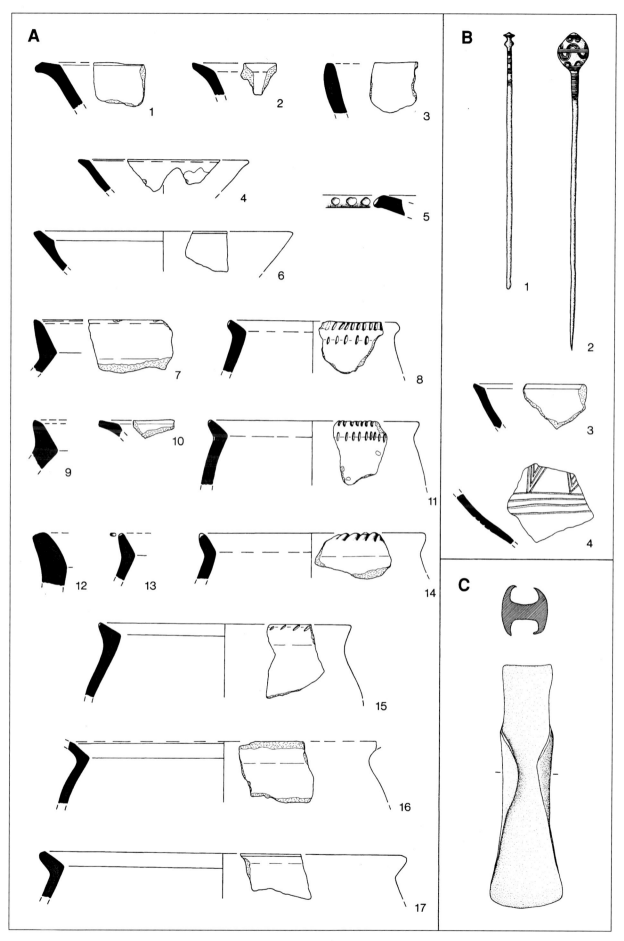

A Sonnenbühl-Erpfingen (FS 200). – B Sonnenbühl-Erpfingen (FS 202). – C „Zwiefalten" (FS 209), Lkr. Reutlingen. – Bronze M. 1:2; Keramik M. 1:3.

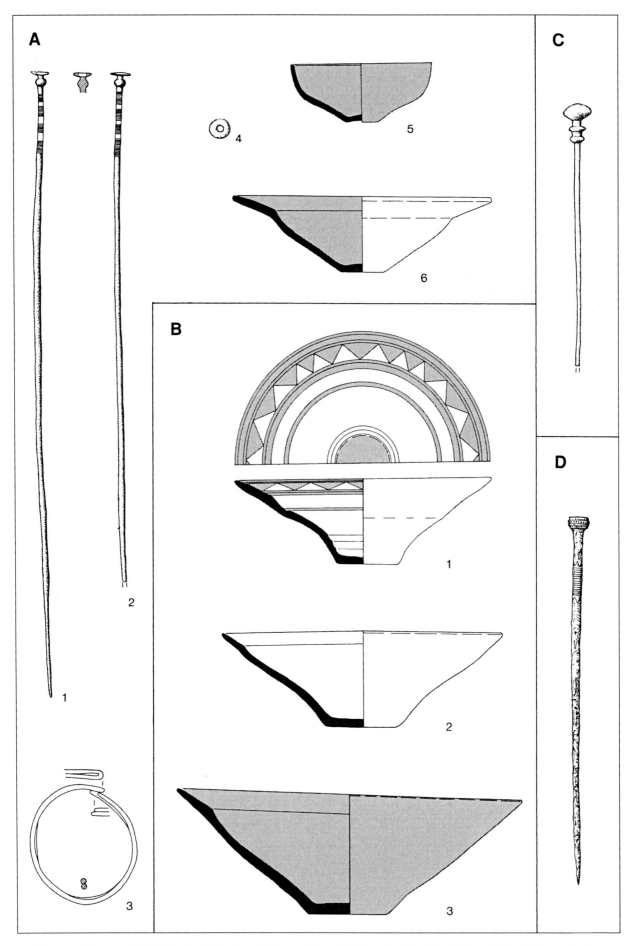

A Trochtelfingen (FS 204), Grabhügel. – B Zwiefalten-Upflamör (FS 211-213). – C Bad Urach-Seeburg (FS 117). – D Zwiefalten-Hochberg (FS 210), Lkr. Reutlingen. – Bronze M. 1:2; Keramik M. 1:3 (D nach A. Beck).

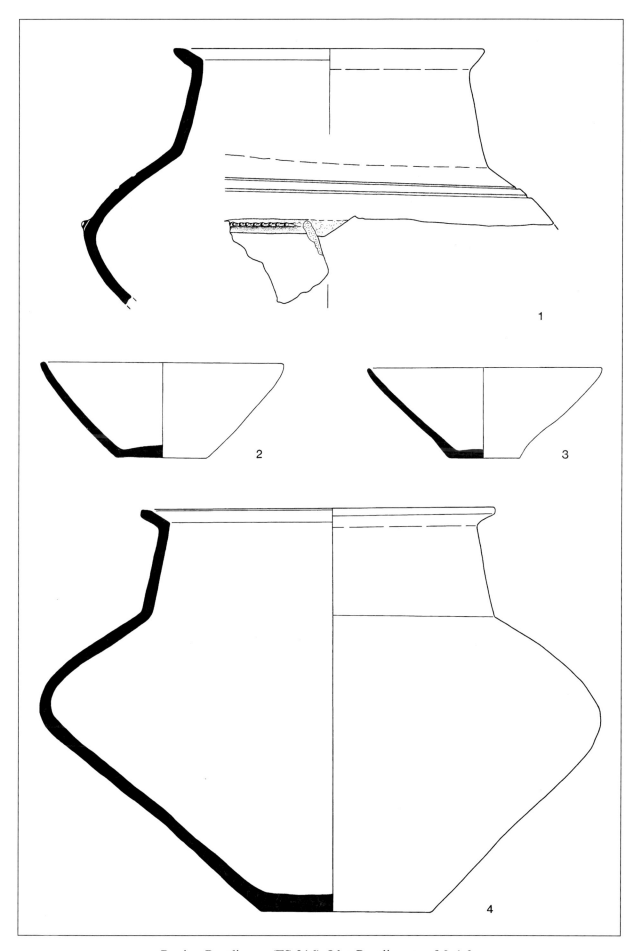

Region Reutlingen (FS 216), Lkr. Reutlingen. – M. 1:3.

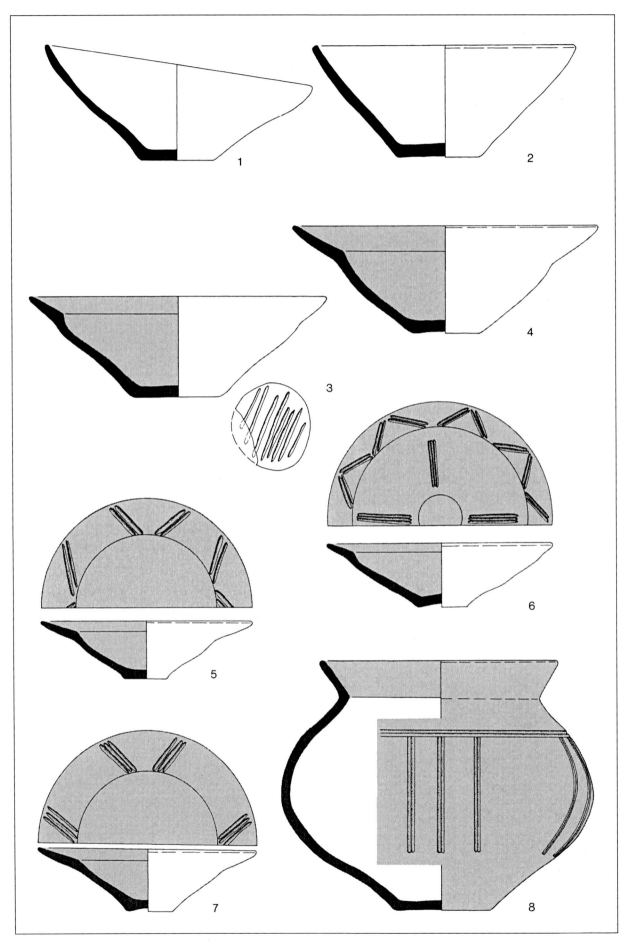

1.3.4 Region Reutlingen (FS 216). – 2.5–7 Region Reutlingen (FS 215 A). – 8 St. Johann oder Region Reutlingen (FS 215 B), Lkr. Reutlingen. – M. 1:3.

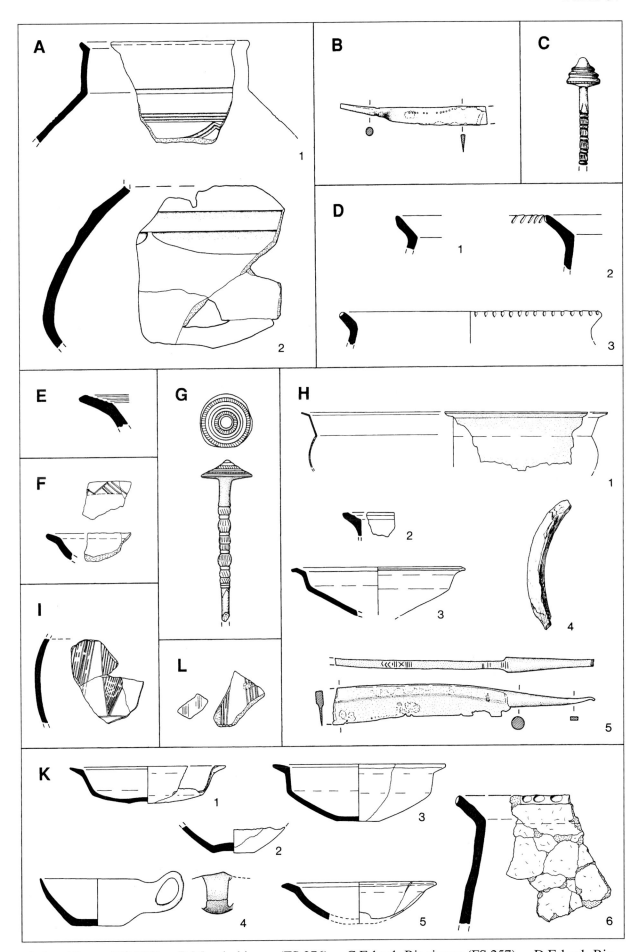

A Asselfingen (FS 220). – B Munderkingen (FS 276). – C Erbach-Ringingen (FS 257). – D Erbach-Ringingen (FS 258). – E Blaubeuren (FS 226). – F Obermarchtal (FS 279). – G Blaustein-Klingenstein (FS
237). – H Oberstadion-Hundersingen (FS 280). – I Allmendingen-Weilersteußlingen (FS 219). – K All-
mendingen-Niederhofen (FS 217). – L Nellingen-Aichen (FS 277), Alb-Donau-Kreis. – Bronze M. 1:2;
Keramik M. 1:3 (B.H.K nach G. Krahe; G nach H.-R. Herrmann; Zeichnung W. Taute).

Tafel 88

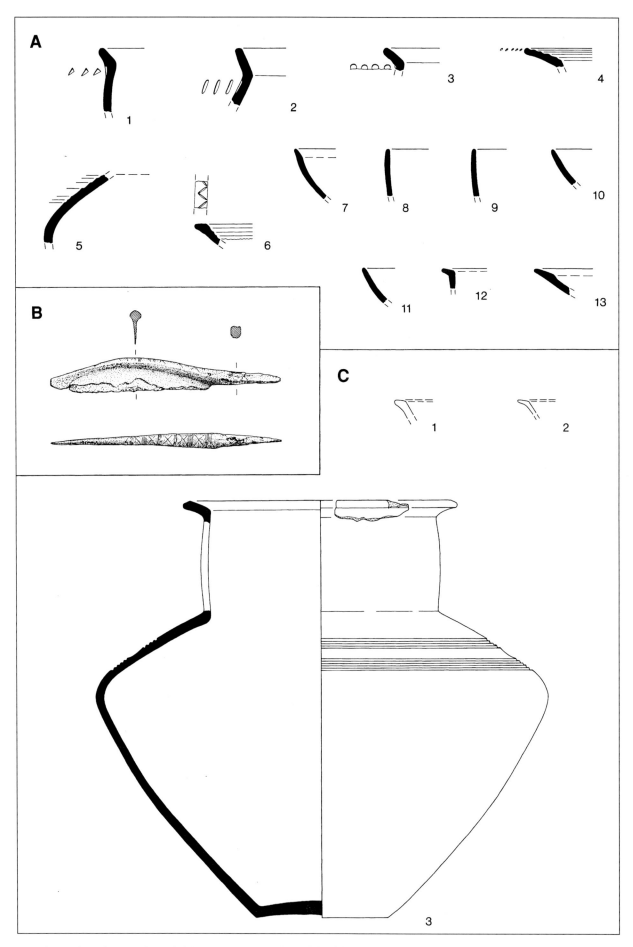

A Blaustein-Ehrenstein (FS 235). – B Berghülen (FS 222). – C Berghülen (FS 221), Alb-Donau-Kreis. –
Bronze M. 1:2; Keramik M. 1:3.

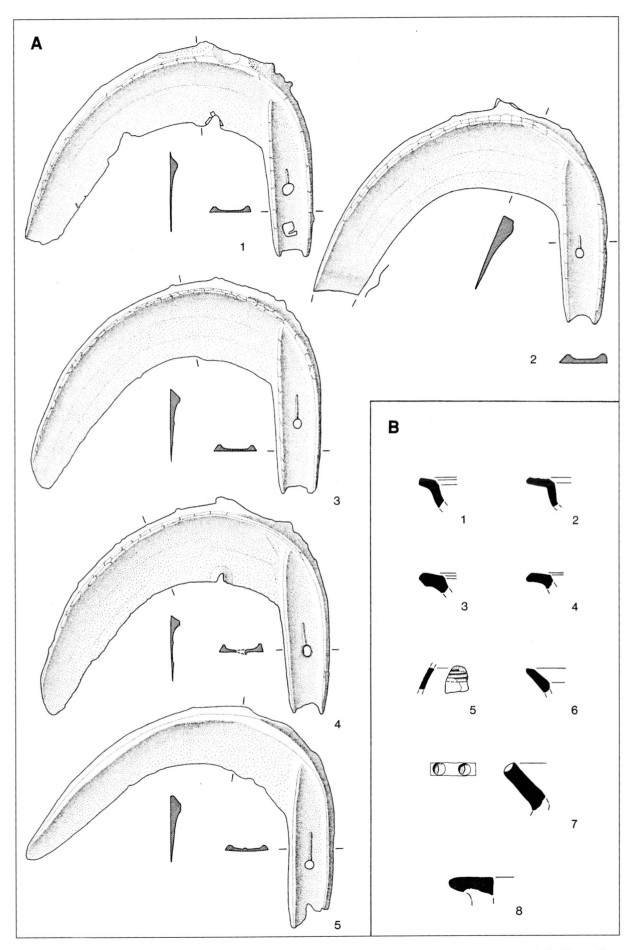

A Ehingen-Dächingen (FS 246). – B Dornstadt (FS 238), Alb-Donau-Kreis. – Bronze M. 1:2; Keramik M. 1:3 (A nach G. Krahe).

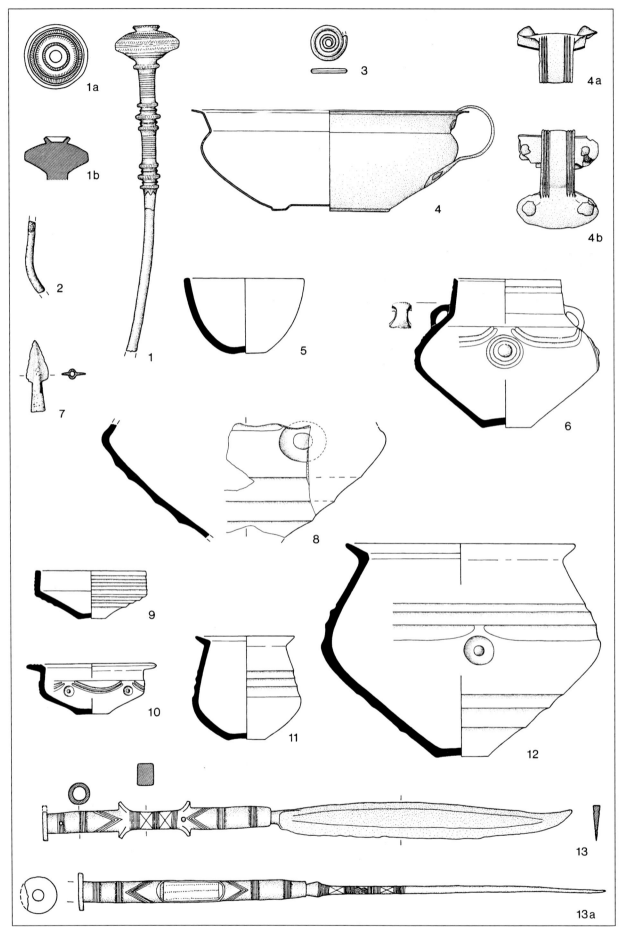

Ehingen, Donau (FS 242), Grab von 1909, Alb-Donau-Kreis. – Bronze M. 1:2; Keramik M. 1:3 (1–4.7.13 nach G. Krahe).

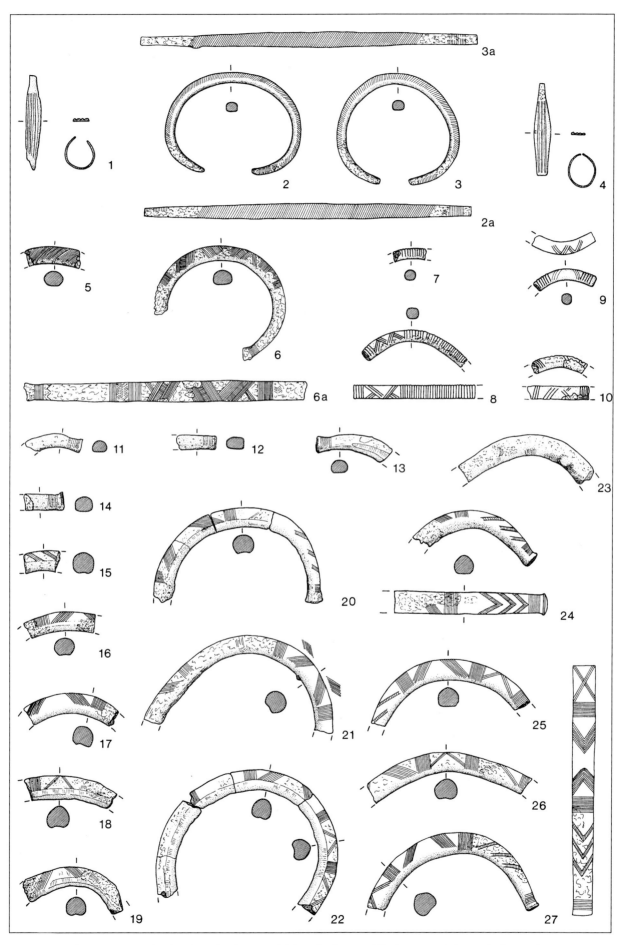

Ehingen, Donau (FS 242), Grab von 1909, Alb-Donau-Kreis. – M. 1:2 (nach G. Krahe).

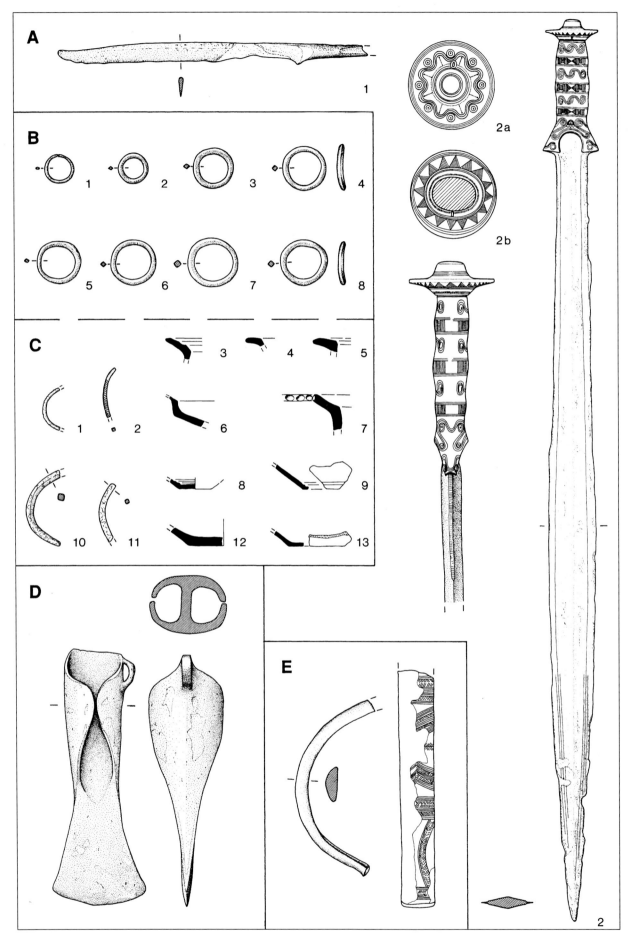

A Ehingen, Donau (FS 241), Grab von 1891. – B Ehingen, Donau (FS 242), Grab von 1909. – C Ehingen, Donau (FS 242). – D Ehingen-Berkach (FS 245). – E Ehingen, Donau (FS 240), Alb-Donau-Kreis. – A 2 ca. M. 1:3, Bronze sonst M. 1:2; Keramik M. 1:3 (A nach G. Krahe).

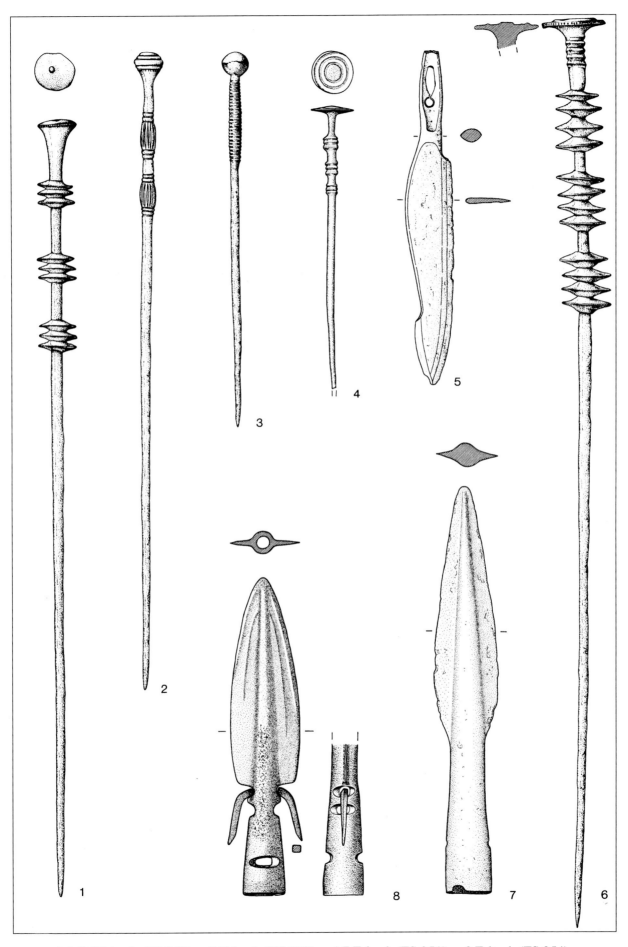

1.3.5.6 Erbach (FS 249). – 2 Erbach (FS 253). – 4.7 Erbach (FS 251). – 8 Erbach (FS 254),
Alb-Donau-Kreis. – M. 1:2 (1.2.5.6 nach A. Beck).

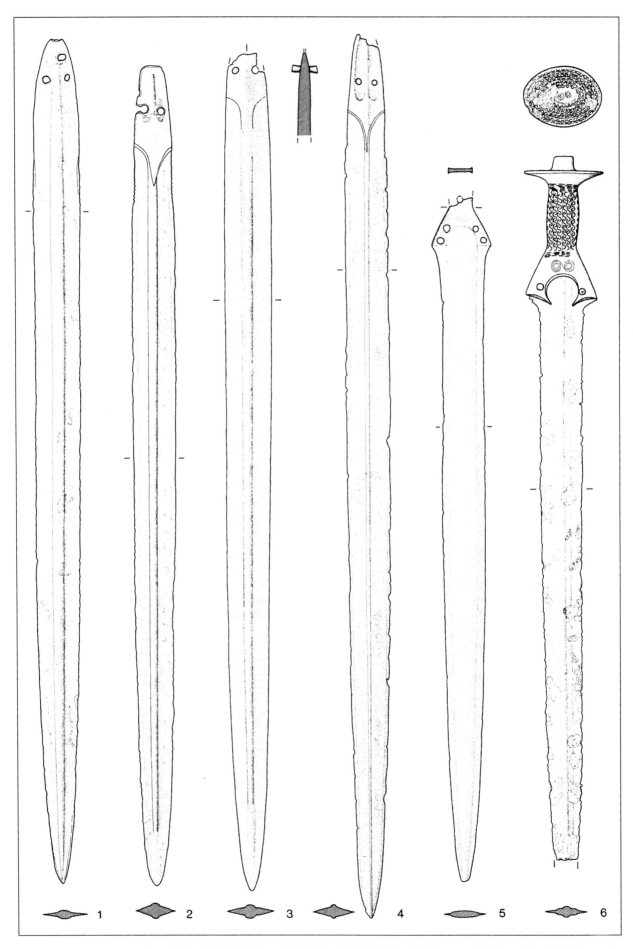

1 Erbach (FS 252). – 2.3 Erbach (FS 250). – 4–6 Erbach (FS 249), Alb-Donau-Kreis. – M. 1:3 (3.5 nach H. Reim).

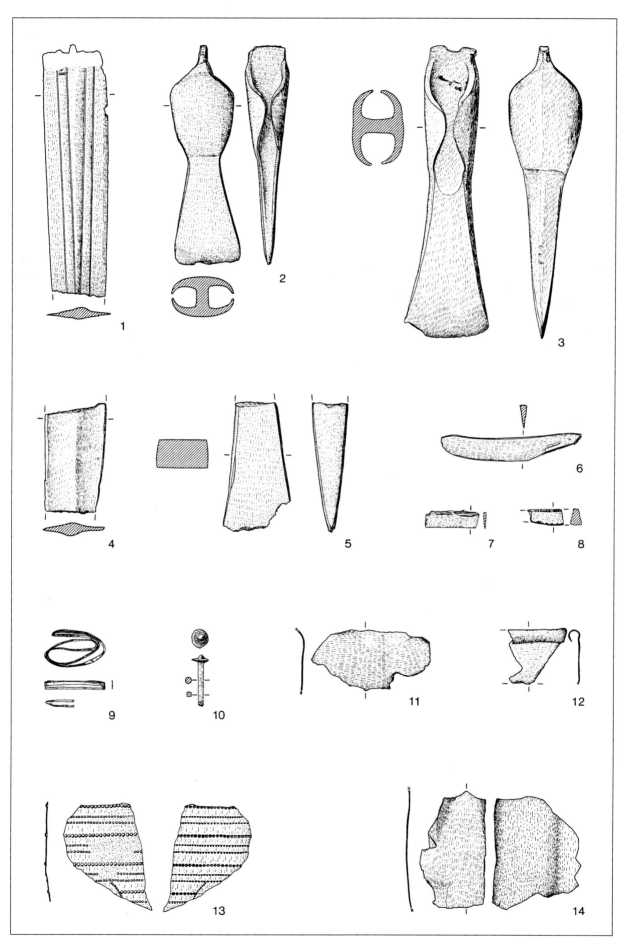

Erbach-Ringingen (FS 255 A), Hortfund, Alb-Donau-Kreis. – M. 1:2.

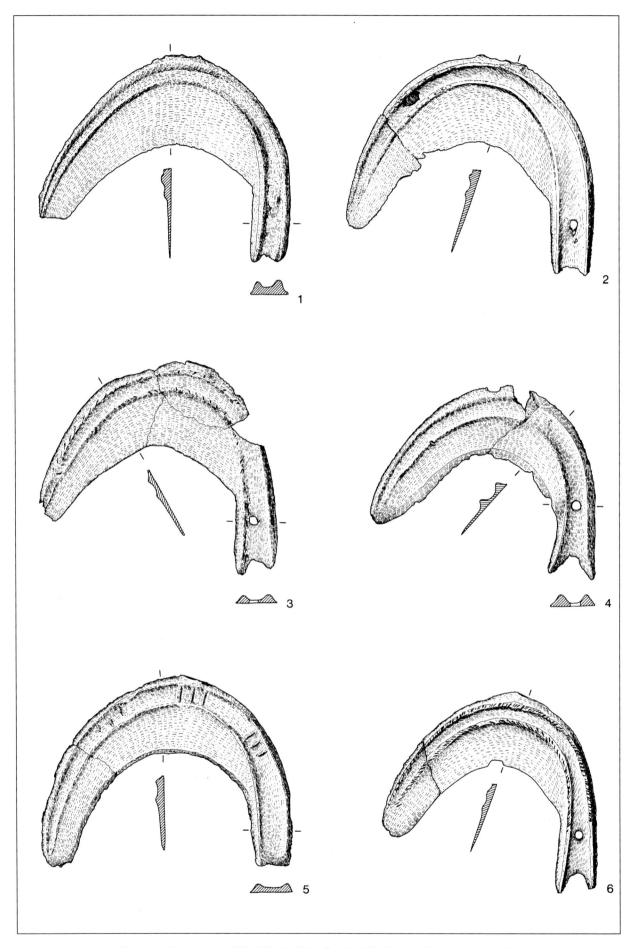

Erbach-Ringingen (FS 255 A), Hortfund, Alb-Donau-Kreis. – M. 1:2.

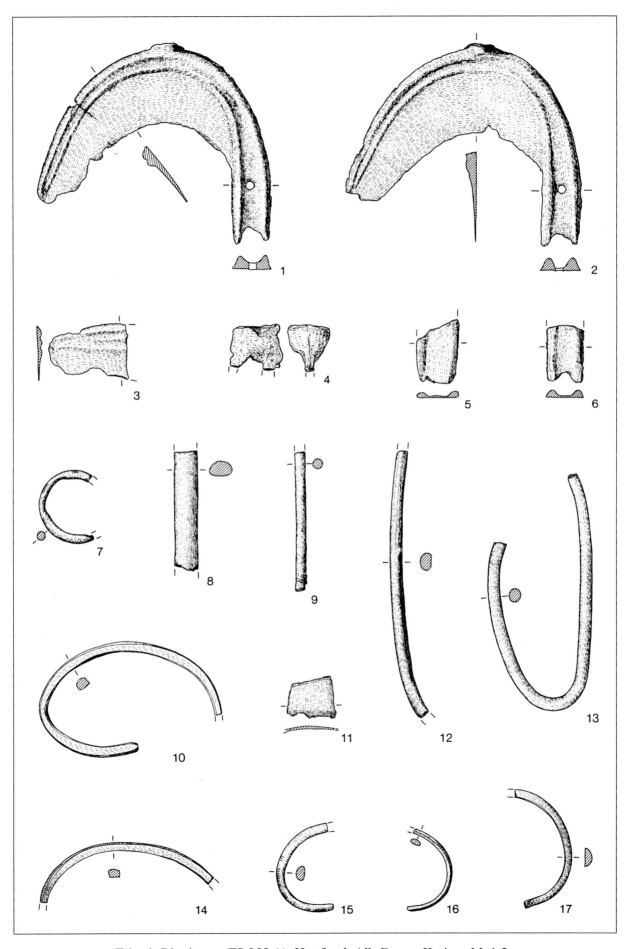

Erbach-Ringingen (FS 255 A), Hortfund, Alb-Donau-Kreis. – M. 1:2.

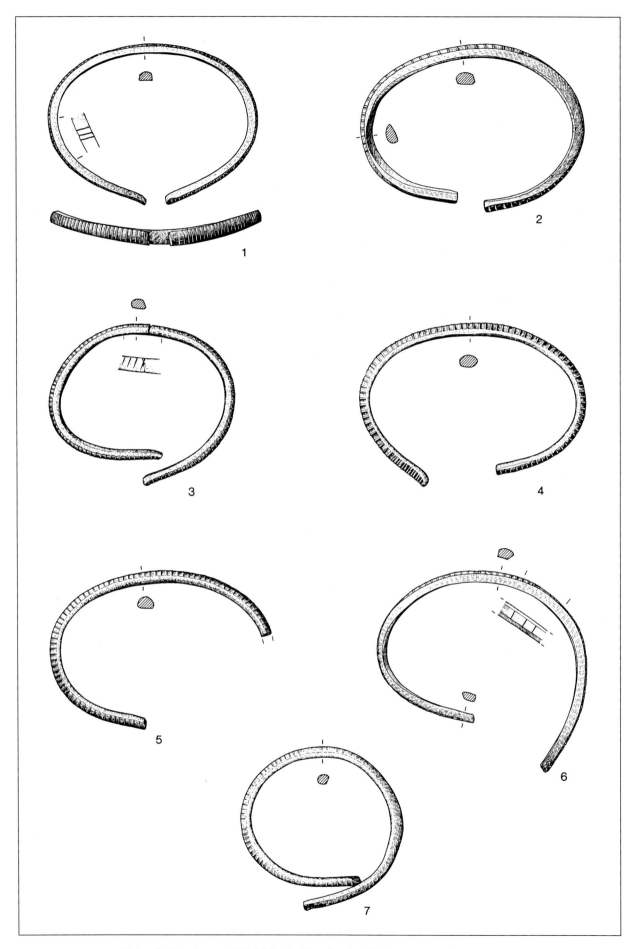

Erbach-Ringingen (FS 255 A), Hortfund, Alb-Donau-Kreis. – M. 1:2.

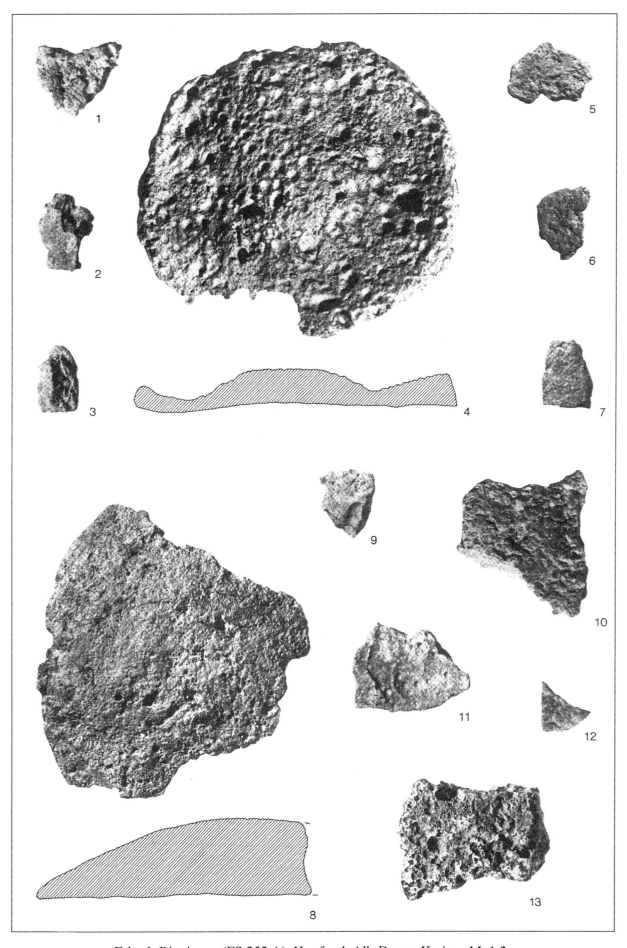

Erbach-Ringingen (FS 255 A), Hortfund, Alb-Donau-Kreis. – M. 1:2.

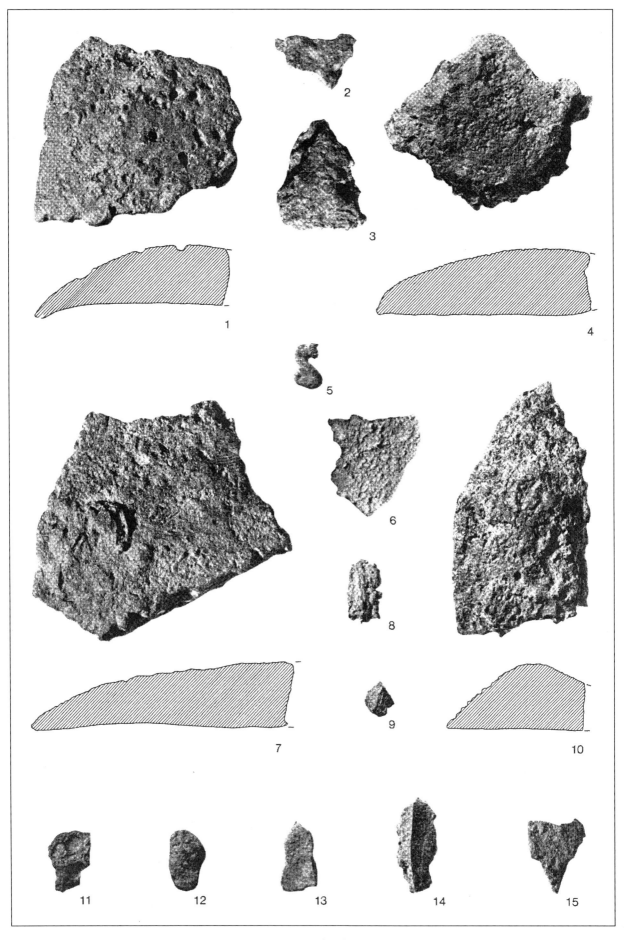

Erbach-Ringingen (FS 255 A), Hortfund, Alb-Donau-Kreis. – M. 1:2.

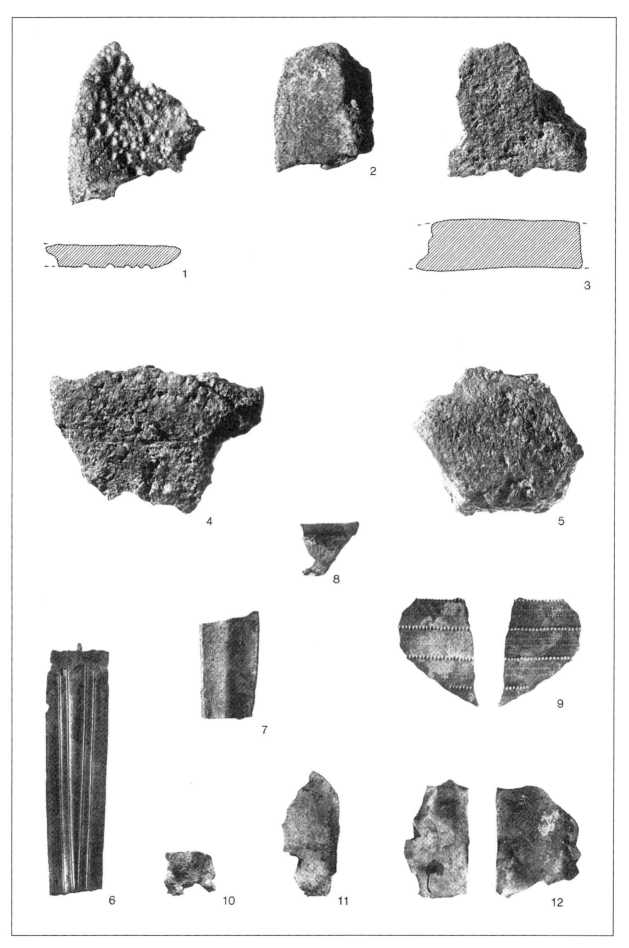

Erbach-Ringingen (FS 255 A), Hortfund, Alb-Donau-Kreis. – M. 1:2.

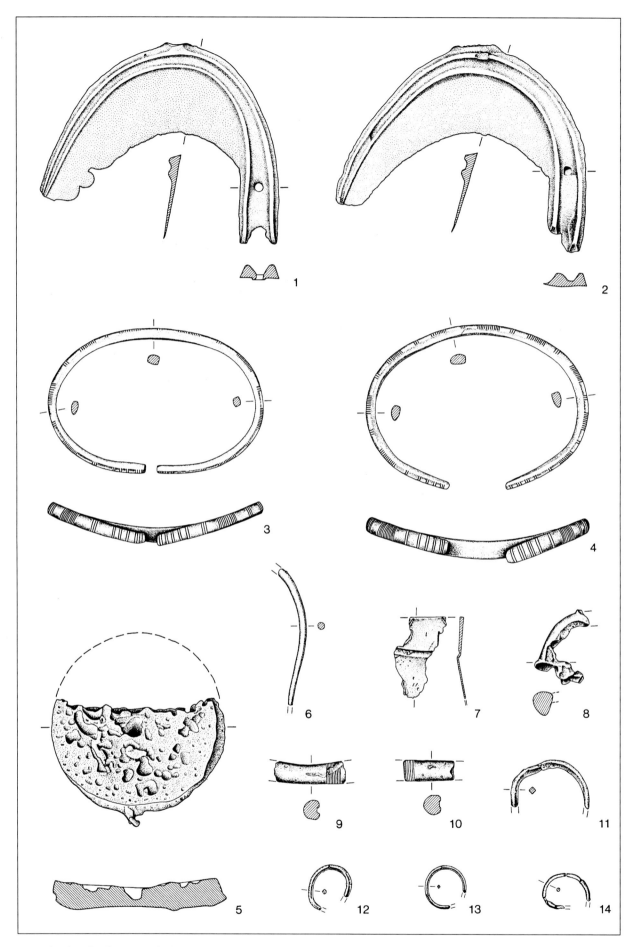

Erbach-Ringingen (FS 255 B), 1–5 vermutlich aus Hortfund Nr. 255 A, Alb-Donau-Kreis. – M. 1:2.

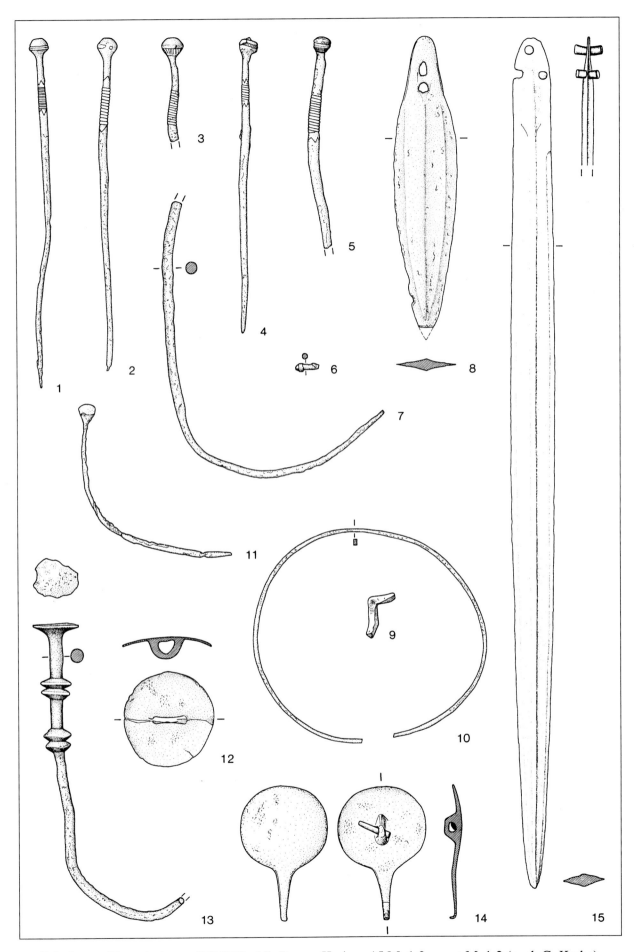

Griesingen-Obergriesingen (FS 259), Alb-Donau-Kreis. – 15 M. 1:3, sonst M. 1:2 (nach G. Krahe).

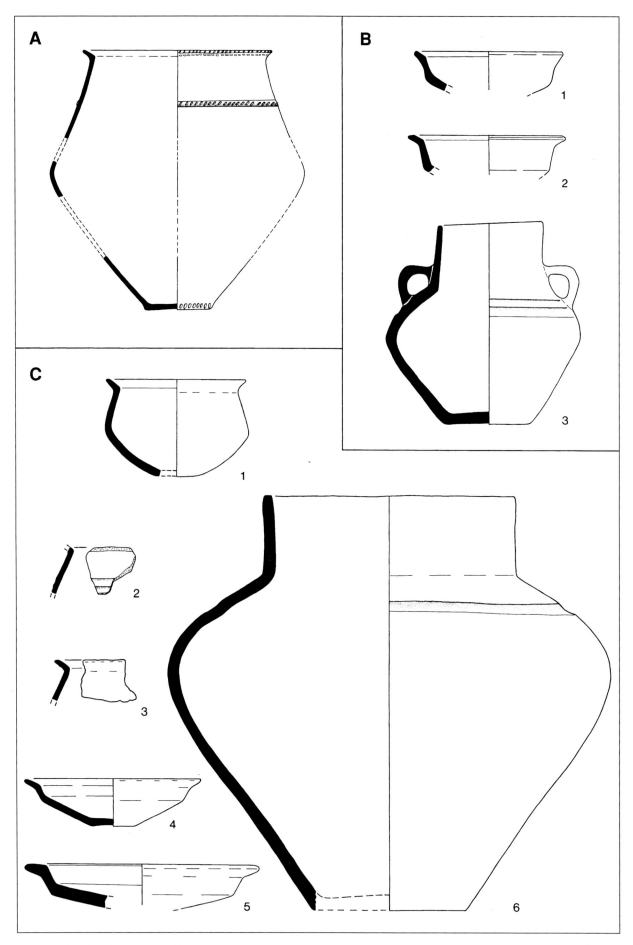

A Illerkirchberg-Unterkirchberg (FS 262). – Illerkirchberg-Unterkirchberg (FS 260), B Grab 1. –
C Grab 2, Alb-Donau-Kreis. – A M. 1:12, sonst M. 1:3.

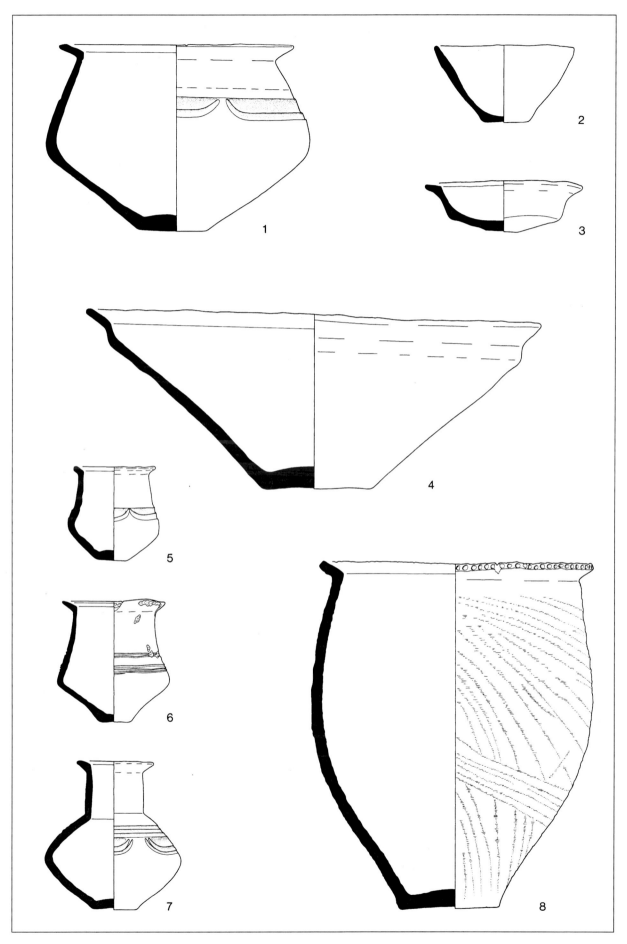

Illerkirchberg-Unterkirchberg, „Bleiche" (FS 261), Grab, Alb-Donau-Kreis. – M. 1:6, sonst M. 1:3.

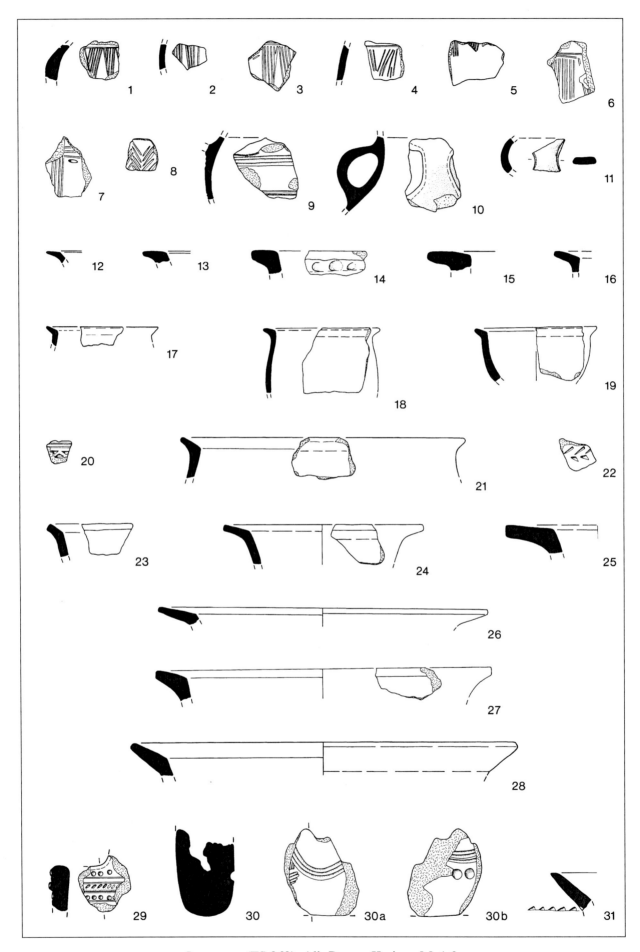

Langenau (FS 263), Alb-Donau-Kreis. – M. 1:3.

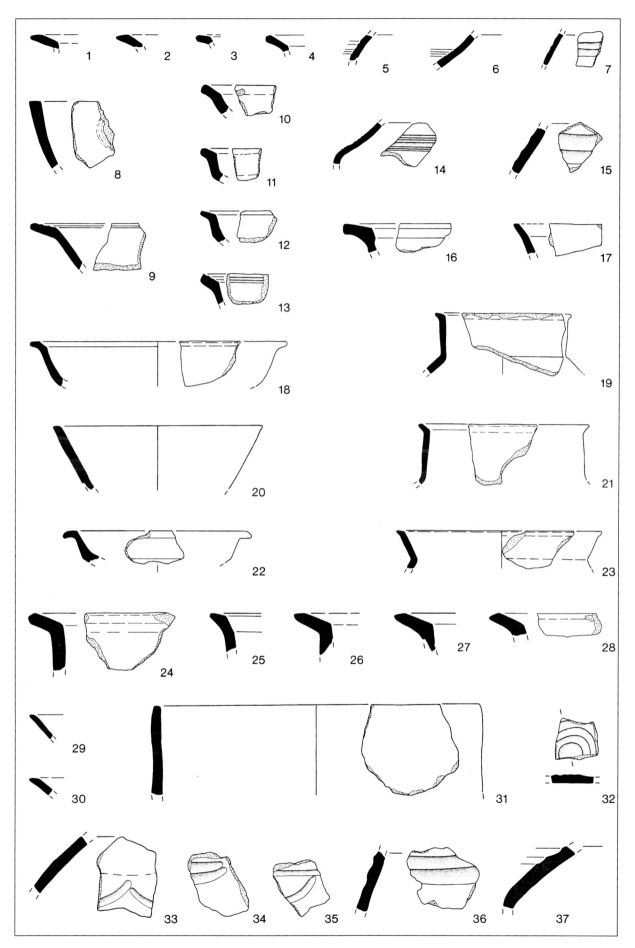

Langenau (FS 263), Alb-Donau-Kreis. – M. 1:3.

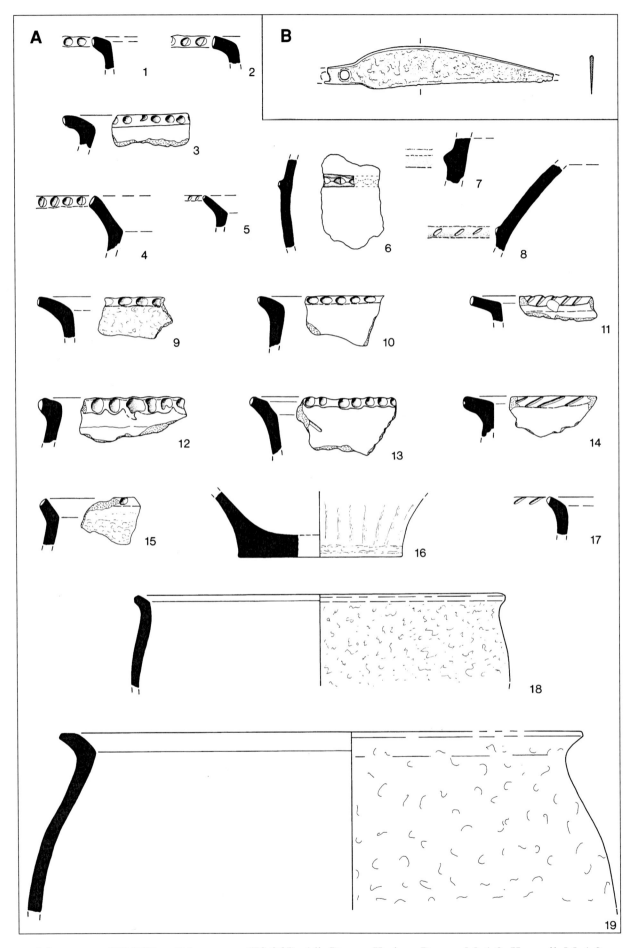

A Langenau (FS 263). – B Langenau (FS 265), Alb-Donau-Kreis. – Bronze M. 1:2; Keramik M. 1:3.

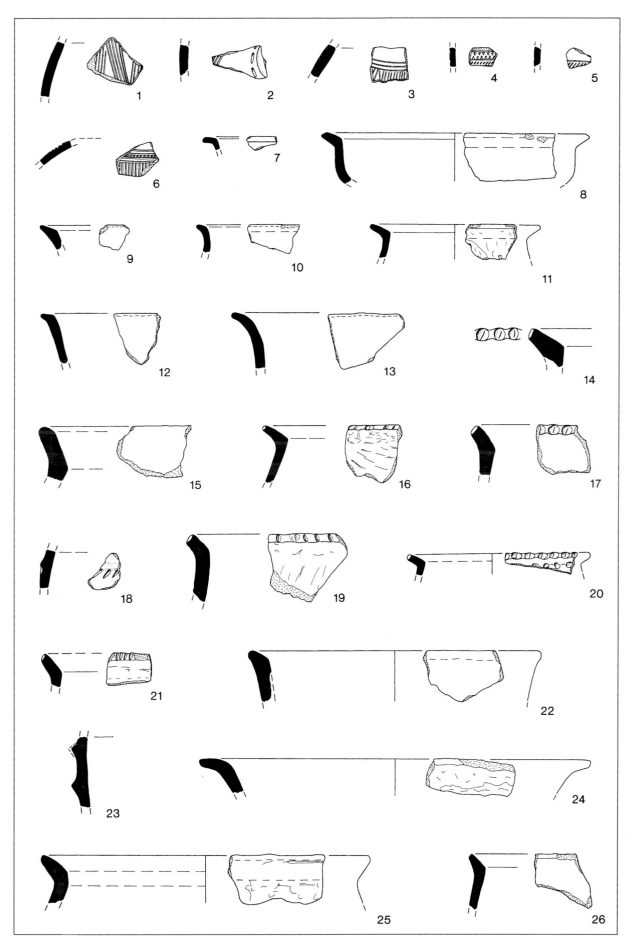

Langenau (FS 263), Alb-Donau-Kreis. – M. 1:3.

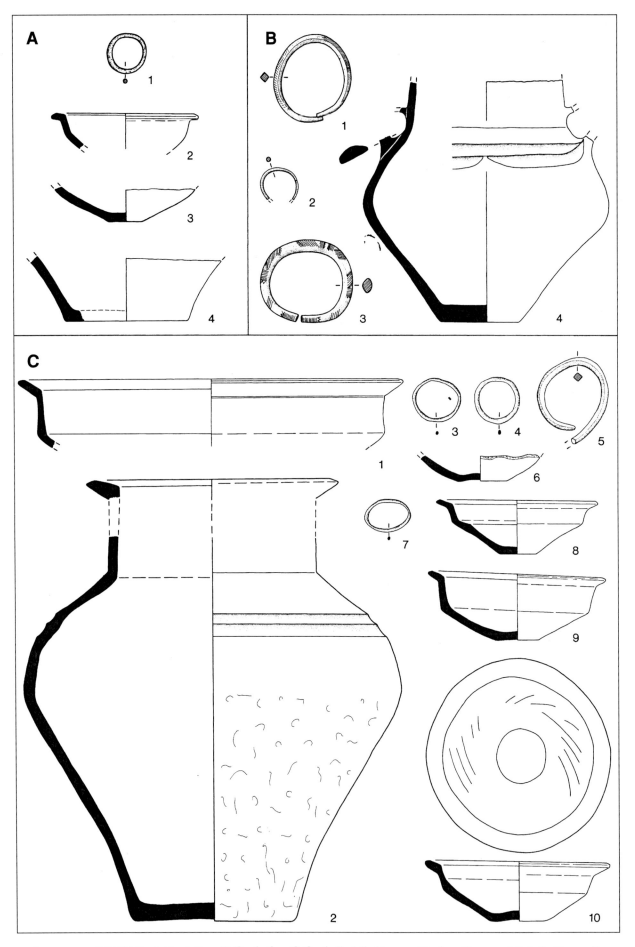

Langenau (FS 264), A Grab 2. – B Grab 6. – C Grab 5, Alb-Donau-Kreis. –Bronze M. 1:2; Keramik M. 1:3.

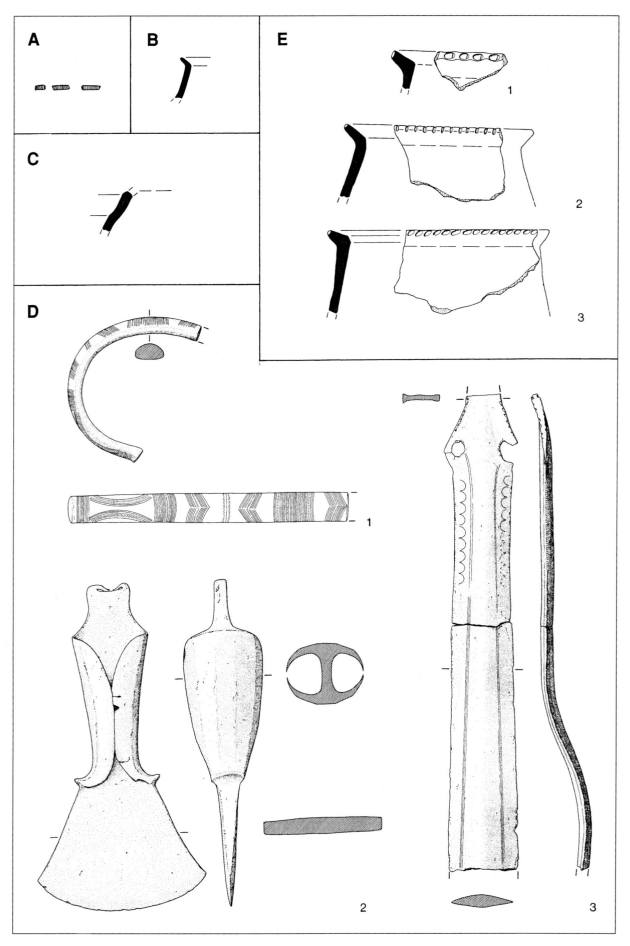

Langenau (FS 264), A Grab 7. – B Streufund. – C Grab 4. – D Merklingen (FS 275), Hortfund. – E Westerheim (FS 286), Alb-Donau-Kreis. – Bronze M. 1:2; Keramik M. 1:3.

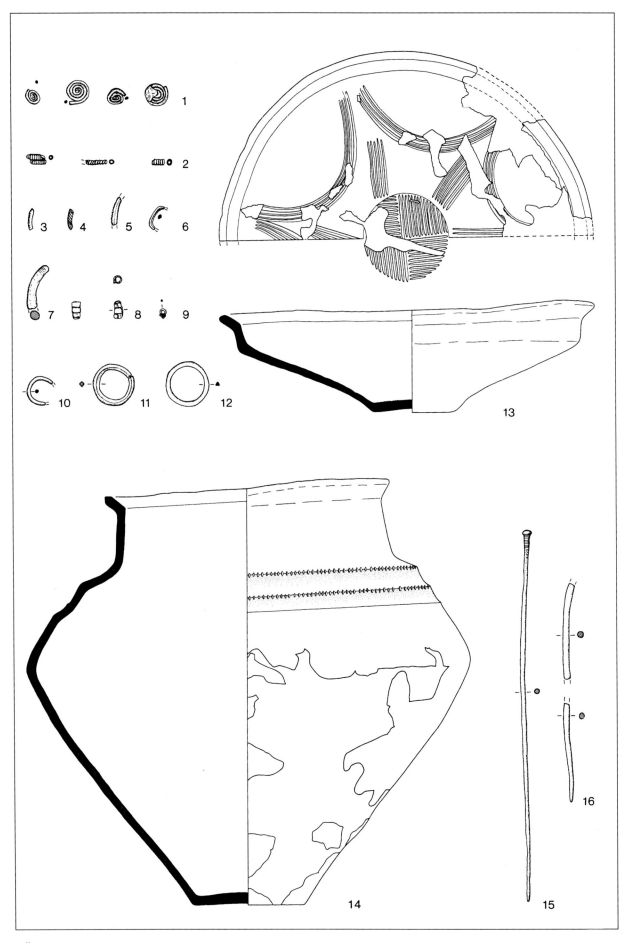

Öllingen (FS 282), Grab, Alb-Donau-Kreis. – 1–12 M. 1:1; Bronze sonst M. 1:2; 14 1:6, Keramik sonst M. 1:3.

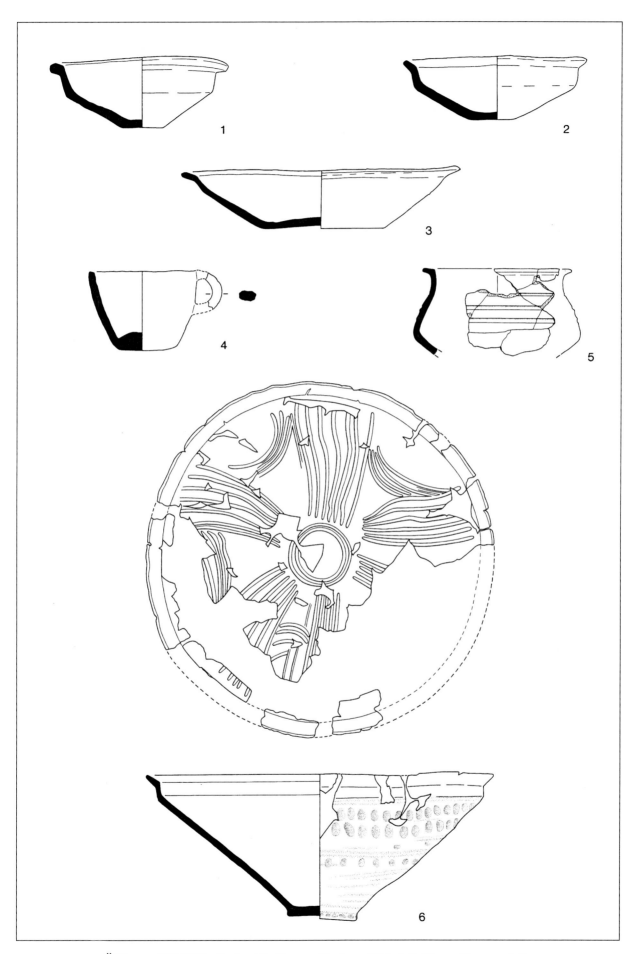

Öllingen (FS 282), Grab, Alb-Donau-Kreis. – 6 M. 1:6, Keramik sonst 1:3.

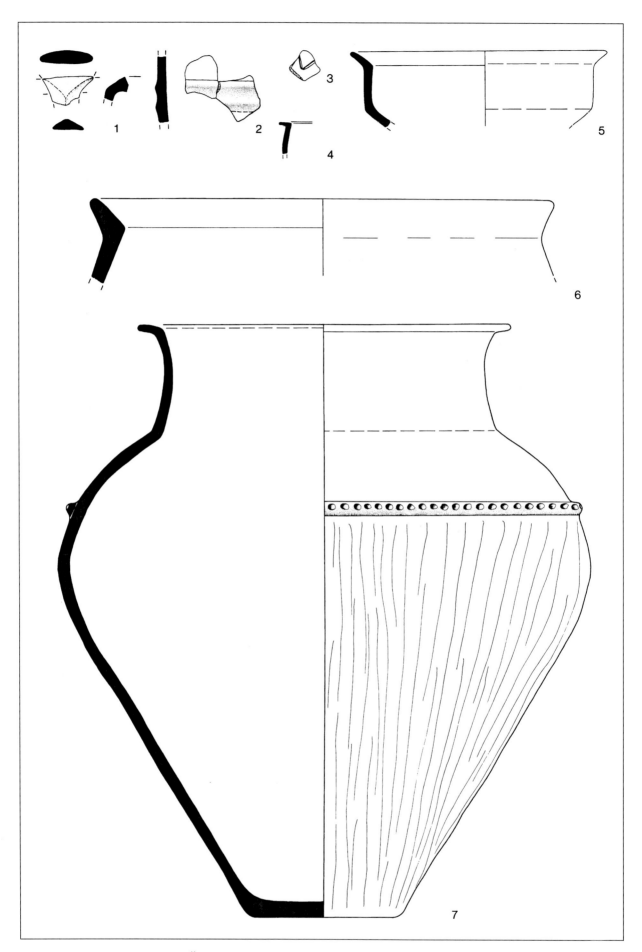

Öllingen (FS 281), Alb-Donau-Kreis. – M. 1:3.

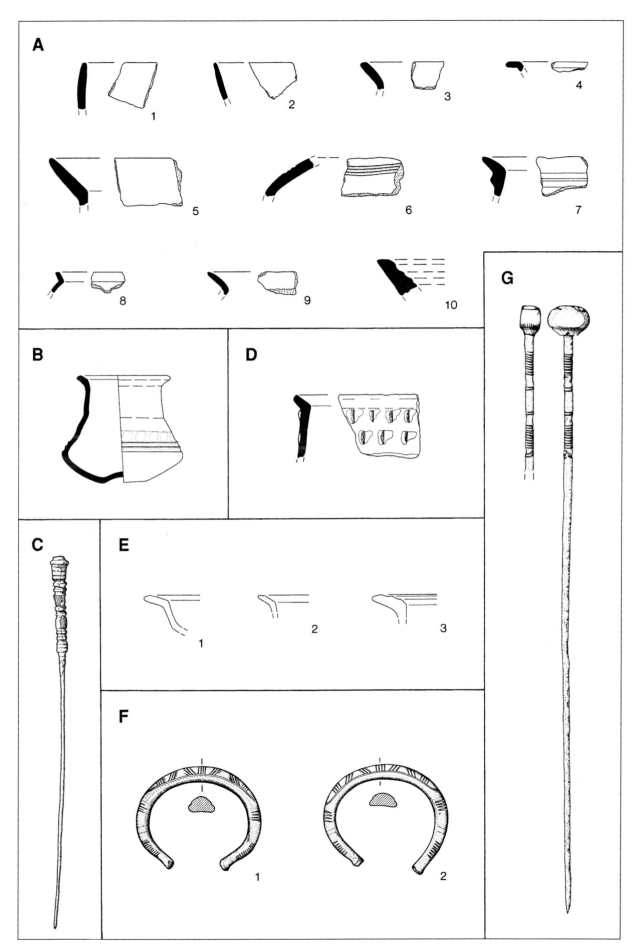

A Langenau (FS 266). – B Schelklingen (FS 285). – C Ehingen, Donau (FS 244). – D Emerkingen
(FS 248), Alb-Donau-Kreis. – E Ulm-Mähringen (FS 301). – F „Ulm" (FS 294). – G Ulm (FS 288),
Skr. Ulm. – Bronze M. 1:2; Keramik M. 1:3 (C nach G. Krahe; F.G nach A. Beck).

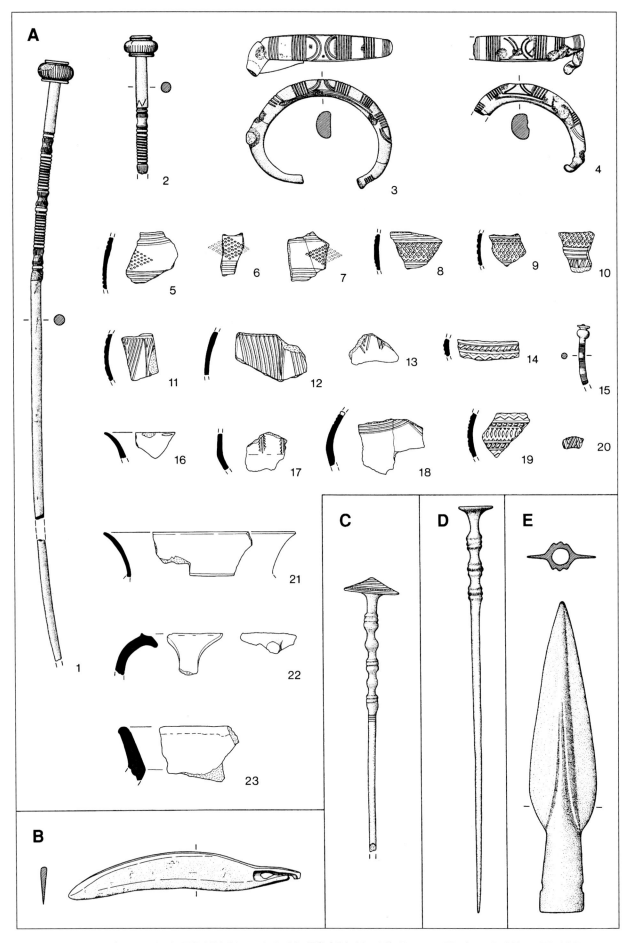

Lonsee-Ursprung, A 1–4 (FS 274 B). – A 5–23 (FS 274 A), Alb-Donau-Kreis. – B Ulm (FS 293). –
C Ulm-Söflingen (FS 303). – D Ulm (FS 291), Skr. Ulm. – E Hundersingen (FS 538), Lkr. ? – Bronze
M. 1:2; Keramik M. 1:3 (B nach A. Beck).

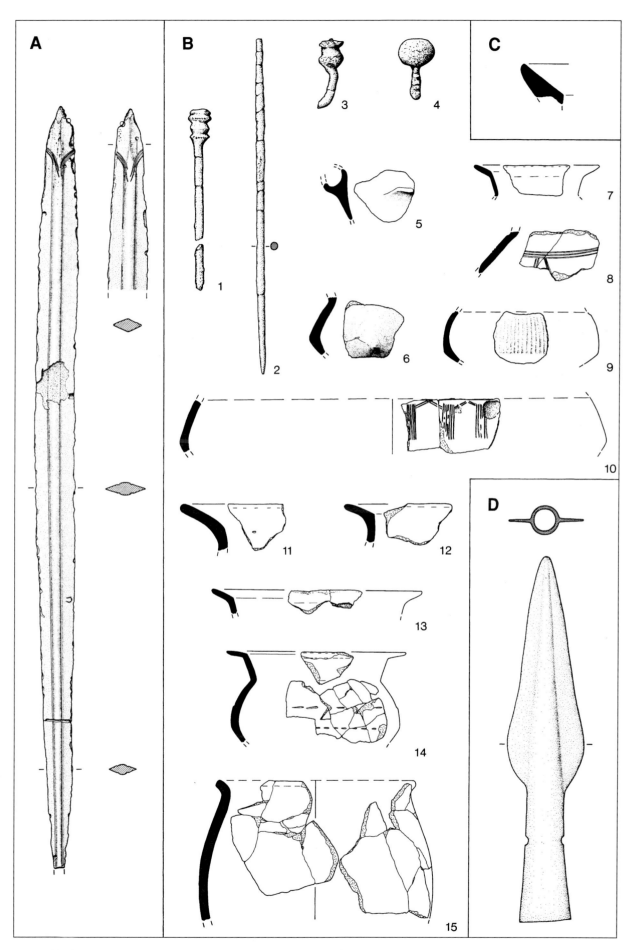

Tafel 117

A Altheim (FS 306). – B Altheim-Heiligkreuztal (FS 308 A). – C Altheim (FS 307). – D Alleshausen (FS 305), Lkr. Biberach. – A M. 1:3, Bronze sonst M. 1:2; Keramik M. 1:2 (B.D nach G. Krahe).

Tafel 118

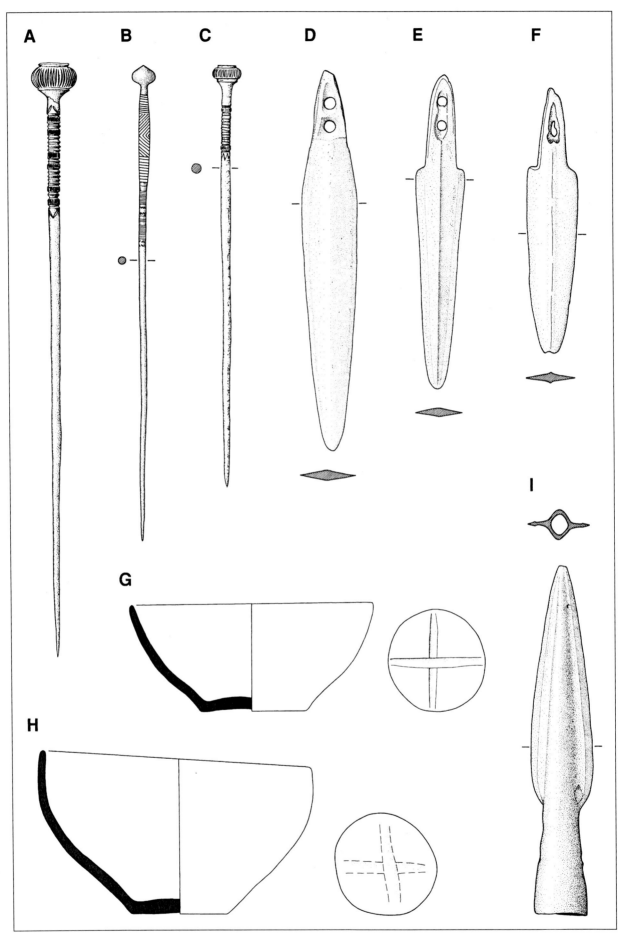

A Federseeried um Bad Buchau (FS 324). – B Bad Buchau (FS 310). – C Federseeried (FS 323). –
D „Ellwangen" (FS 320). – E Federseegebiet (FS 322). – F Bad Schussenried (FS 313). – G Bad Schus-
senried (FS 315). – H Bad Schussenried-Reichenbach (FS 317). – I Bad Buchau (FS 312), Lkr. Biberach.
– Bronze M. 1:2; Keramik M. 1:3 (A–I nach G. Krahe).

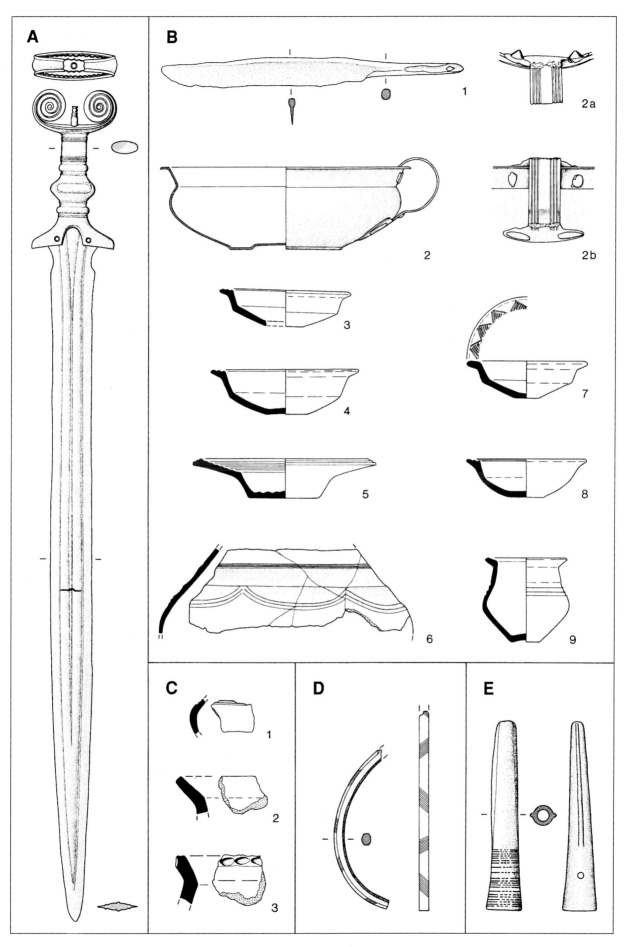

A Bad Schussenried (FS 314). – B Bad Schussenried-Reichenbach (FS 316), Grab. – C Bad Buchau
(FS 311). – D Dettingen-Unterdettingen (FS 319). – E Ingoldingen-Winterstettendorf (FS 326), Lkr.
Biberach. – A M. 1:3, Bronze sonst M. 1:2; Keramik M. 1:3 (A. B1.2.6.7; D nach G. Krahe).

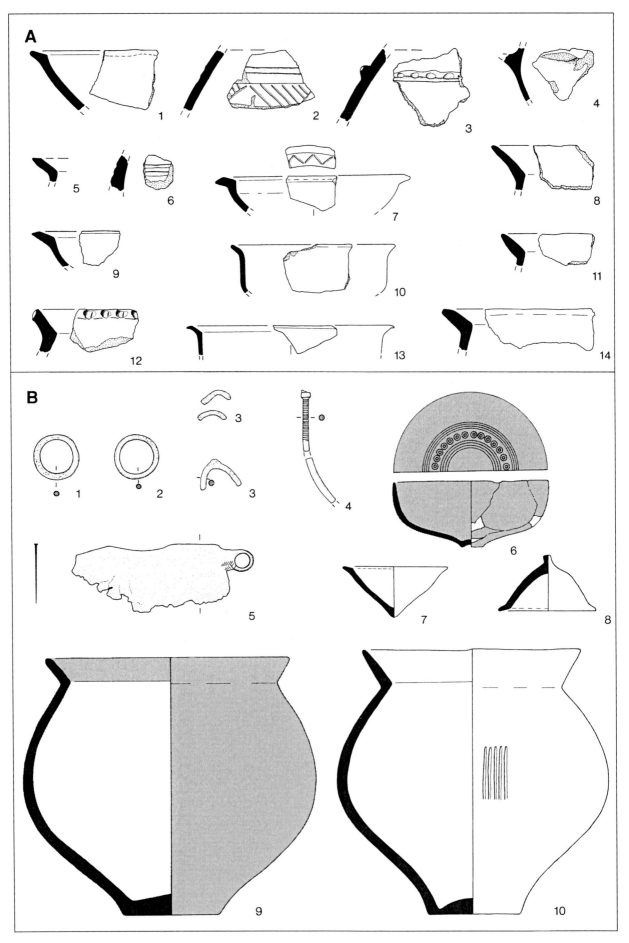

A Ertingen (FS 321). – B Langenenslingen-Dürrenwaldstetten (FS 330), Grabhügel, Lkr. Biberach. –
Bronze M. 1:2; Keramik M. 1:3 (A. B1–6.10 nach G. Krahe).

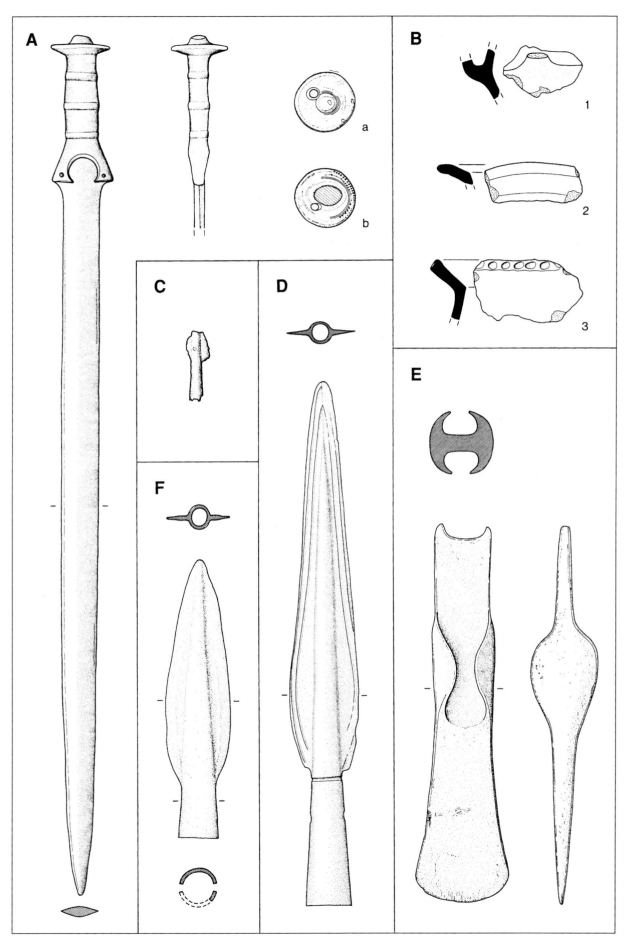

A Kirchdorf a. d. Iller (FS 328). – B Mietingen (FS 331). – C Riedlingen-Neufra (FS 332). – D Warthausen (FS 337). – E Tannheim (FS 333). – F Unlingen (FS 334), Lkr. Biberach. – A M. 1:3, Bronze sonst M. 1:2; Keramik M. 1:3 (A.D–F nach G. Krahe).

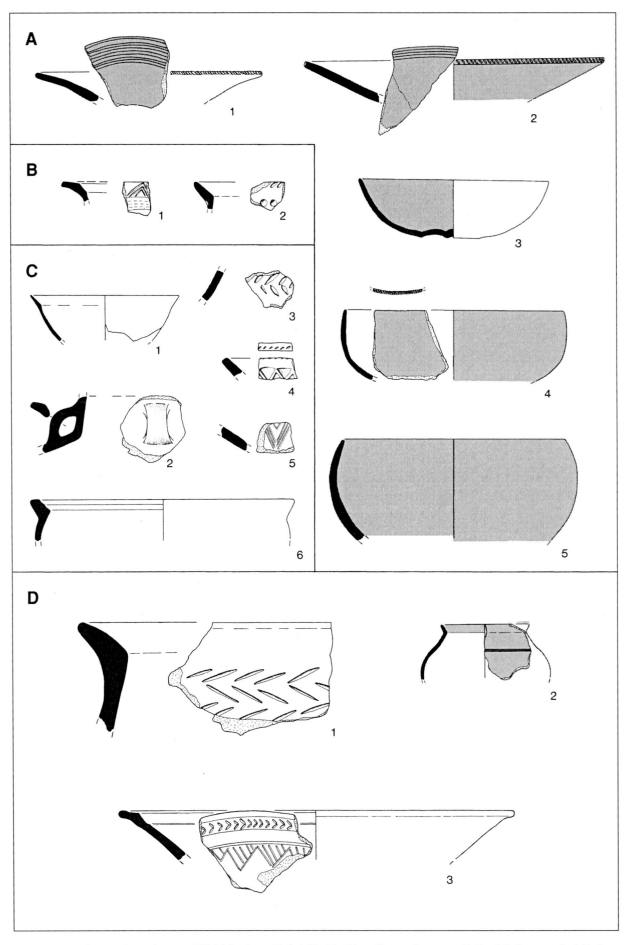

A 1–5 Hettingen-Inneringen (FS 385; dazu Taf. 163 A), Lkr. Sigmaringen. – B Bad Schussenried-Reichenbach? (FS 318). – C Uttenweiler-Offingen (FS 336), Lkr. Biberach. – D „Sigmaringen" (FS 445), Lkr. Sigmaringen? – M. 1:3 (C 1.3.4 nach G. Krahe).

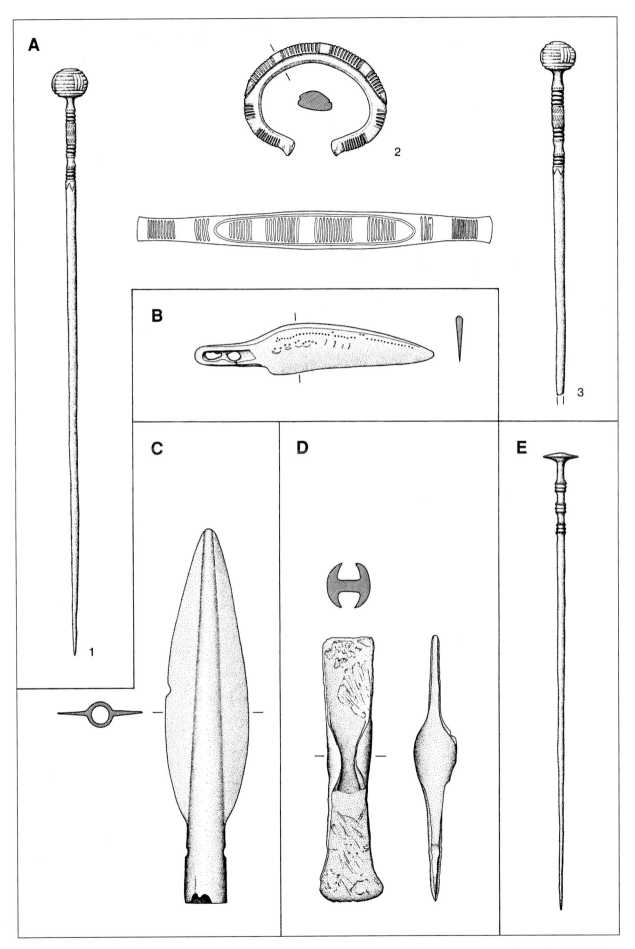

A Aitrach-Marstetten (FS 338), Grab. – B Aulendorf (FS 340). – C Bad Waldsee (FS 341). – D Bad Wur-
zach-Arnach (FS 342). – E Ebersbach-Musbach (FS 344), Lkr. Ravensburg. – M 1:2 (A–D nach
G. Krahe).

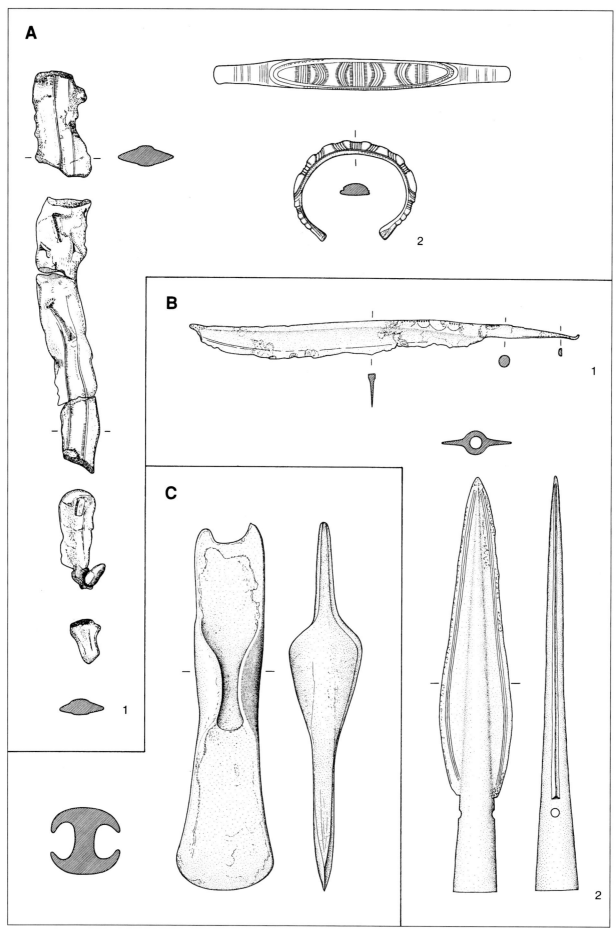

A Wangen-Leupolz (FS 348), Grab. – B Weingarten (FS 349). – C Argenbühl-Ratzenried (FS 339), Lkr. Ravensburg. – M. 1:2 (A–C nach G. Krahe).

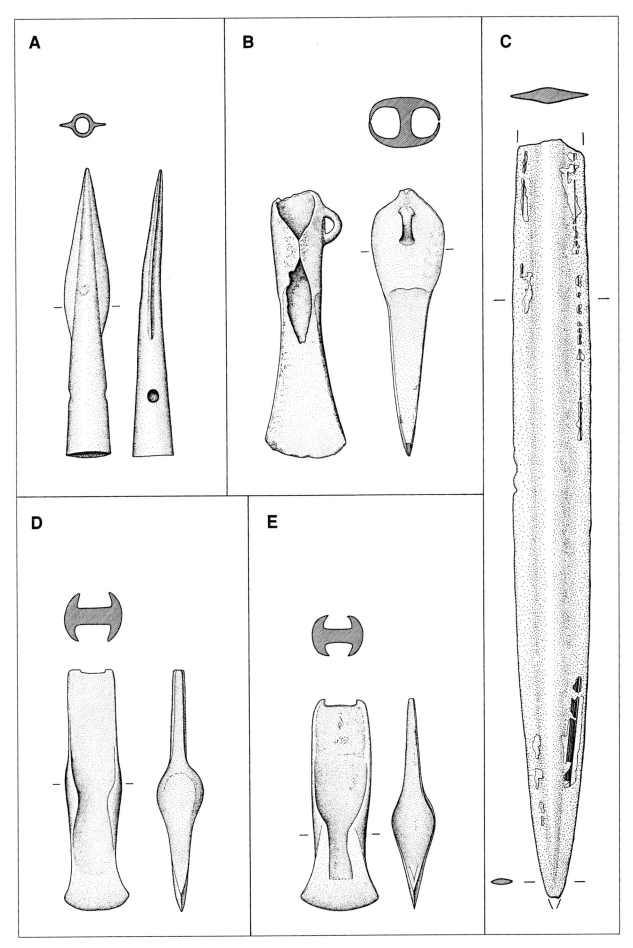

A Wangen im Allgäu (FS 347). – B „Gießen" (FS 537). – C Baienfurt (FS 343). – D Ravensburg (FS 345). – E Argenbühl-Ratzenried (FS 339), Lkr. Ravensburg. – M. 1:2 (A.B.D.E nach G. Krahe).

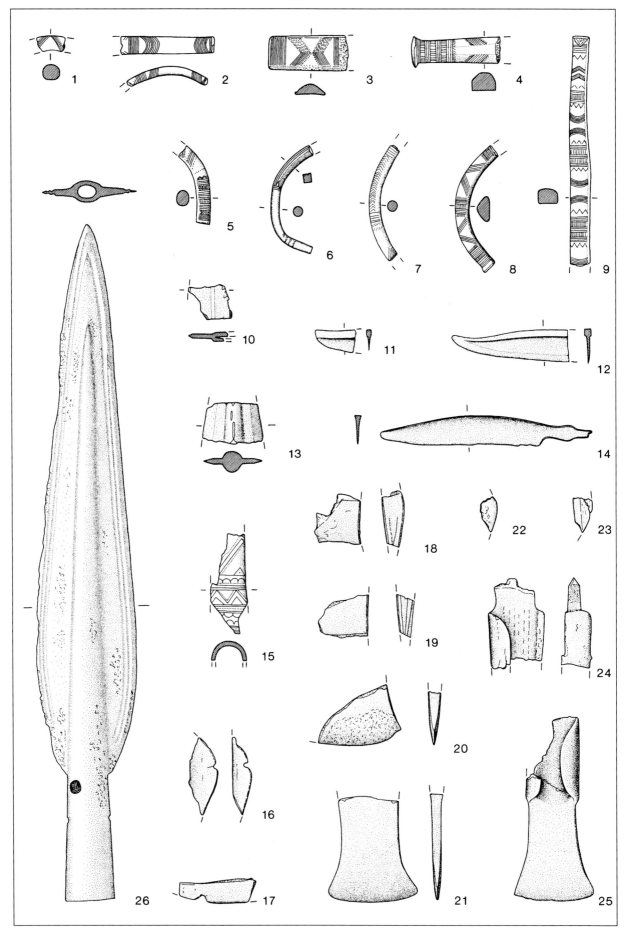

Beuron (FS 350 B), Hortfund, Lkr. Sigmaringen. – M. 1:2 (1.2.5–7.10–13.15–25 nach F. Stein; 26 zuge-
hörig?).

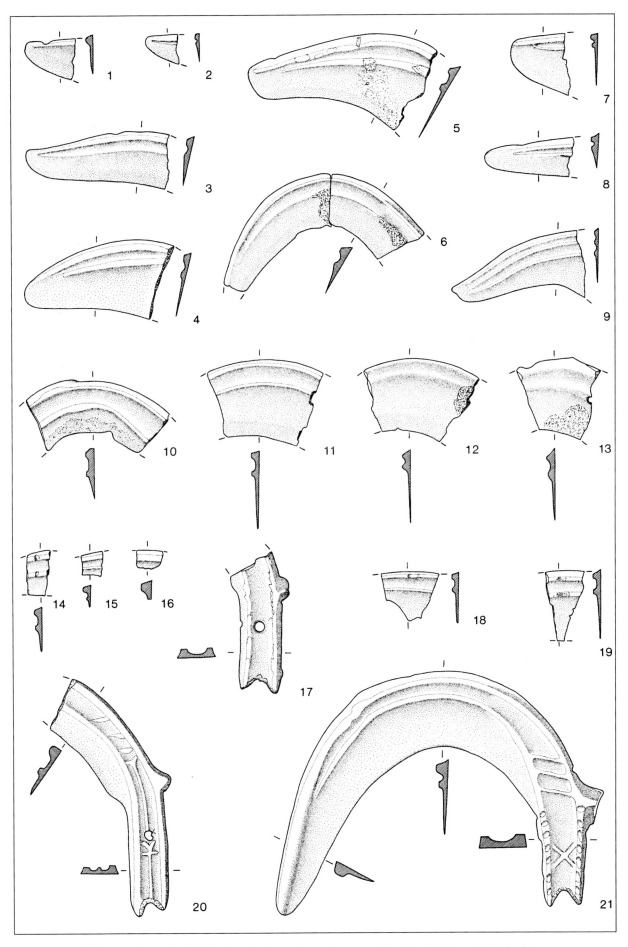

Beuron (FS 350 B), Hortfund, Lkr. Sigmaringen. – M. 1:2 (1–21 nach F. Stein).

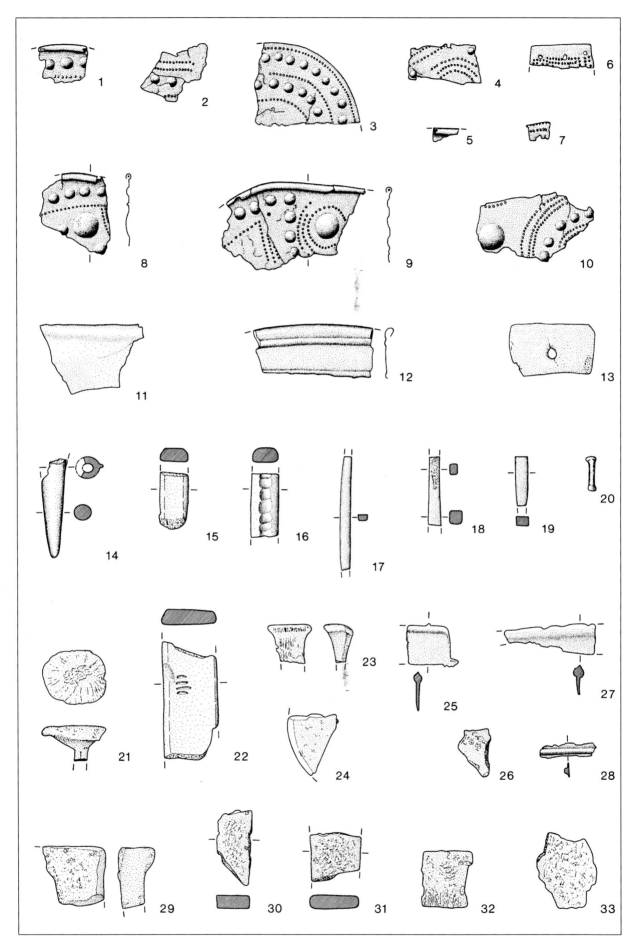

Beuron (FS 350 B), Hortfund, Lkr. Sigmaringen. – M. 1:2 (1–14.17–21.23–33 nach F. Stein).

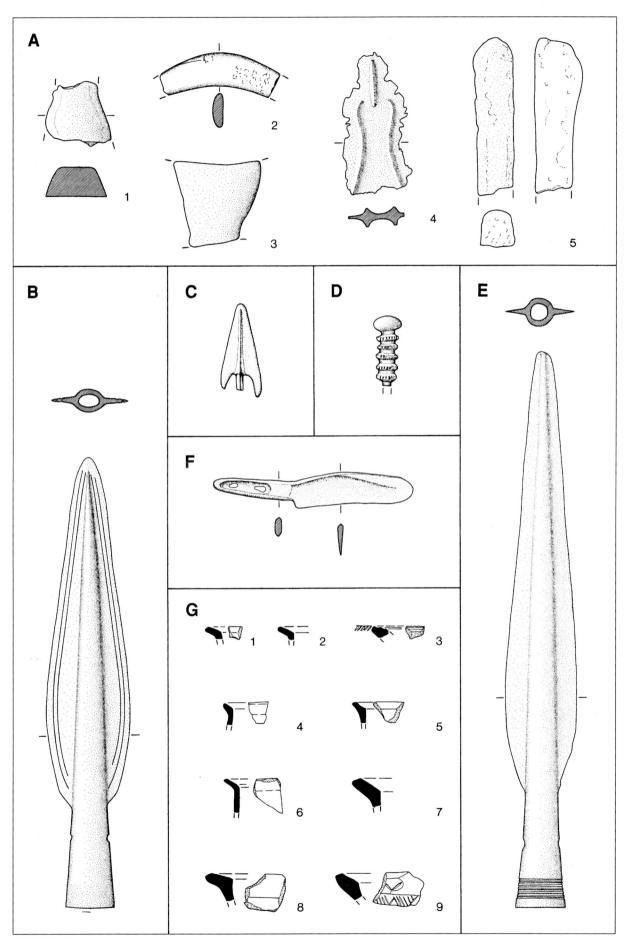

A Beuron (FS 350 B), Hortfund. – B Beuron (FS 350 B). – C (FS 350 D). – D (FS 350 C). –
E Beuron-Hausen im Tal (FS 355). – F Bingen (FS 360). – G Beuron-Thiergarten (FS 357; dazu Taf.
143 E), Lkr. Sigmaringen. – Bronze M. 1:2; Keramik M. 1:3 (A nach F. Stein).

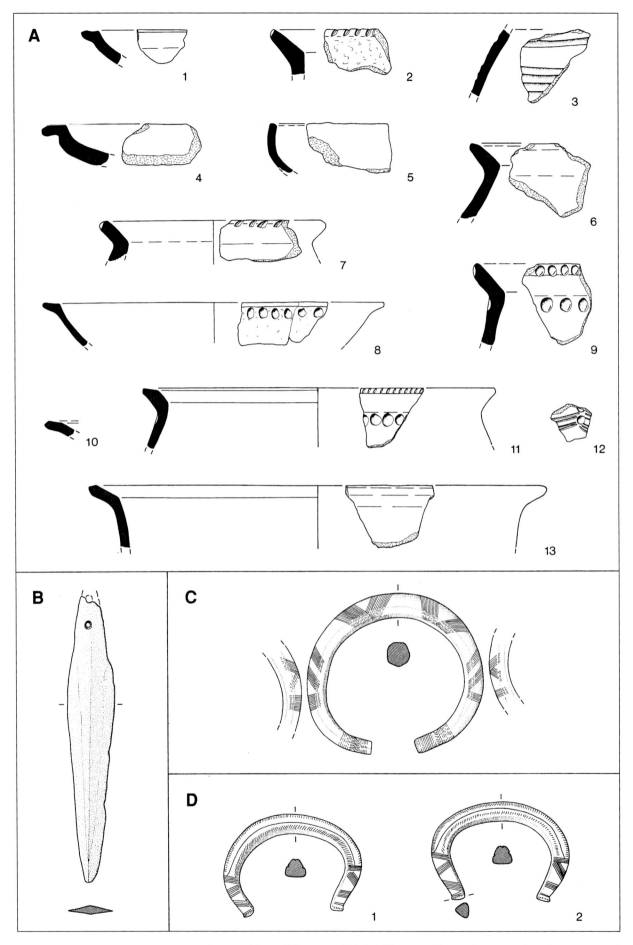

A Beuron (FS 351). – B Donautal (FS 364). – C Donautal (FS 363). – D Sigmaringen-Laiz oder Donautal
(FS 423), Lkr. Sigmaringen. – Bronze M. 1:2; Keramik M. 1:3.

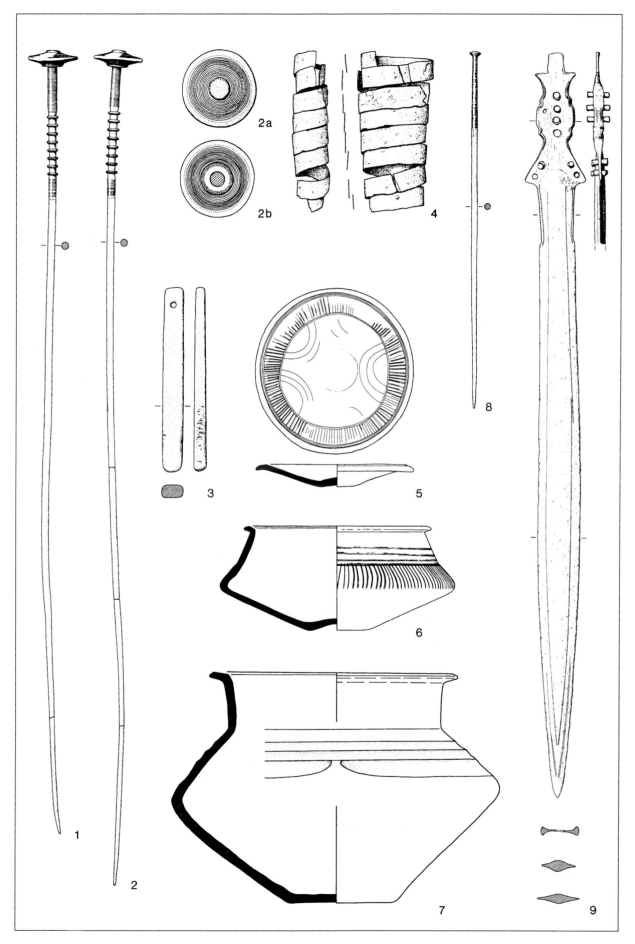

Gammertingen, „Schrot" (FS 366), Grab 1/1927, Lkr. Sigmaringen. – 1.2.9 M. 1:3, Bronze sonst M. 1:2; Keramik M. 1:3.

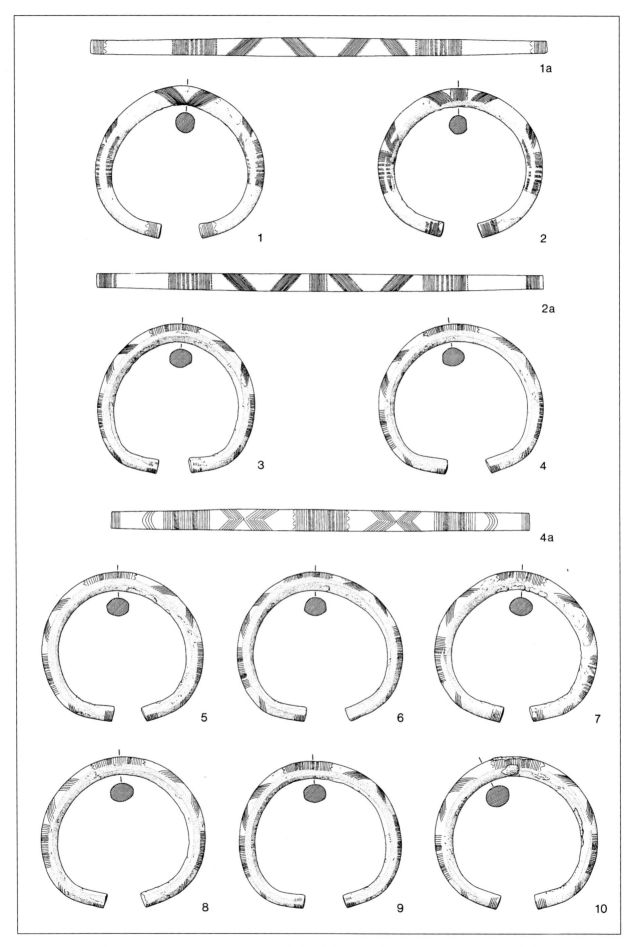

Gammertingen, „Schrot" (FS 366), Grab 1/1927, Lkr. Sigmaringen. – M. 1:2.

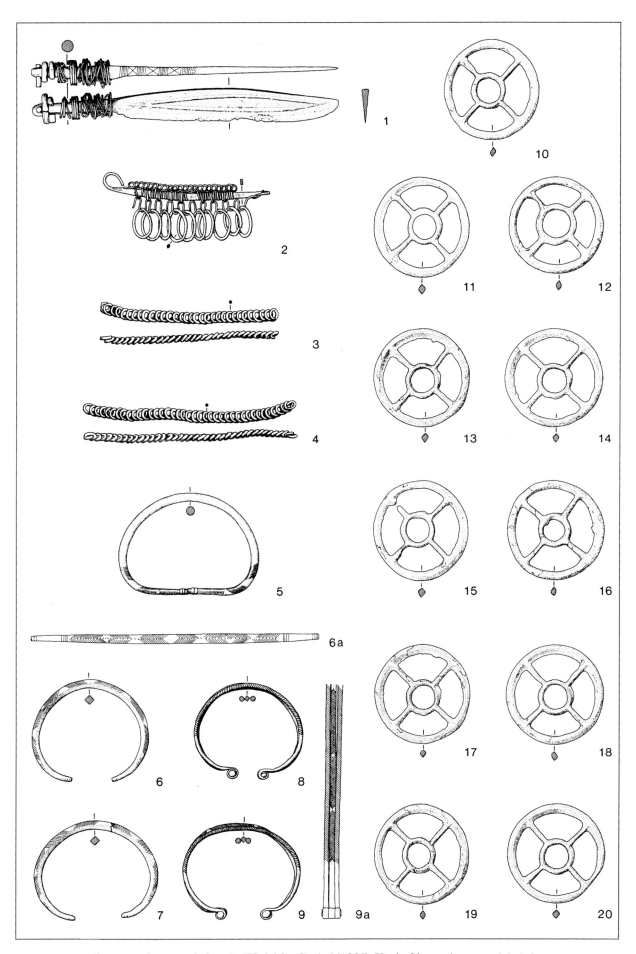

Gammertingen, „Schrot" (FS 366), Grab 1/1927, Kreis Sigmaringen. – M. 1:2.

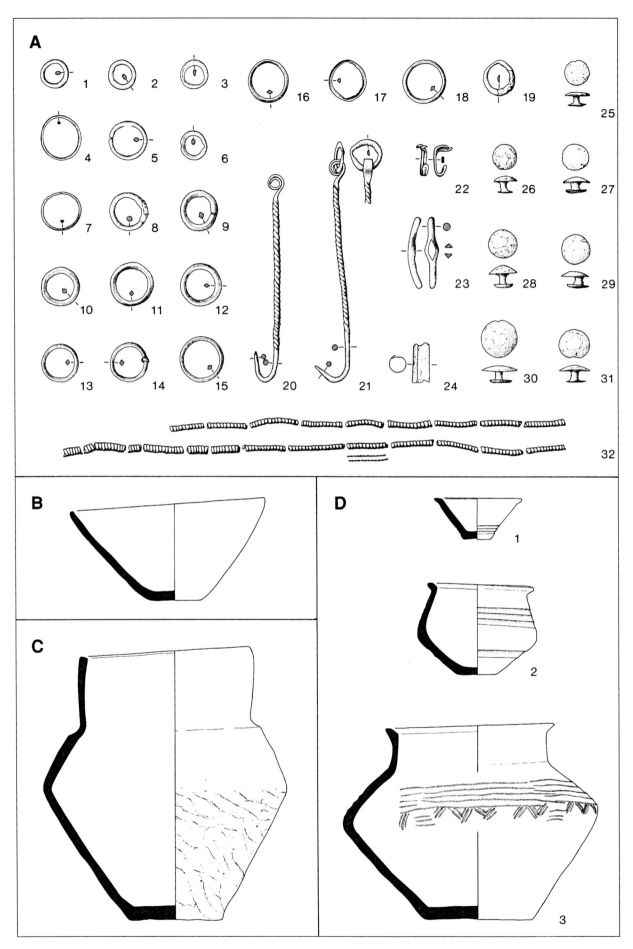

Gammertingen, „Schrot" (FS 366), A Grab 1/1927 (dazu Taf. 135 B). – D Grab 3/1927. – B Gammertingen (FS 376). – C Gammertingen (FS 375), Lkr. Sigmaringen. – Bronze M. 1:2; Keramik M. 1:3.

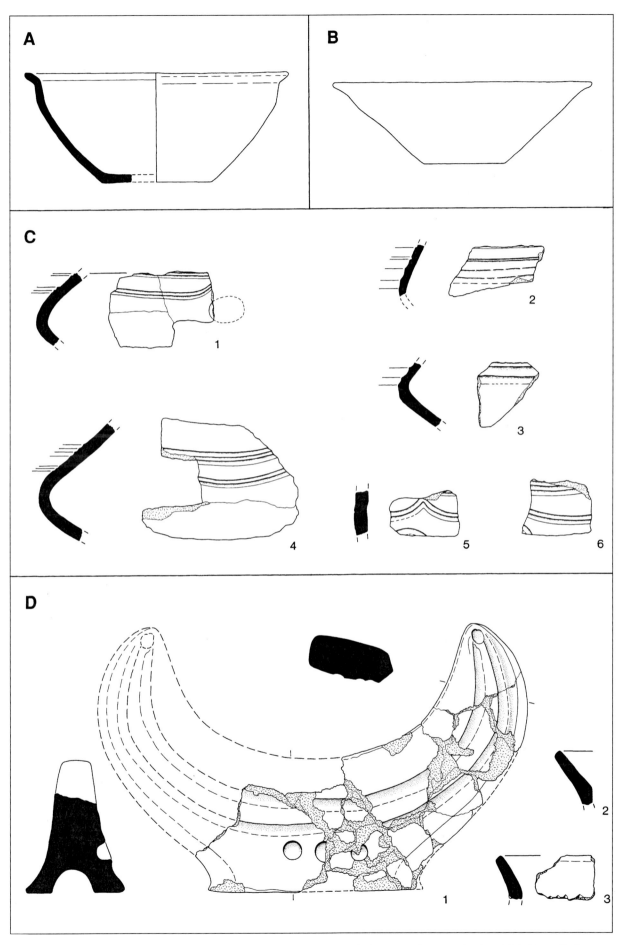

Gammertingen, „Schrot" (FS 366), A Grab 4/1927. – B Grab 1/1927 (dazu Taf. 131–134 A). – C Gammertingen (FS 377). – D Gammertingen (FS 369), Lkr. Sigmaringen. – M. 1:3 (D nach H. Reim).

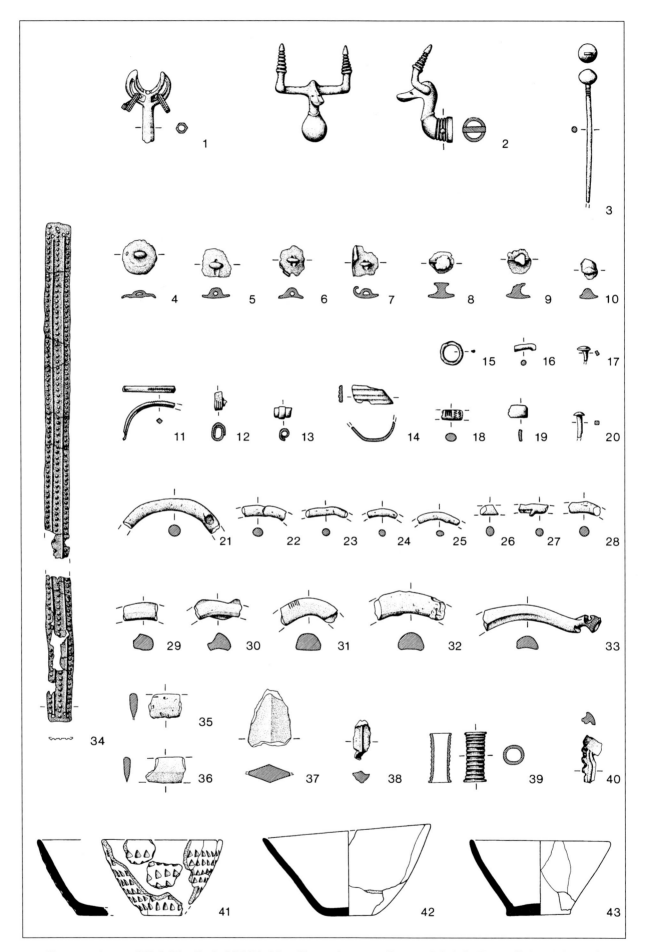

Gammertingen (FS 367), Grab 5/1971, Lkr. Sigmaringen. – Bronze M. 1:2; Keramik M. 1:3 (nach H. Reim).

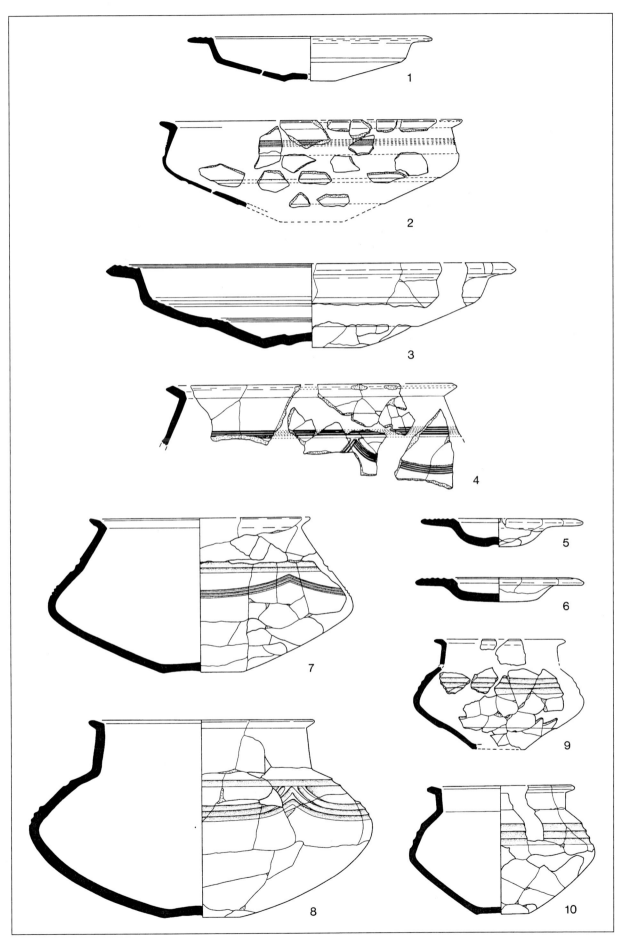

Gammertingen (FS 367), Grab 5/1971, Lkr. Sigmaringen. – M. 1:3 (nach H. Reim).

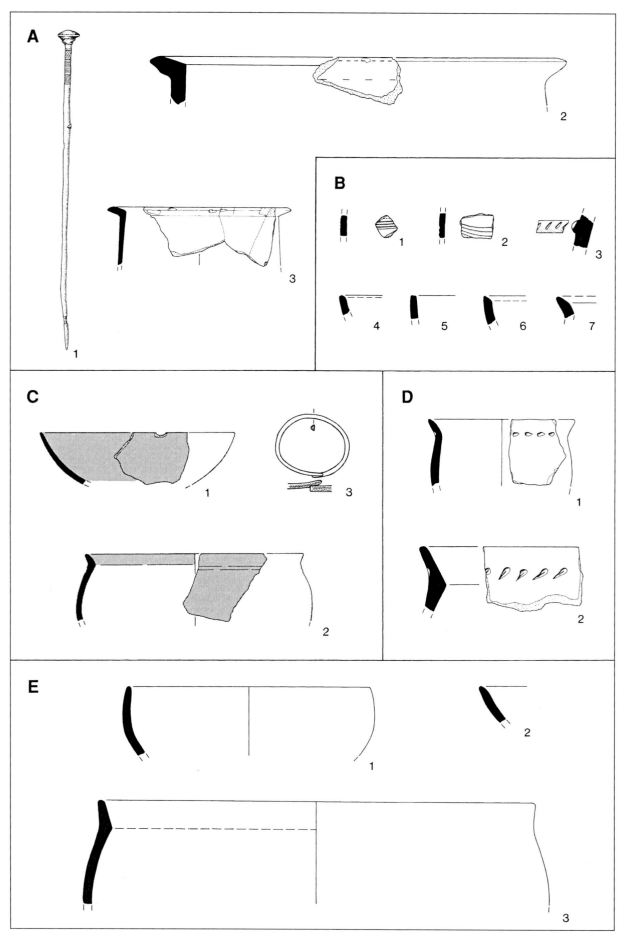

A Gammertingen (FS 370 A). – B Gammertingen (FS 373). – C Gammertingen (FS 372). – D Gammertingen (FS 370 B). – E Gammertingen (FS 371), Lkr. Sigmaringen. – Bronze M. 1:2; Keramik M. 1:3.

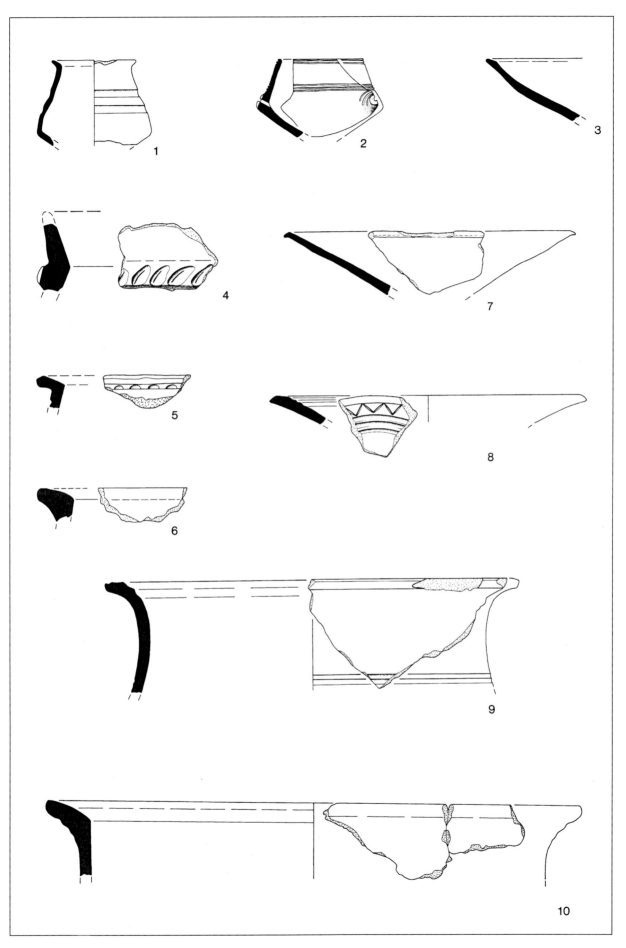

Gammertingen (FS 370 B), Lkr. Sigmaringen. – M. 1:3.

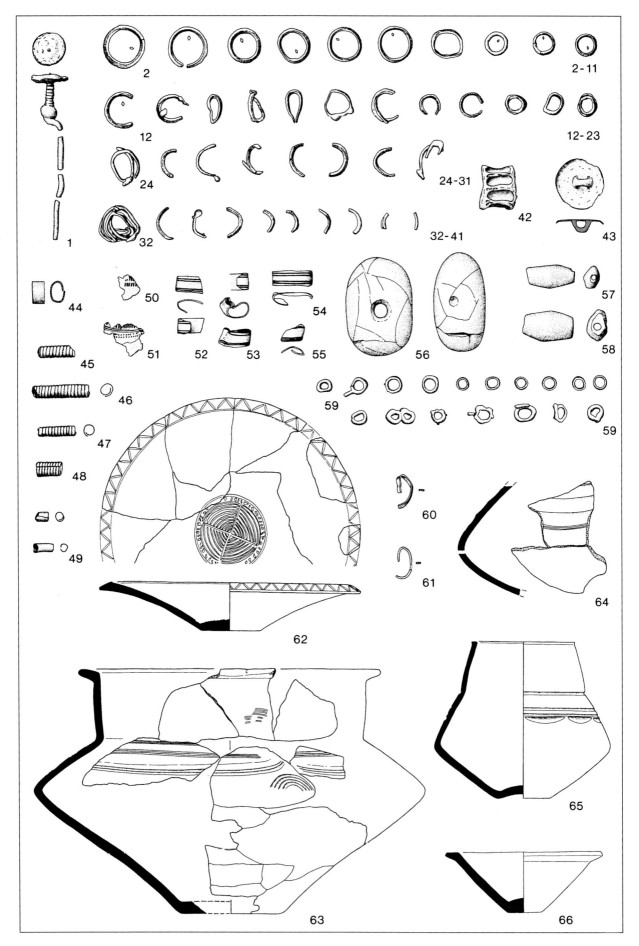

Gammertingen (FS 368), Grab von 1954, Lkr. Sigmaringen. – Metall, Bernstein, Glas M. 1:2; Keramik M. 1:3 (1–61 nach W. Kimmig/S. Schiek).

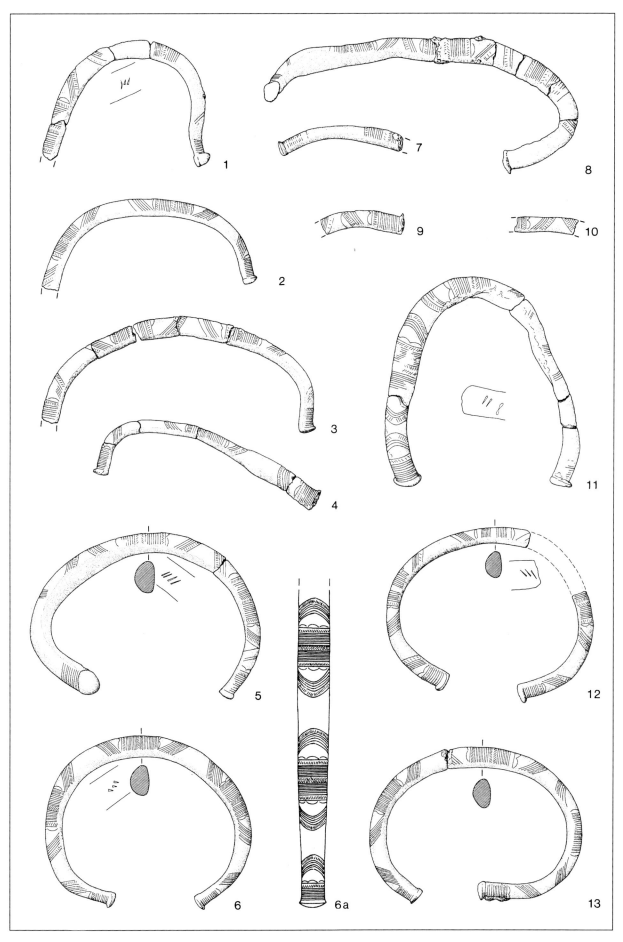

Gammertingen (FS 368), Grab von 1954, Lkr. Sigmaringen. – M. 1:2 (nach W. Kimmig/S. Schiek).

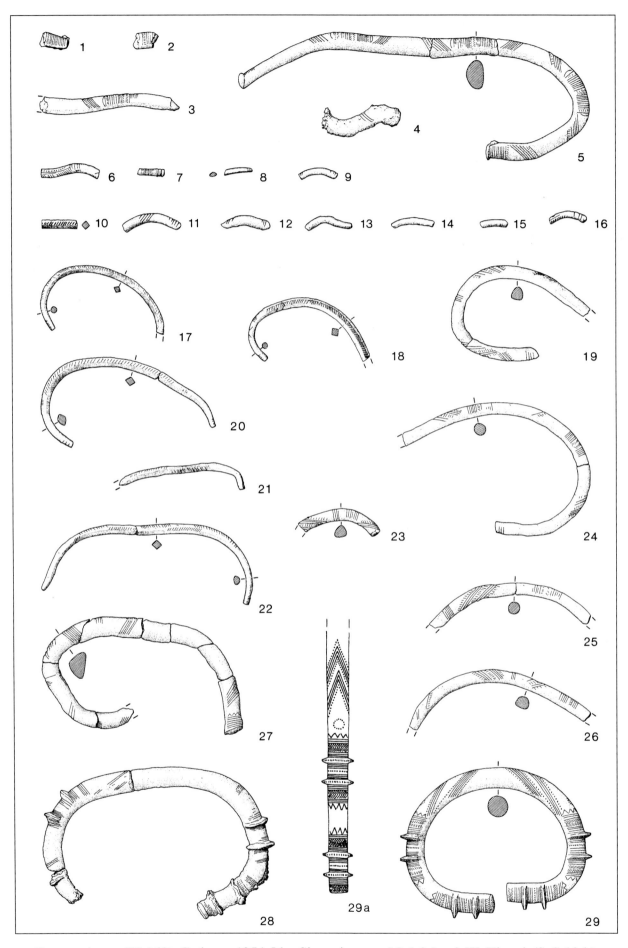

Gammertingen (FS 368), Grab von 1954, Lkr. Sigmaringen. – M. 1:2 (nach W. Kimmig/S. Schiek).

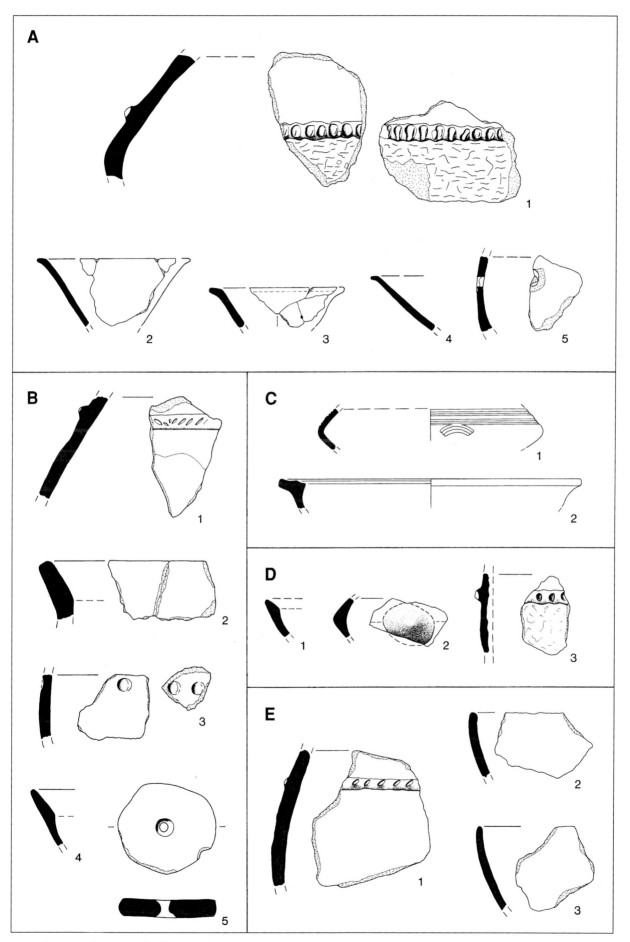

A Gammertingen (FS 368), Grab von 1954. – B Gammertingen-Harthausen bei Feldhausen (FS 378; dazu Taf. 144 C–145). – C Pfullendorf (FS 407), Grab 2? (dazu Taf. 164 A). – D Gammertingen (FS 374 B). – E Beuron-Thiergarten (FS 357; dazu Taf. 129 G), Lkr. Sigmaringen. – M. 1:3 (C nach W. Kimmig; E nach H. Reim).

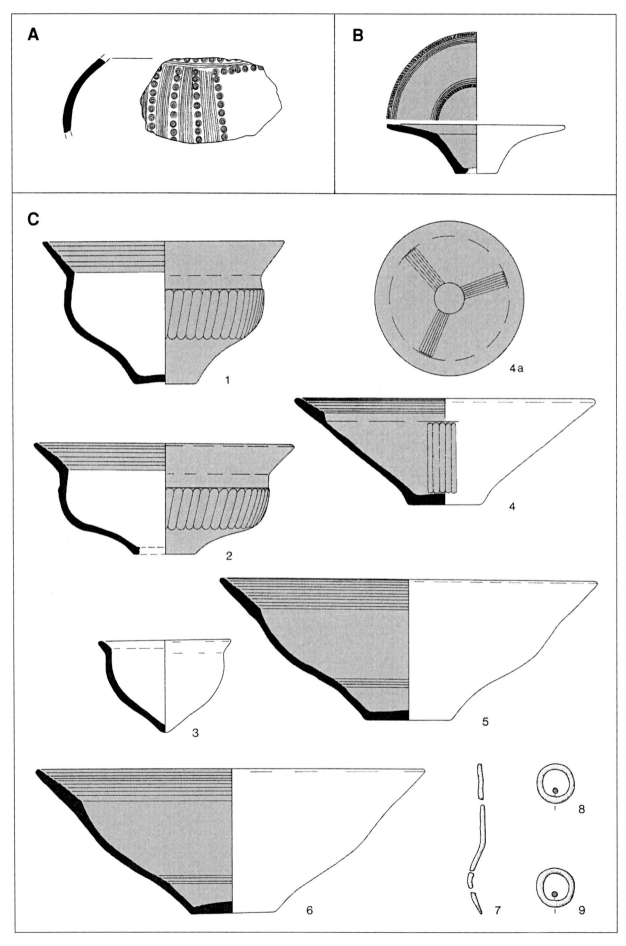

A Gammertingen (FS 374 A). – B Gammertingen-Harthausen bei Feldhausen (FS 379). – C Gammertin-gen-Harthausen bei Feldhausen (FS 378; dazu Taf. 143 B; 145), Grabhügel, Lkr. Sigmaringen. – Bronze M. 1:2; Keramik M. 1:3 (C 7–9 nach G. Krahe).

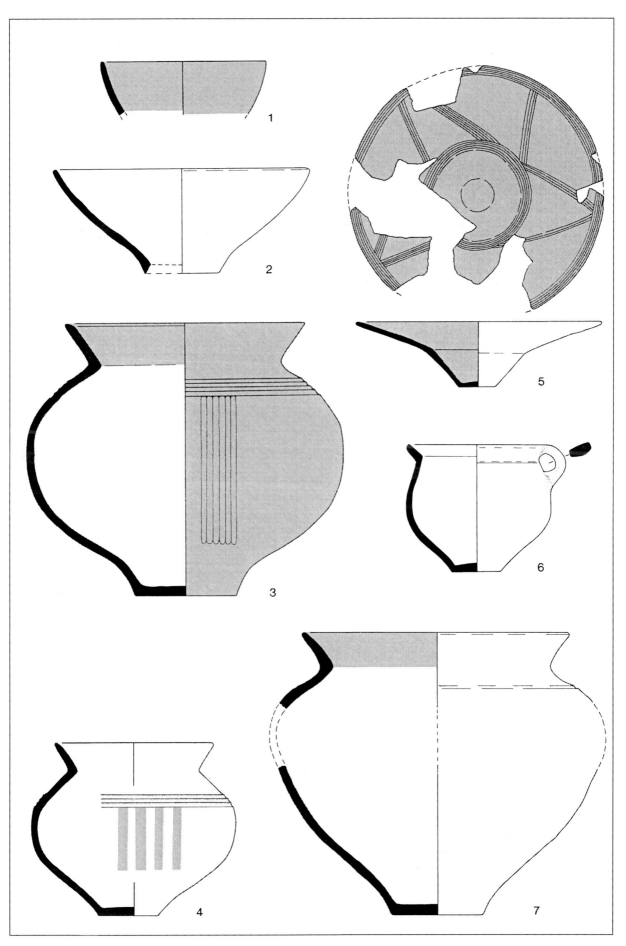

Gammertingen-Harthausen bei Feldhausen (FS 378; dazu Taf. 143 B; 144 C), Grabhügel, Lkr. Sigmaringen. – M. 1:3.

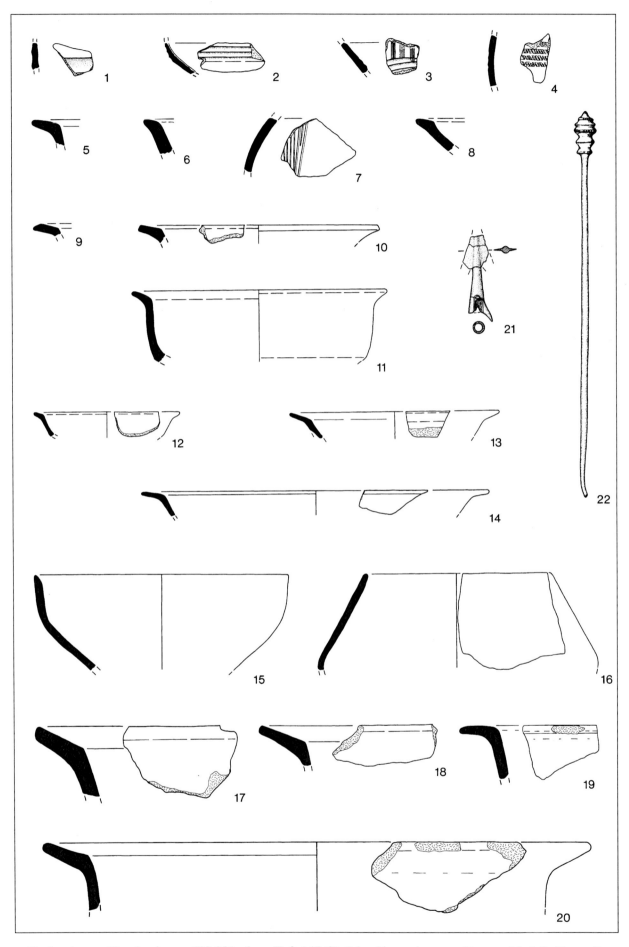

Herbertingen-Hundersingen (FS 381; dazu Taf. 147 G), Lkr. Sigmaringen. – Bronze M. 1:2; Keramik
M. 1:3 (21.22 nach S. Sievers).

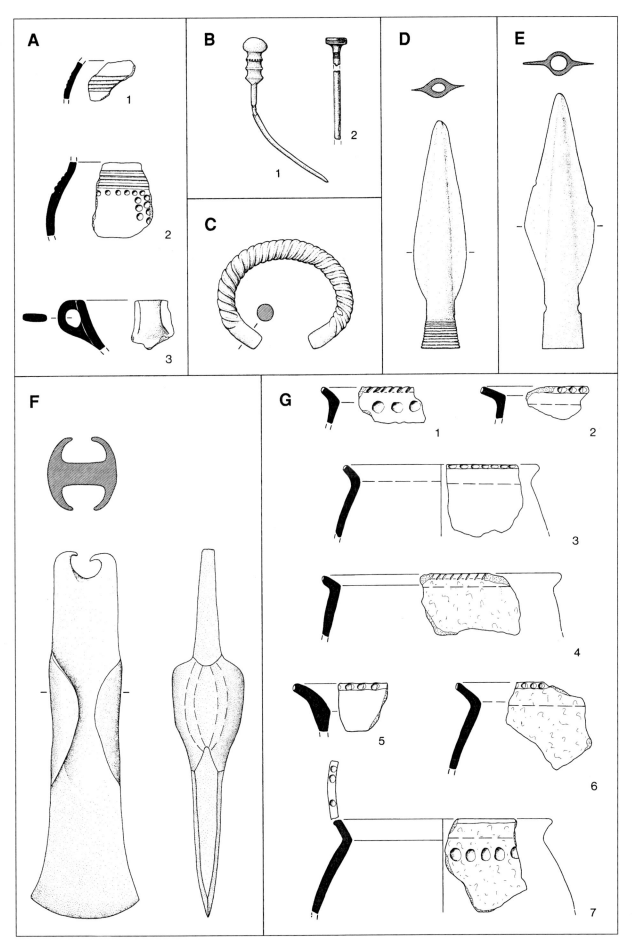

A Inzigkofen (FS 387). – B Herbertingen-Hundersingen (FS 382 A.B). – C Mengen (FS 398). – D Mengen-Rulfingen (FS 400). – E Herbertingen (FS 380). – F Donautal (FS 362). – G Herbertingen-Hundersingen (FS 381; dazu Taf. 146), Lkr. Sigmaringen. – Bronze M. 1:2; Keramik M. 1:3 (B 1.C.E.G nach G. Krahe; B 2 nach S. Kurz).

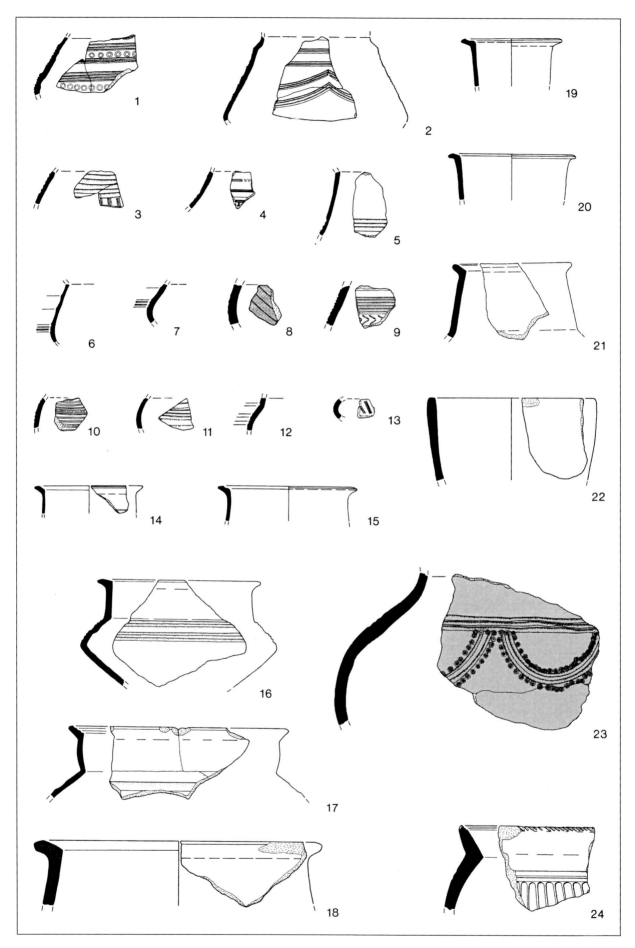

Inzigkofen-Dietfurt (FS 391), Lkr. Sigmaringen. – M. 1:3 (1.2.9.16.17.23.24 nach H.-W. Dämmer/
H. Reim/W. Taute).

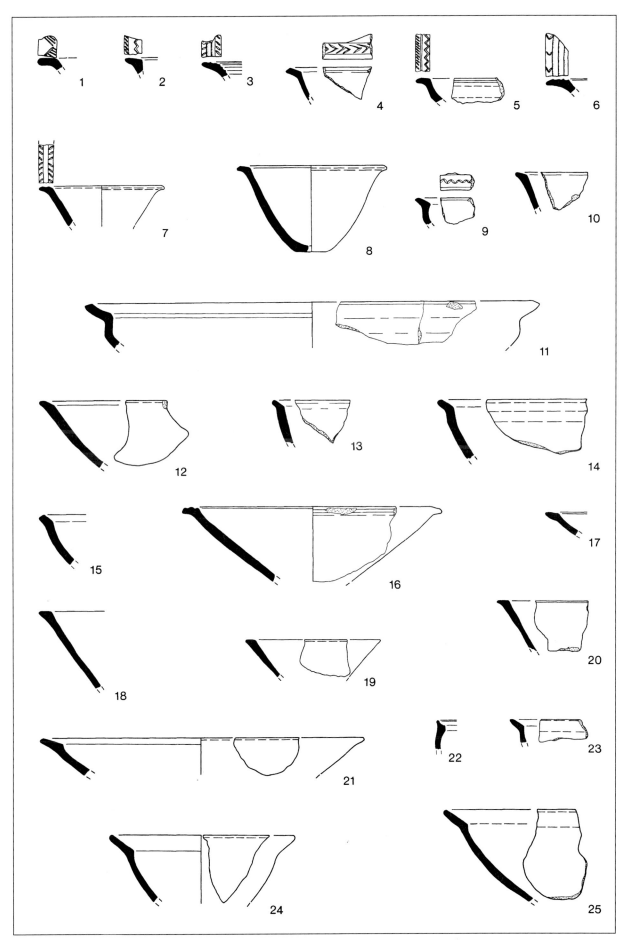

Inzigkofen-Dietfurt (FS 391), Lkr. Sigmaringen. – M. 1:3 (4.9.10.11.13.16.20 nach H.-W. Dämmer/
H. Reim/W. Taute).

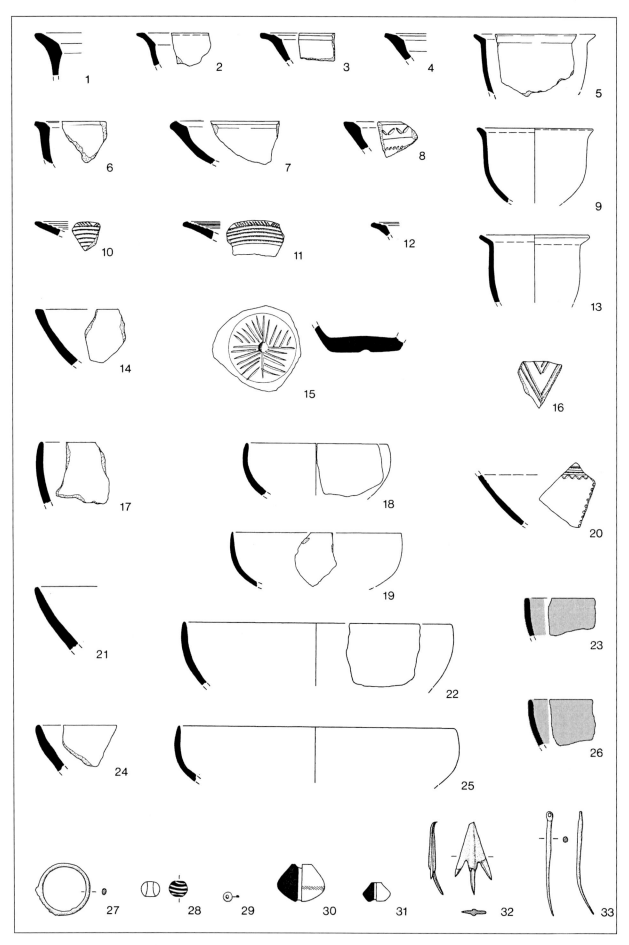

Inzigkofen-Dietfurt (FS 391), Lkr. Sigmaringen. – Bronze, Glas M. 1:2; Keramik M. 1:3
(5–7.15.17.27.28.30–33 nach H.-W. Dämmer/H. Reim/W. Taute).

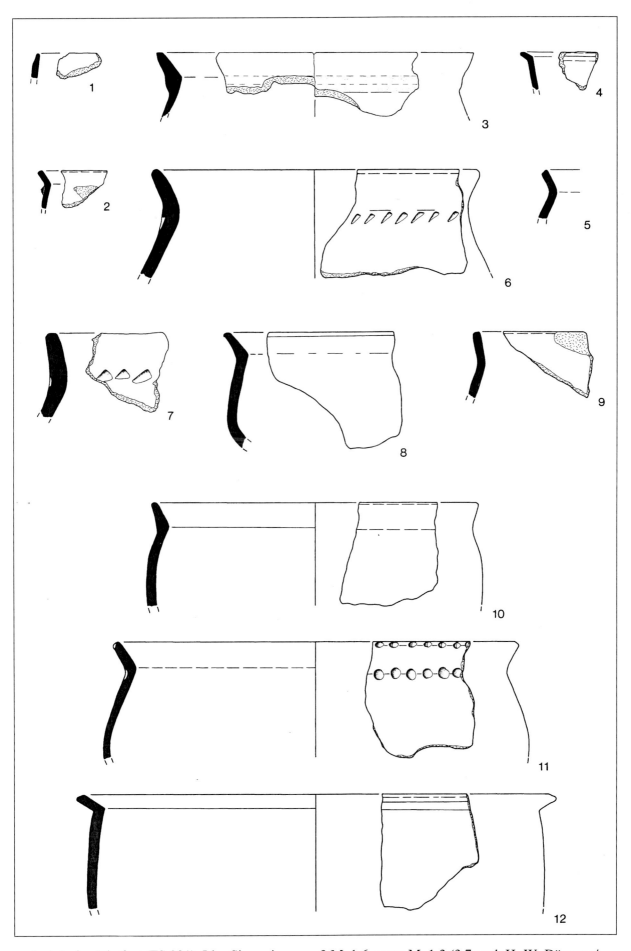

Inzigkofen-Dietfurt (FS 391), Lkr. Sigmaringen. – 3 M. 1:6, sonst M. 1:3 (3.7 nach H.-W. Dämmer/
H. Reim/W. Taute).

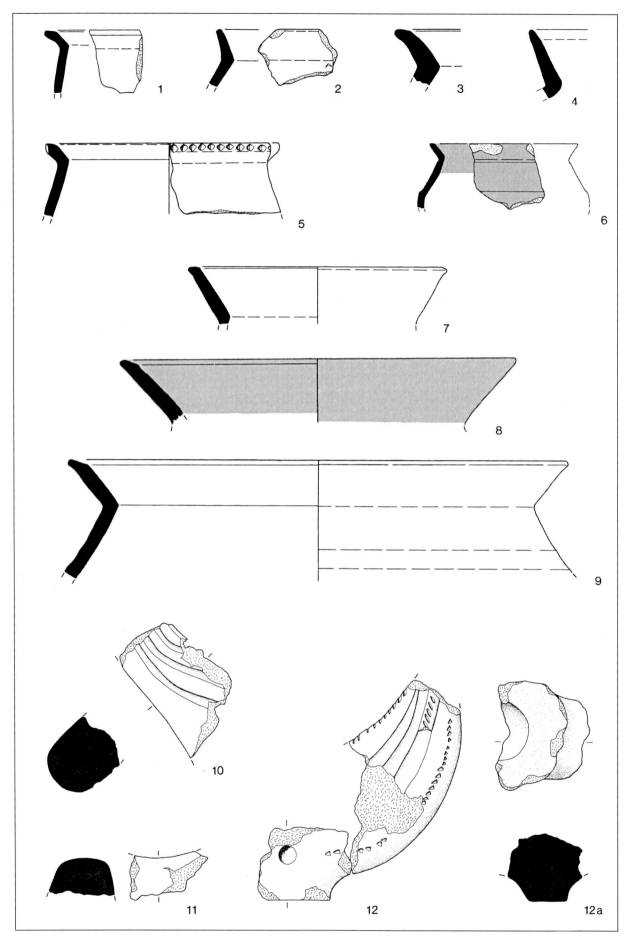

Inzigkofen-Dietfurt (FS 391), Lkr. Sigmaringen. – M. 1:3 (6.12 nach H.-W. Dämmer/H. Reim/W. Taute).

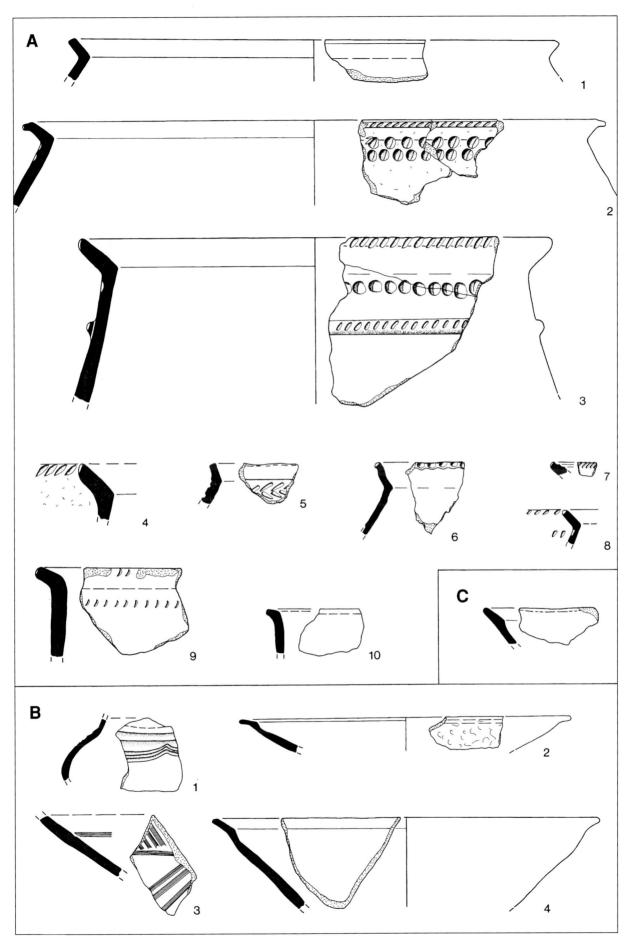

A Inzigkofen-Dietfurt (FS 391). – B Inzigkofen-Dietfurt (FS 393). – C Inzigkofen-Dietfurt (FS 392), Lkr. Sigmaringen. – M. 1:3 (A2.3.5.6 nach H.-W. Dämmer/H. Reim/W. Taute; C nach J. Biel).

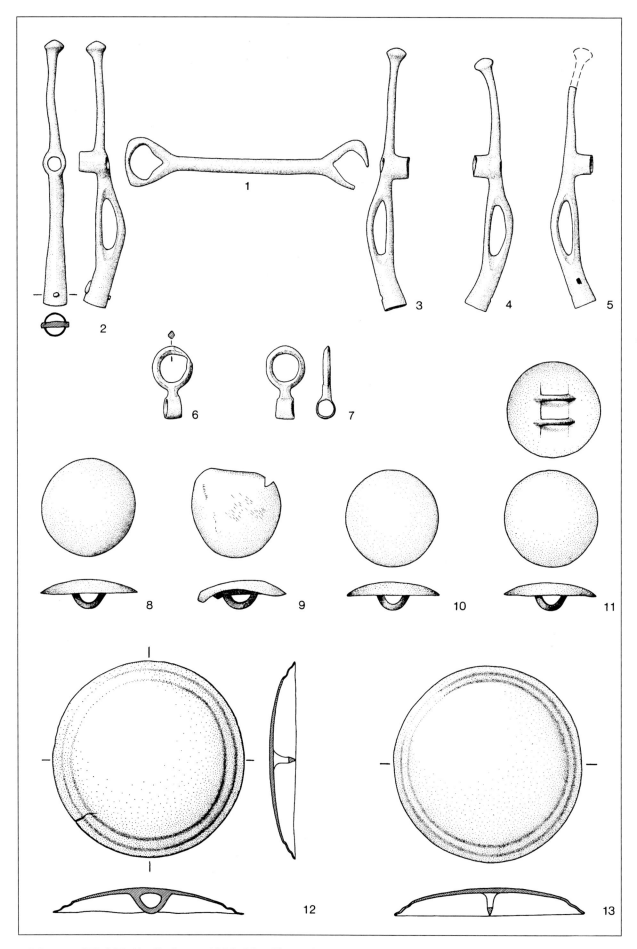

Mengen (FS 397 A), Grab von 1905, Lkr. Sigmaringen. – M. 1:2 (1–10.13 nach G. Krahe; 11.12 nach G. Mansfeld).

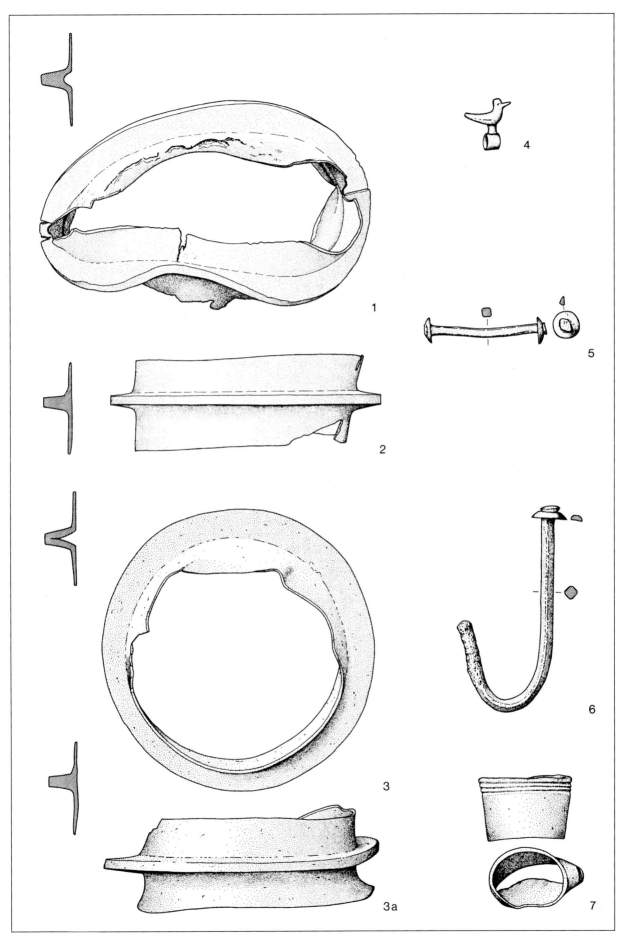

Mengen (FS 397 A), Grab von 1905, Lkr. Sigmaringen. – M. 1:2 (1.2.4 nach G. Krahe; 3.3a.5.6 nach G. Mansfeld).

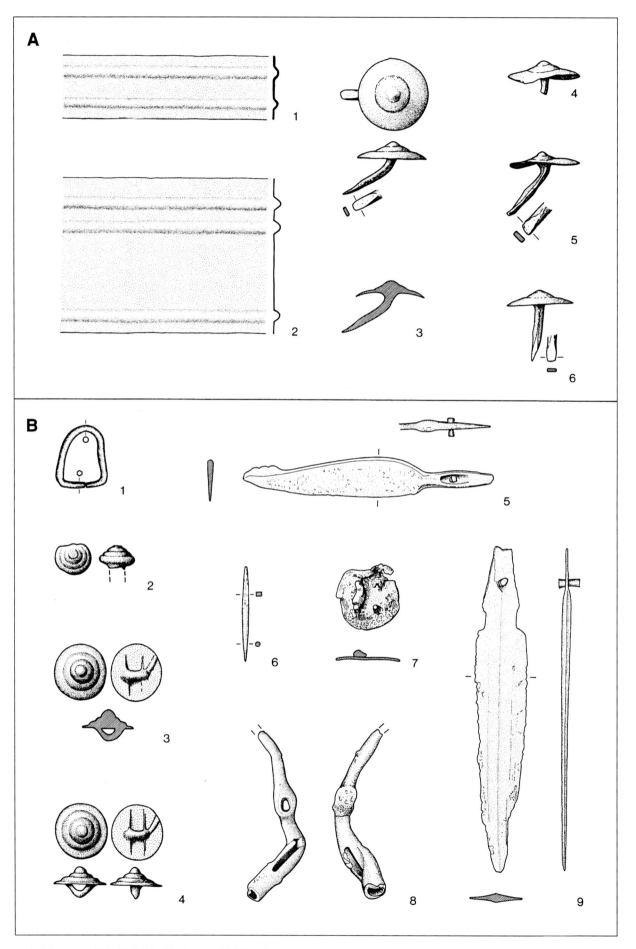

A Mengen (FS 397 A), Grab von 1905. – B Mengen (FS 397 C), Grab von 1955, Lkr. Sigmaringen. –
M. 1:2 (A nach G. Krahe u. G. Mansfeld; B nach S. Schiek).

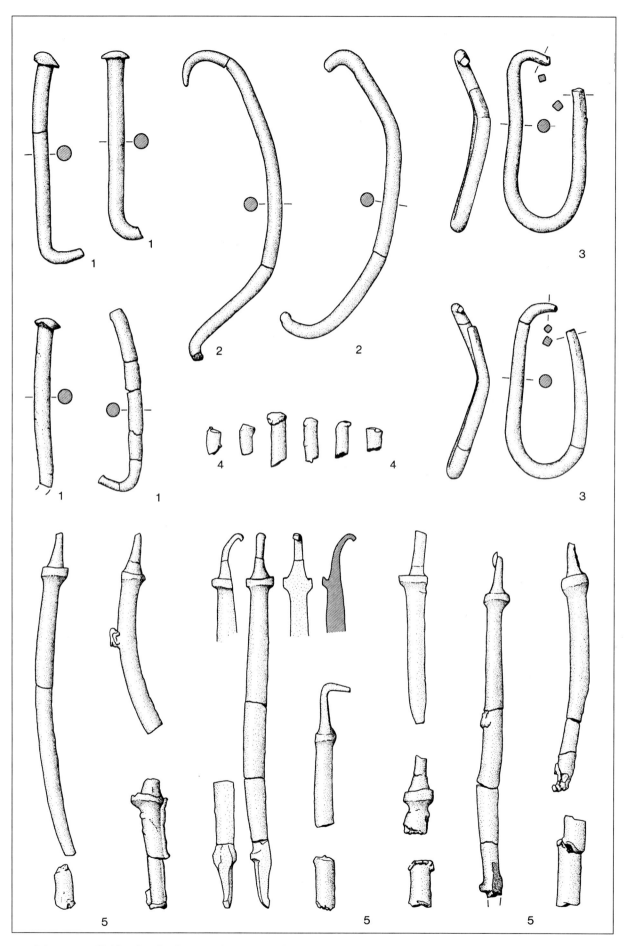

Mengen (FS 397 C), Grab von 1955, Lkr. Sigmaringen. – M. 1:2 (3 nach G. Mansfeld, sonst nach S. Schiek).

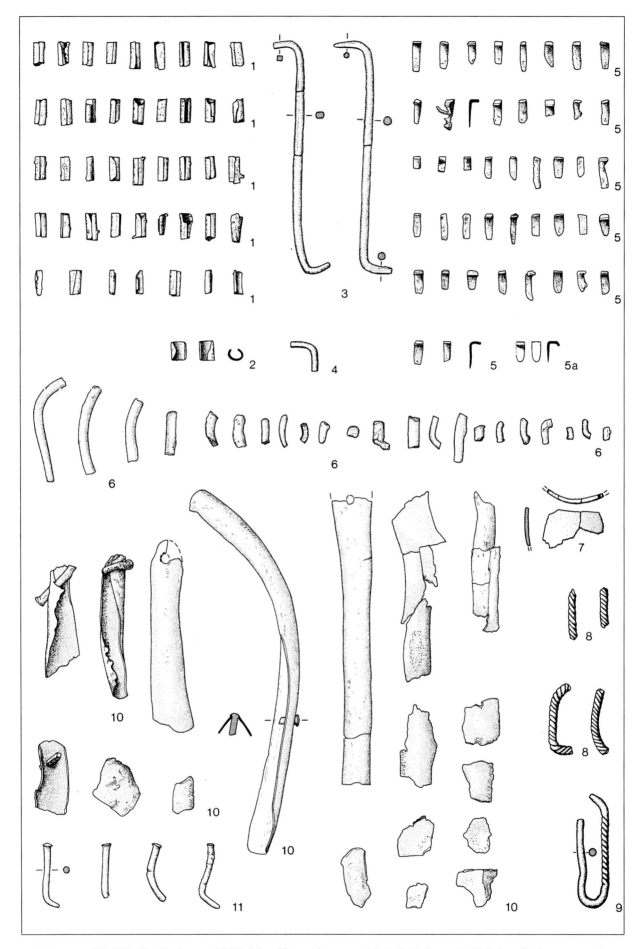

Mengen (FS 397 C), Grab von 1955, Lkr. Sigmaringen. – M. 1:2 (3.5a nach G. Mansfeld, sonst nach S. Schiek).

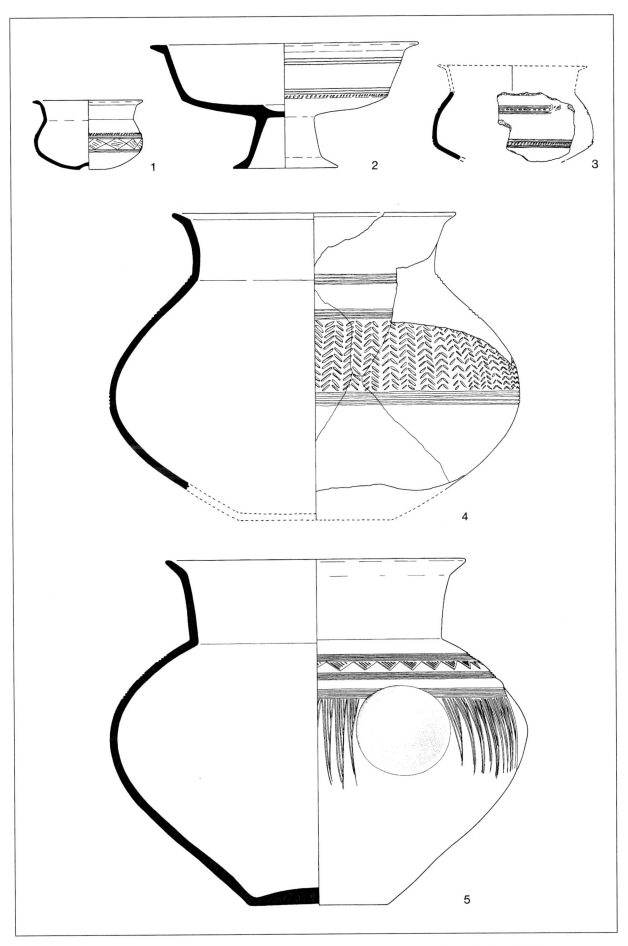

Mengen (FS 397 C), Grab von 1955, Lkr. Sigmaringen. – M. 1:3 (nach S. Schiek).

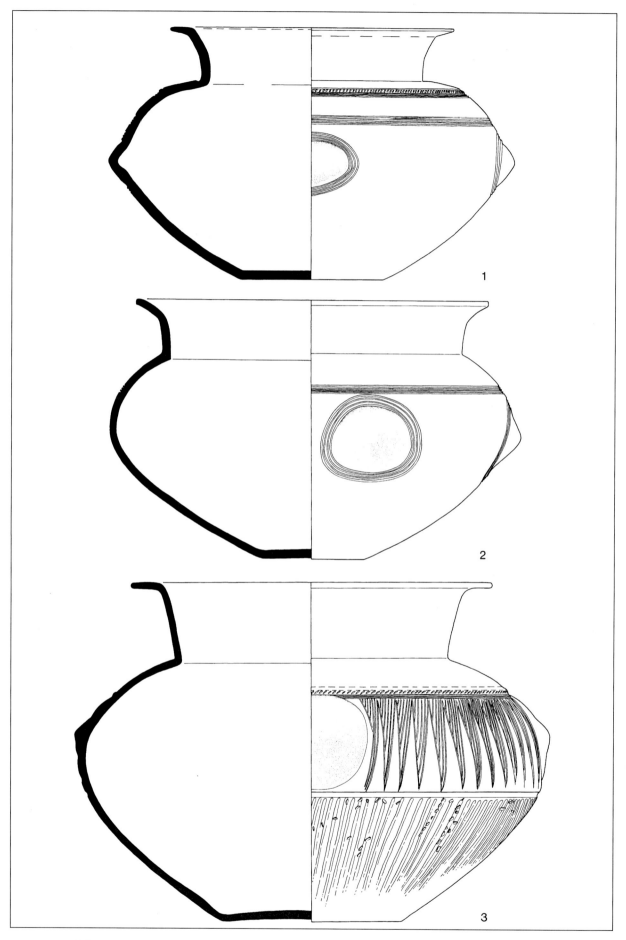

Mengen (FS 397 C), Grab von 1955, Lkr. Sigmaringen. – M. 1:3 (nach S. Schiek).

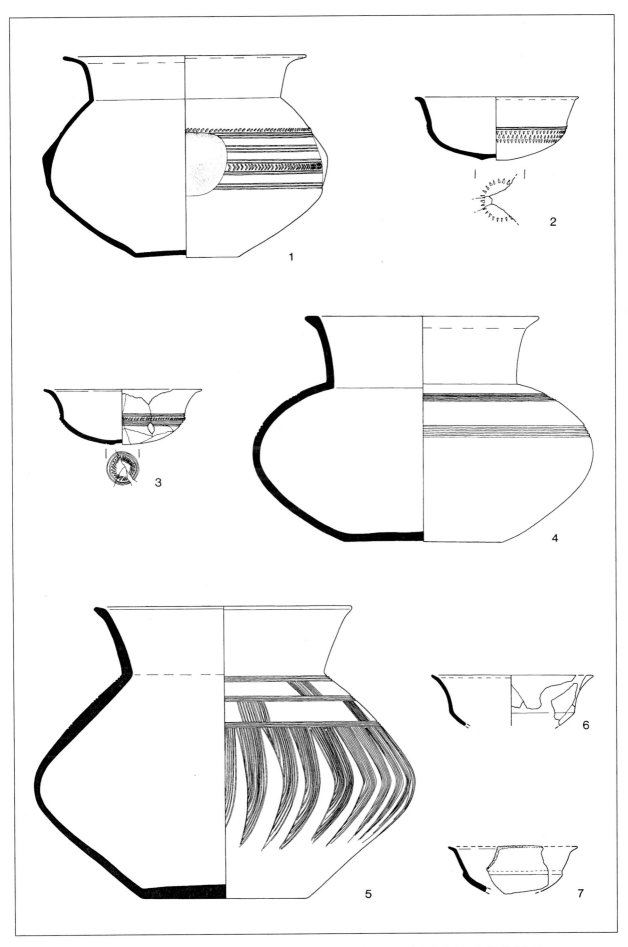

Mengen (FS 397 C), Grab von 1955, Lkr. Sigmaringen. – M. 1:3 (nach S. Schiek).

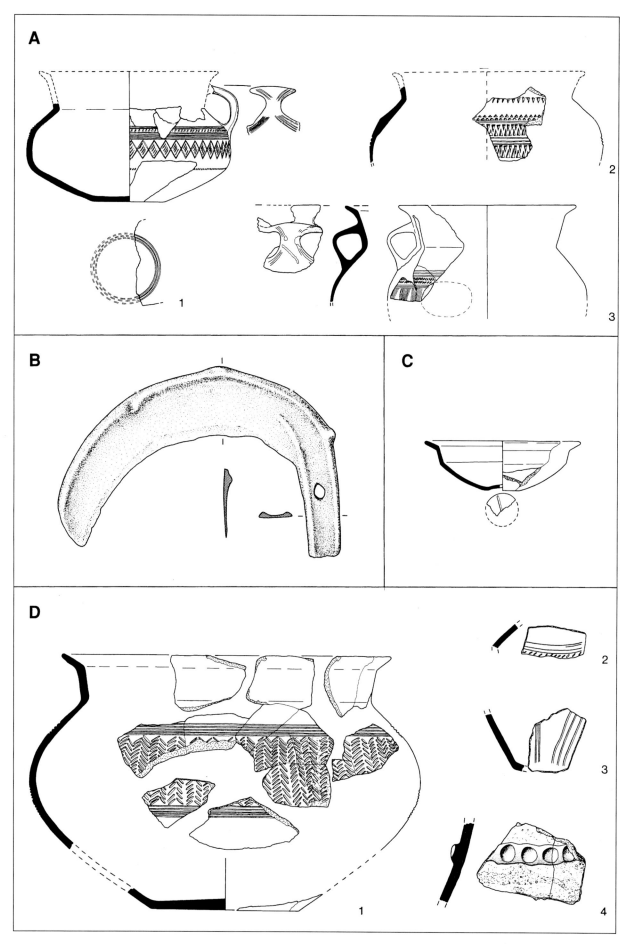

A Mengen (FS 397 C), Grab von 1955. – B Scheer-Jakobsthal (FS 401). – C Mengen (FS 397 B). –
D Mengen-Beuren (FS 399), Lkr. Sigmaringen. – Bronze M. 1:2; Keramik M. 1:3 (A nach S. Schiek;
C.D nach G. Krahe).

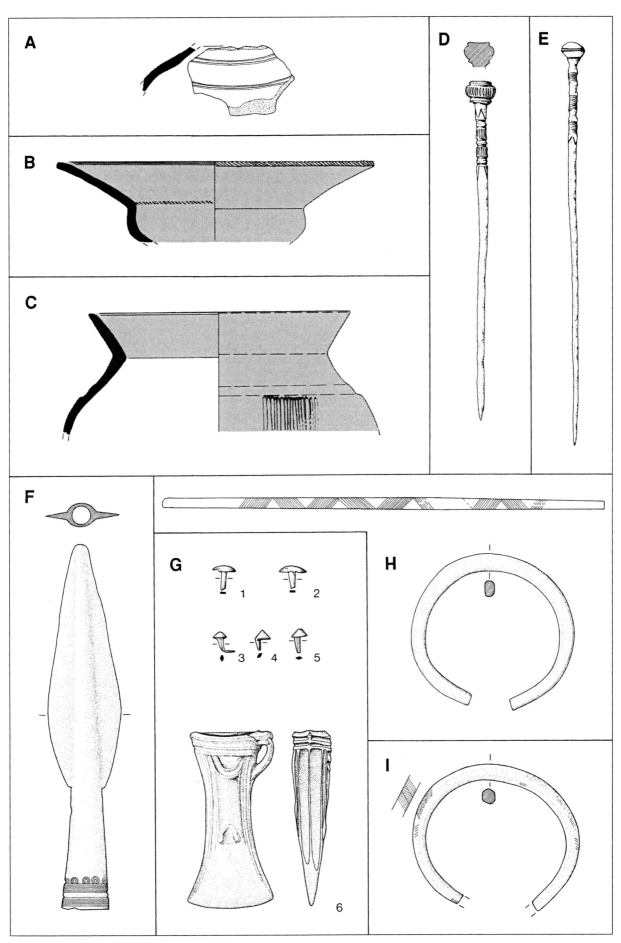

Tafel 163

A Hettingen-Inneringen (FS 385; dazu Taf. 122 A). – B Hettingen-Inneringen (FS 384). – C Neufra-Freudenweiler (FS 405). – D Leibertingen (FS 396). – E Wald-Ruhestetten (FS 444). – F Pfullendorf-Großstadelhofen (FS 408). – G Neufra (FS 402). – H Sigmaringen-Laiz (FS 426). – I Sigmaringen-Jungnau? (FS 418), Lkr. Sigmaringen. – Bronze M. 1:2; Keramik M. 1:3 (D.E nach A. Beck; G nach H. Zürn/S. Schiek).

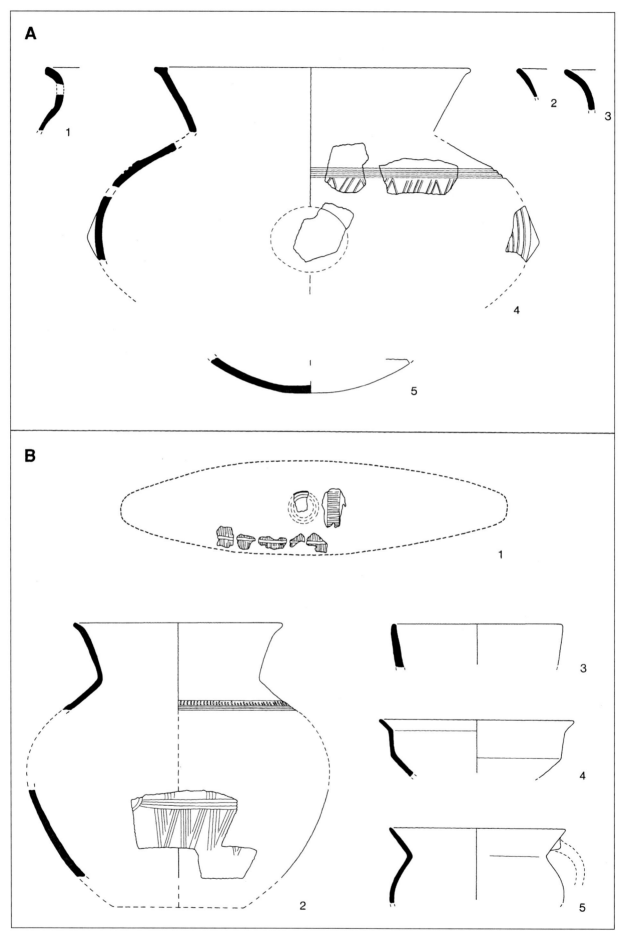

Pfullendorf (FS 407), A Grab 2 (dazu Taf. 143 C). – B Grab 1 (dazu Abb. 97 B), Lkr. Sigmaringen. –
Gold M. 1:2; Keramik M. 1:3 (A.B nach W. Kimmig).

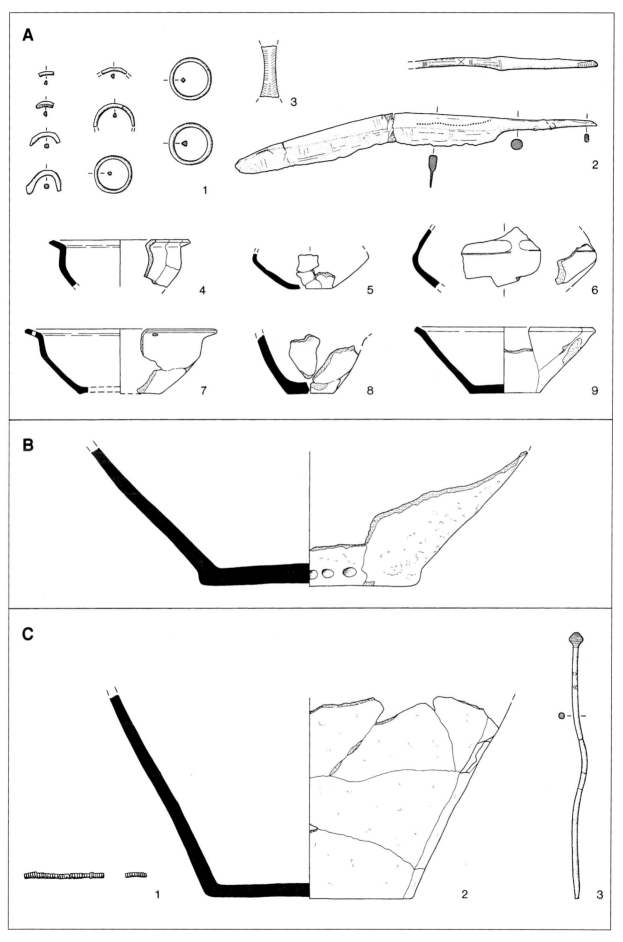

Bad Saulgau (FS 409), A Streufunde. – B Grab 2. – C Grab 1, Lkr. Sigmaringen. – Bronze M. 1:2; Keramik M. 1:3 (nach G. Krahe).

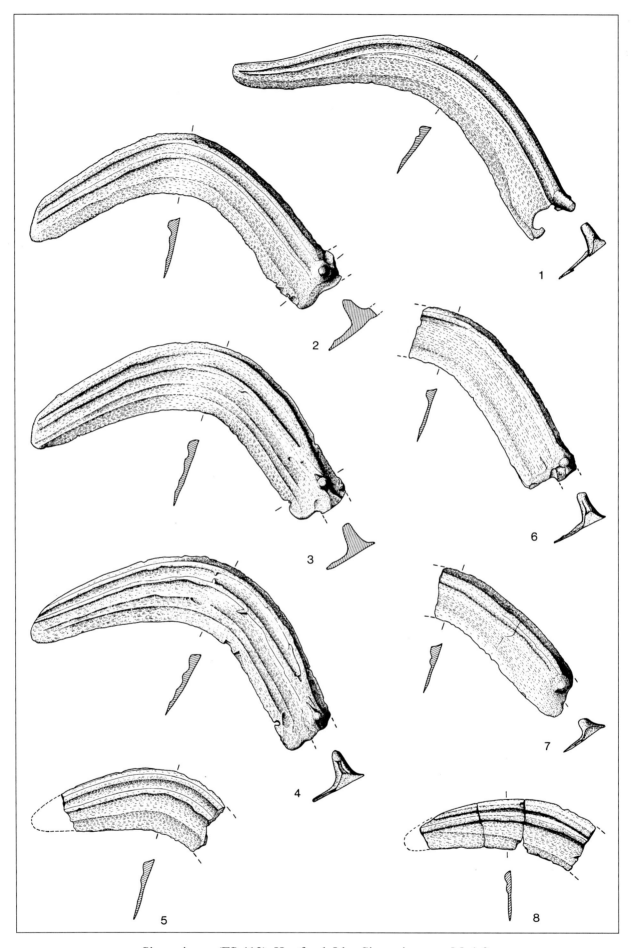

Sigmaringen (FS 412), Hortfund, Lkr. Sigmaringen. – M. 1:2.

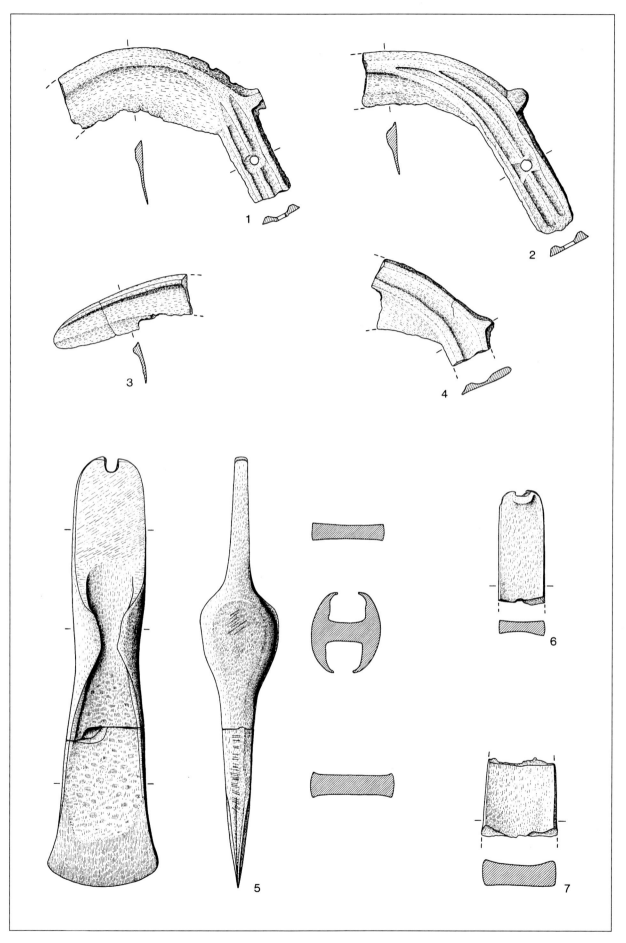

Sigmaringen (FS 412), Hortfund, Lkr. Sigmaringen. – M. 1:2.

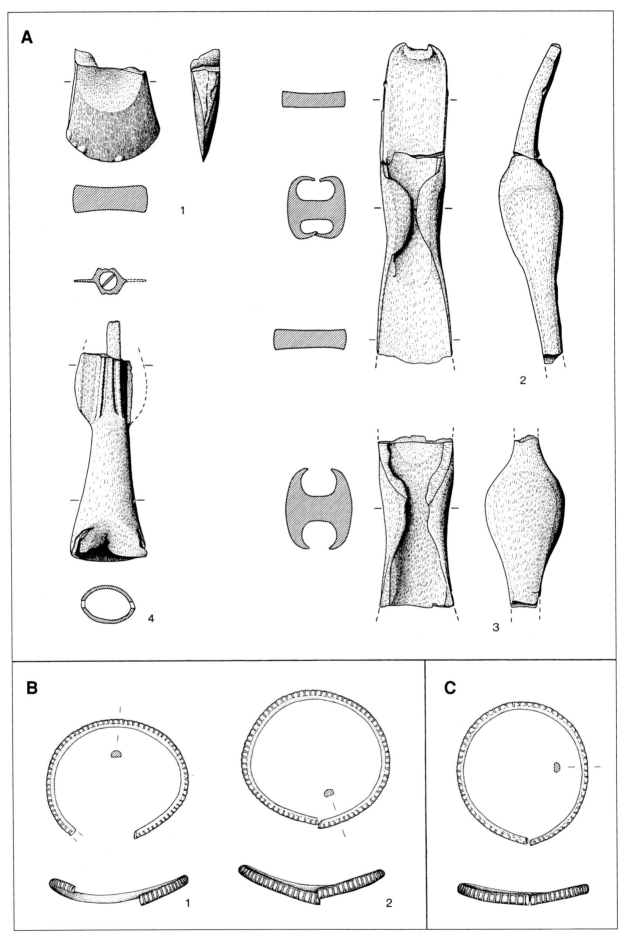

A Sigmaringen (FS 412), Hortfund. – B Sigmaringen-Jungnau (FS 417). – C Sigmaringen-Laiz (FS 424),
Lkr. Sigmaringen. – M. 1:2.

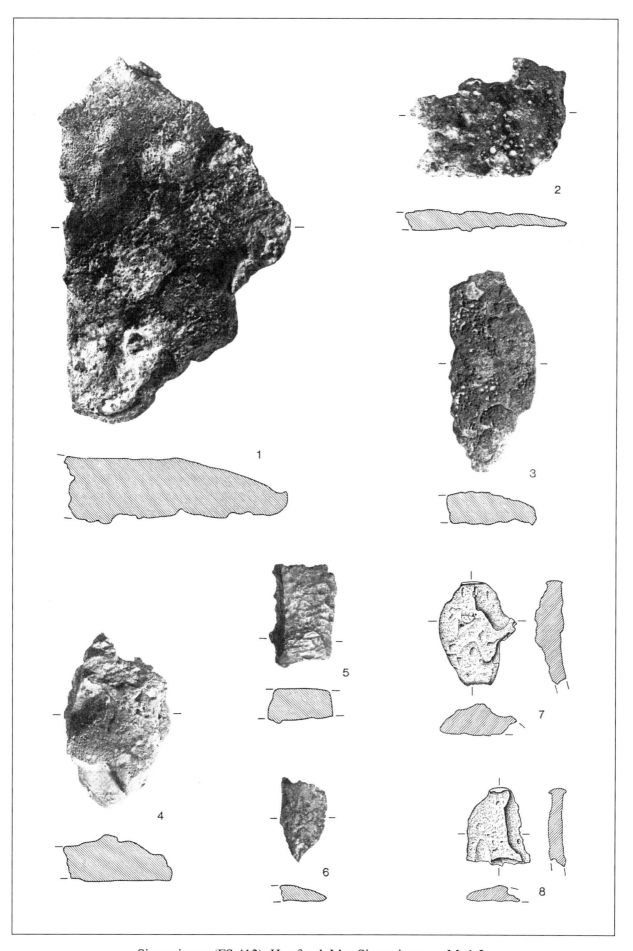

Sigmaringen (FS 412), Hortfund, Lkr. Sigmaringen. – M. 1:2.

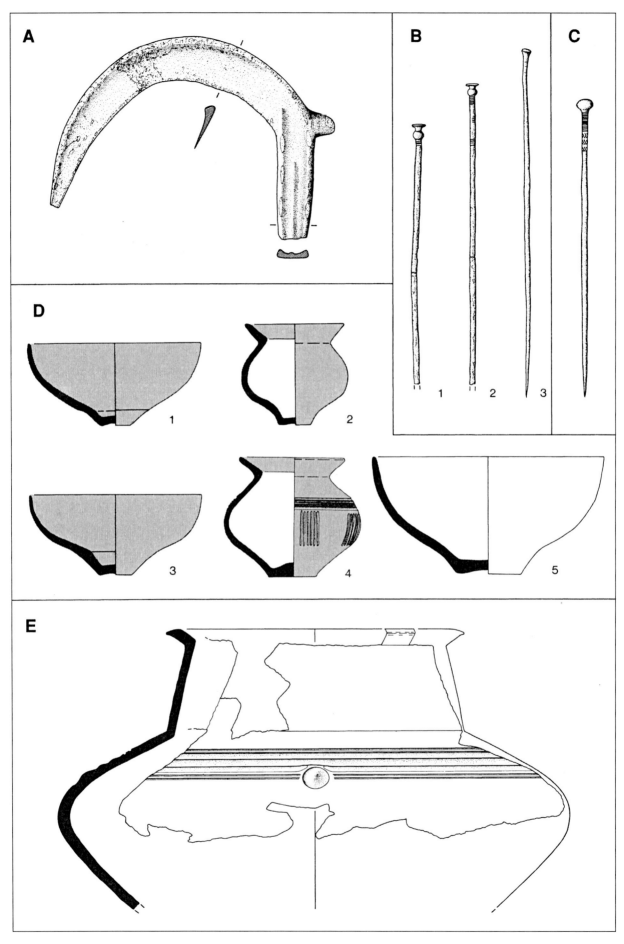

A Fundort unbekannt (FS 406). – B Sigmaringen (FS 413). – C Sigmaringen (FS 414). – D Sigmarin-gen-Laiz (FS 421). – E Sigmaringen (FS 410), Lkr. Sigmaringen. – Bronze M. 1:2; Keramik M. 1:3.

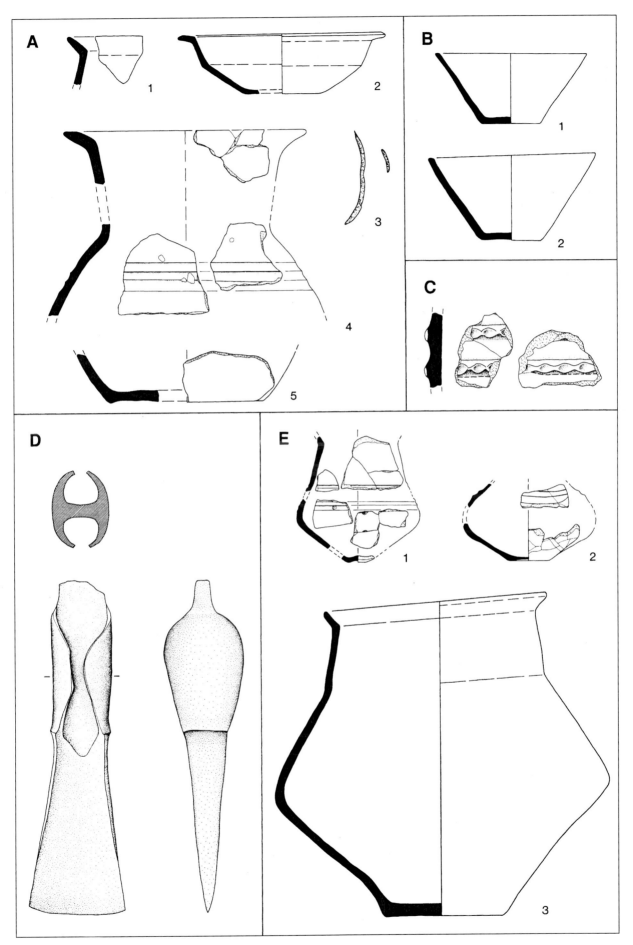

Sigmaringen-Laiz (FS 419), A Grab 1. – E Grab 2. – B Veringenstadt (FS 434). – C Sigmaringen-Laiz (FS 419), Grab? – D Sigmaringendorf (FS 427), Lkr. Sigmaringen. – Bronze M. 1:2; Keramik M. 1:3.

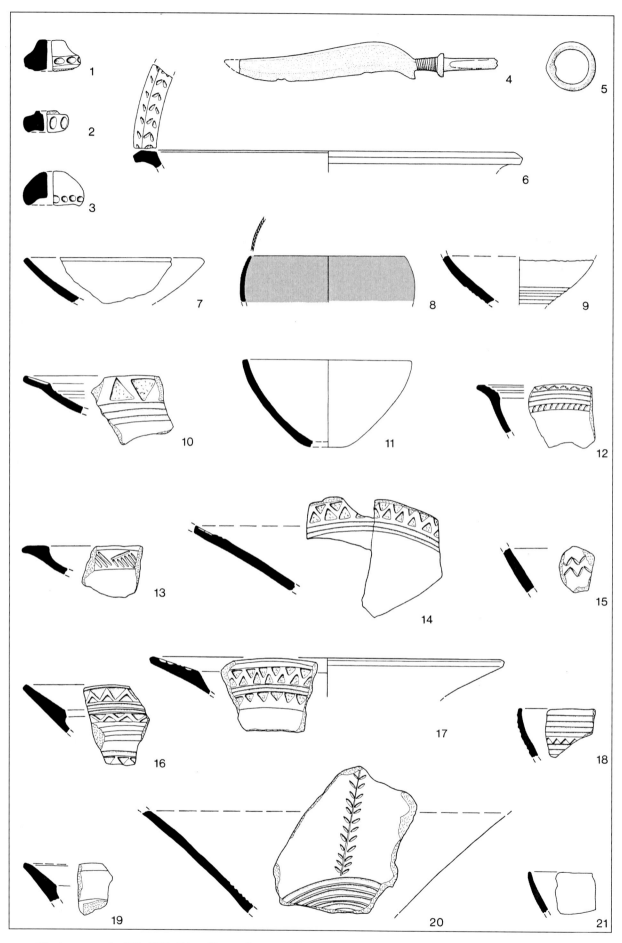

Veringenstadt (FS 428), Lkr. Sigmaringen. – Bronze M. unbestimmt; Keramik M. 1:3 (4.5 nach
E. Peters/A. Rieth).

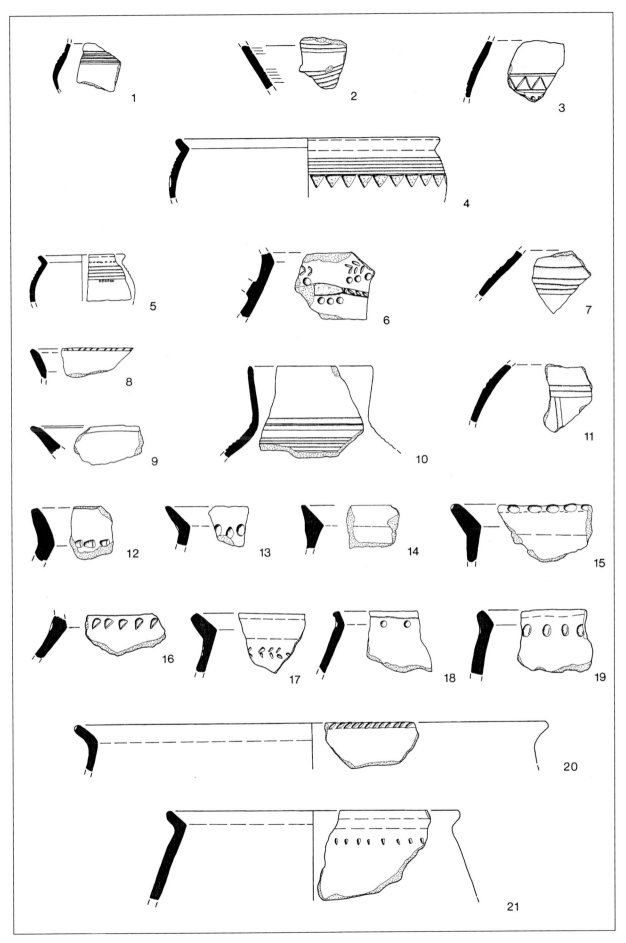

Veringenstadt (FS 428), Lkr. Sigmaringen. – M. 1:3.

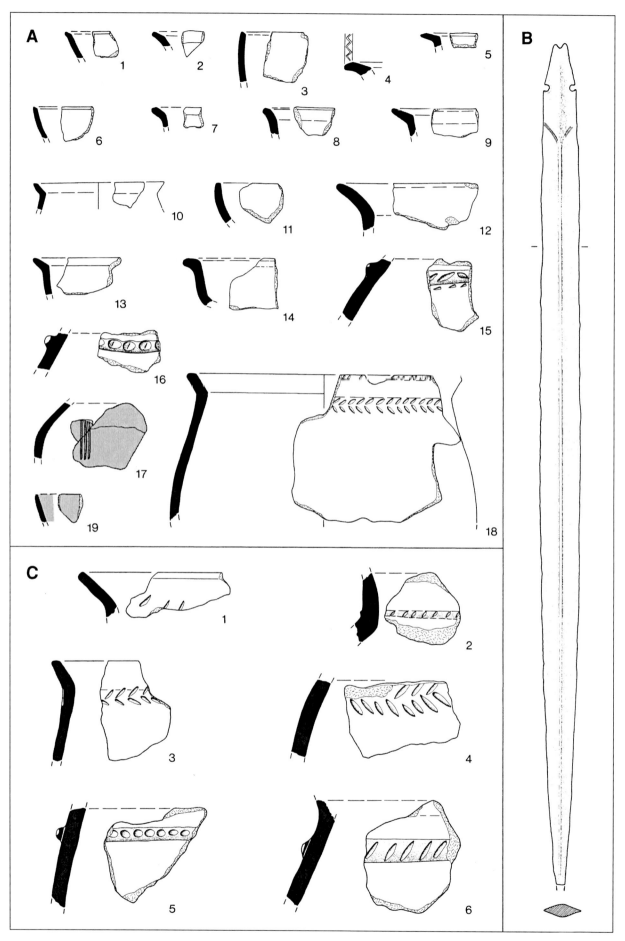

A Veringenstadt-Deutstetten (FS 436). – B Veringenstadt (FS 437). – C Veringenstadt (FS 428), Lkr.
Sigmaringen. – Bronze, Keramik M. 1:3 (B nach H. Reim).

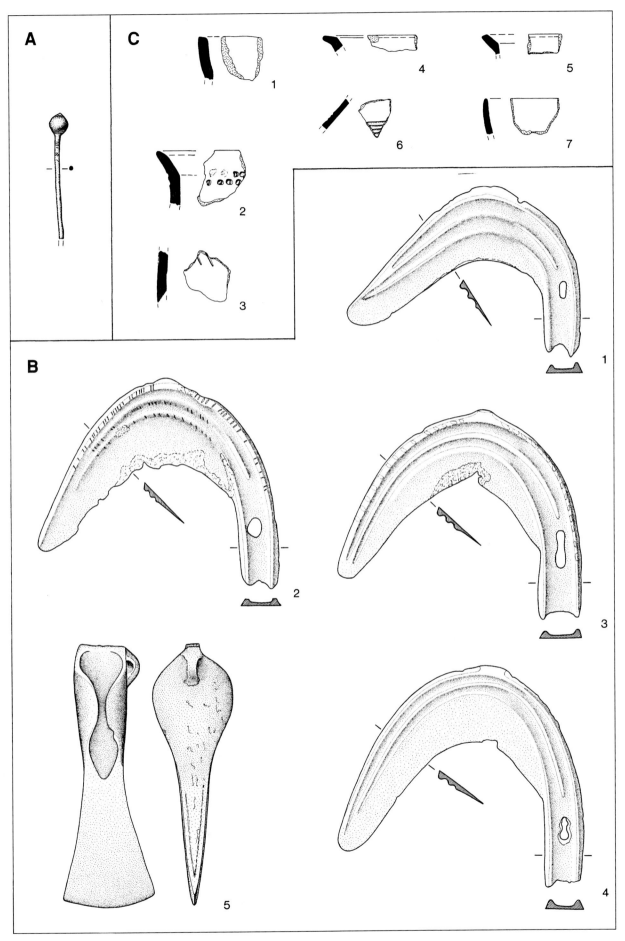

A Veringenstadt (FS 438), Lkr. Sigmaringen. – B Salem-Mimmenhausen (FS 457), Hortfund, Bodensee-kreis. – C Veringenstadt (FS 435), Lkr. Sigmaringen. – Bronze M. 1:2; Keramik M. 1:3 (B nach F. Stein).

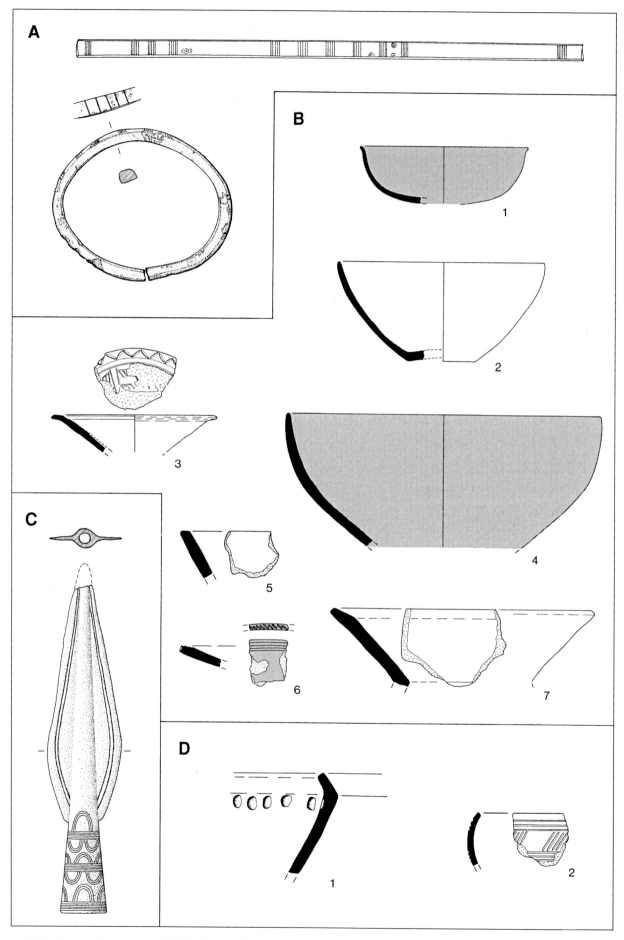

A Hettingen-Inneringen (FS 383). – B Bingen (FS 361), Lkr. Sigmaringen. – C Uhldingen-Mühlhofen (FS 465). – D Uhldingen-Mühlhofen, Maurach (FS 461), Bodenseekreis. – Bronze M. 1:2; Keramik M. 1:3.

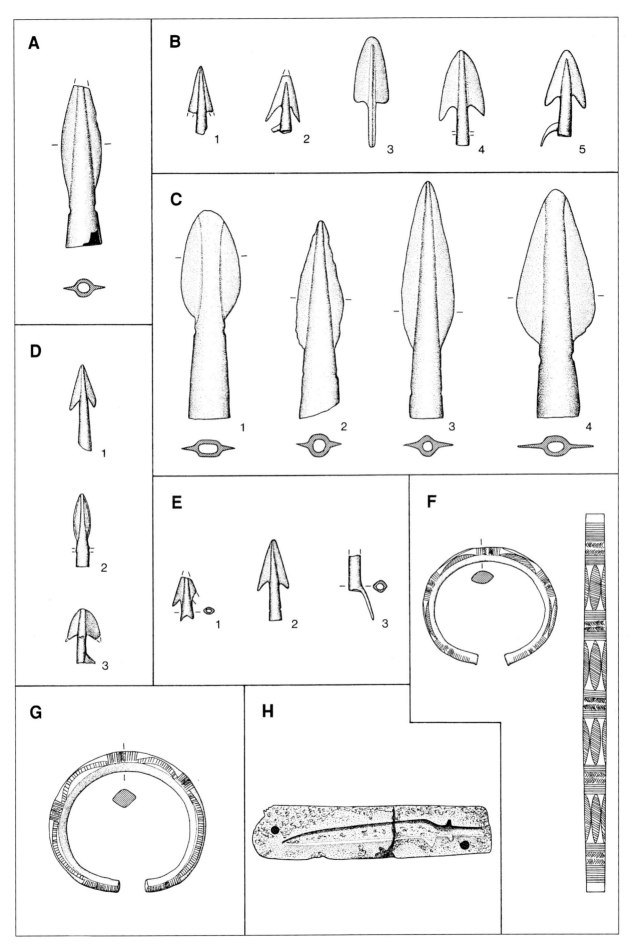

A Inzigkofen (FS 389). – B Inzigkofen (FS 390). – C Donautal (FS 365). – D Sigmaringen (FS 415). –
E Veringenstadt (FS 440). – F Sigmaringen-Laiz (FS 425), Lkr. Sigmaringen. – G Bärenthal? (FS 466),
Lkr. Tuttlingen. – H Veringenstadt (FS 432), Lkr. Sigmaringen. – H Maßstab unbestimmt, sonst M. 1:2.

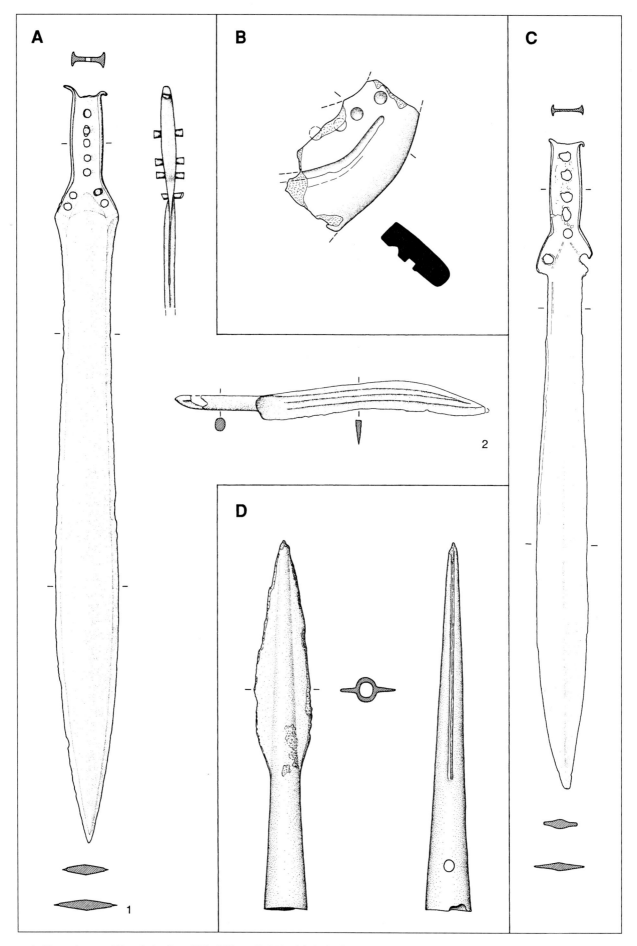

A Kressbronn-Hemigkofen (FS 452). – B Friedrichshafen-Waggershausen (FS 448). – C Langenargen
(FS 454). – D Eriskirch (FS 446), Bodenseekreis. – A.C M 1:3, Bronze sonst M. 1:2; Keramik M. 1:3
(A.C.D nach G. Krahe).

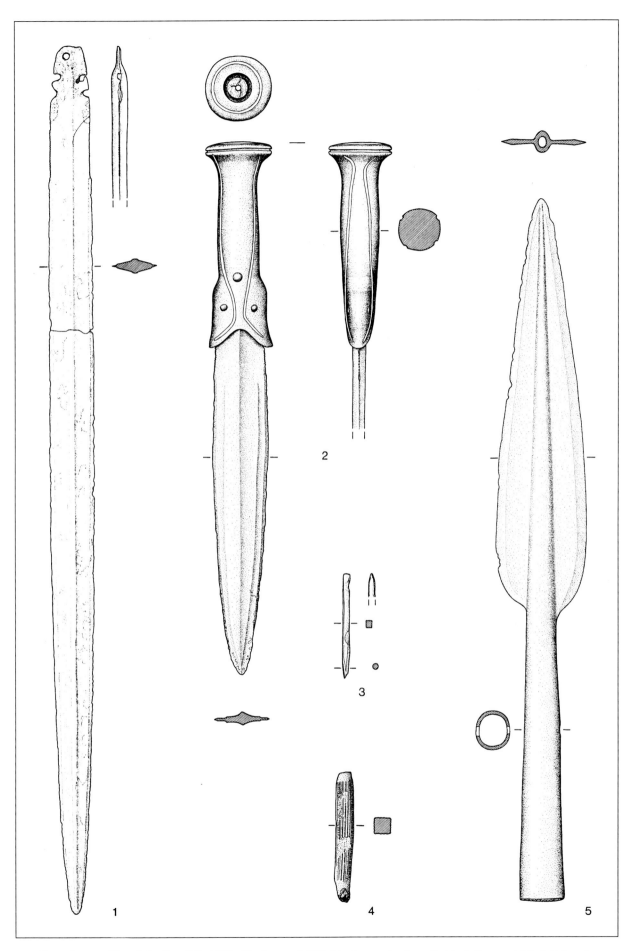

Kressbronn-Hemigkofen (FS 453), Grab von 1963, Bodenseekreis. – 1 M. 1:3, sonst M. 1:2 (nach H. Wocher).

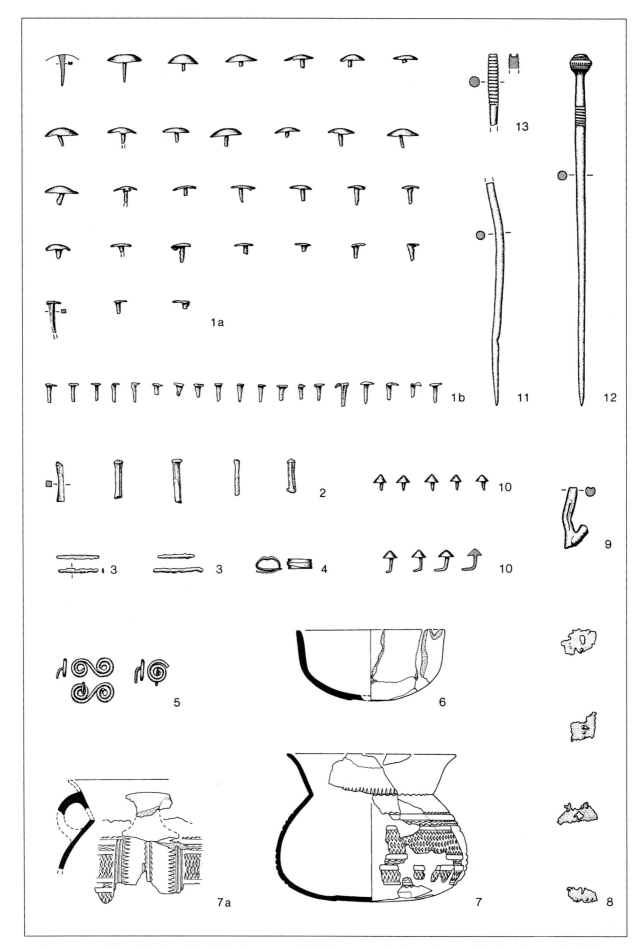

Kressbronn-Hemigkofen (FS 453), Grab von 1963, Bodenseekreis. – Bronze M. 1:2; Keramik M. 1:3
(nach H. Wocher).

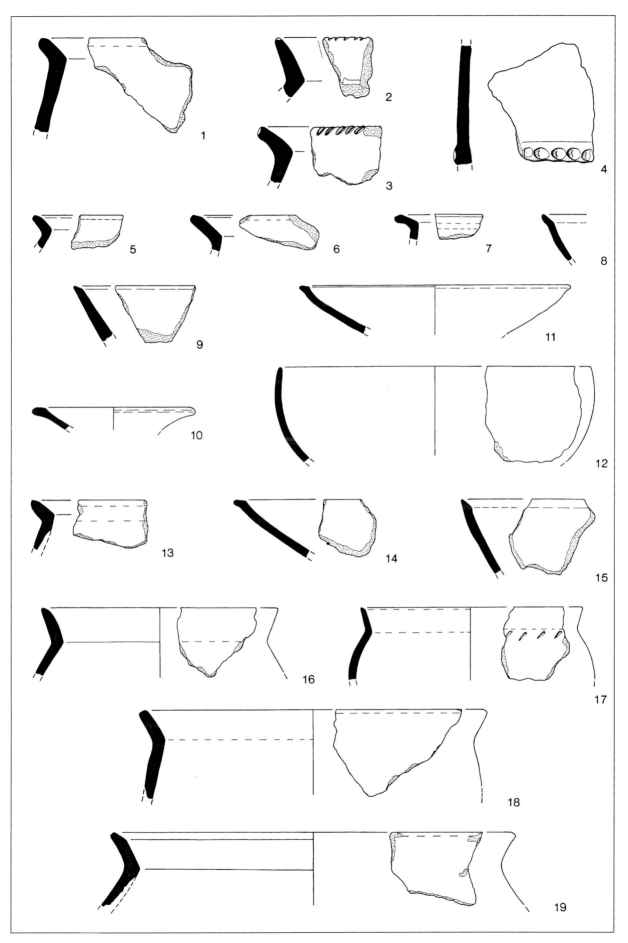

Buchheim (FS 470), „Rockenbusch“, Lkr. Tuttlingen. – M. 1:3.

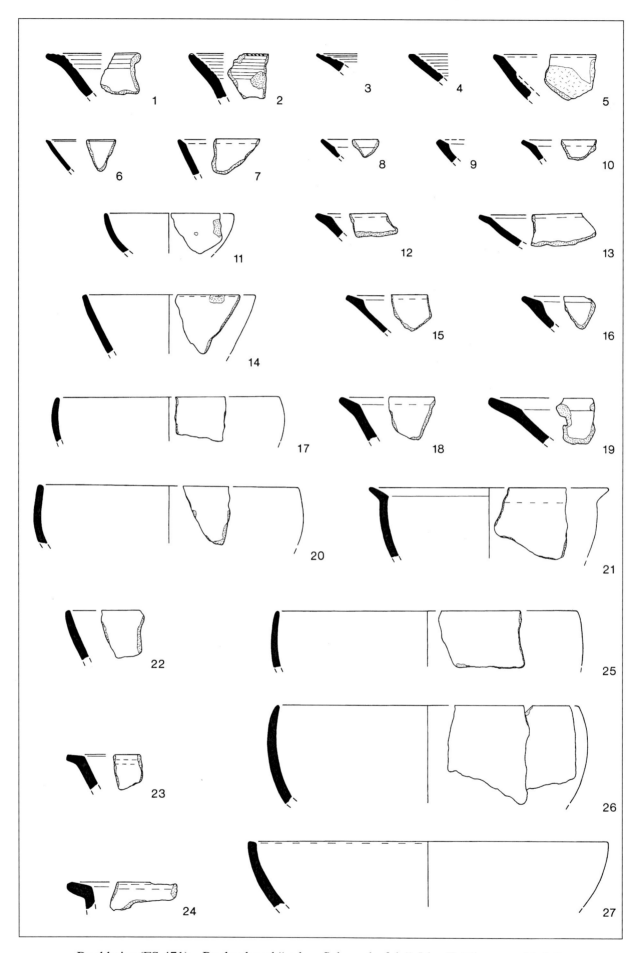

Buchheim (FS 471), „Rockenbusch" oder „Scheuerlesfels", Lkr. Tuttlingen. – M. 1:3.

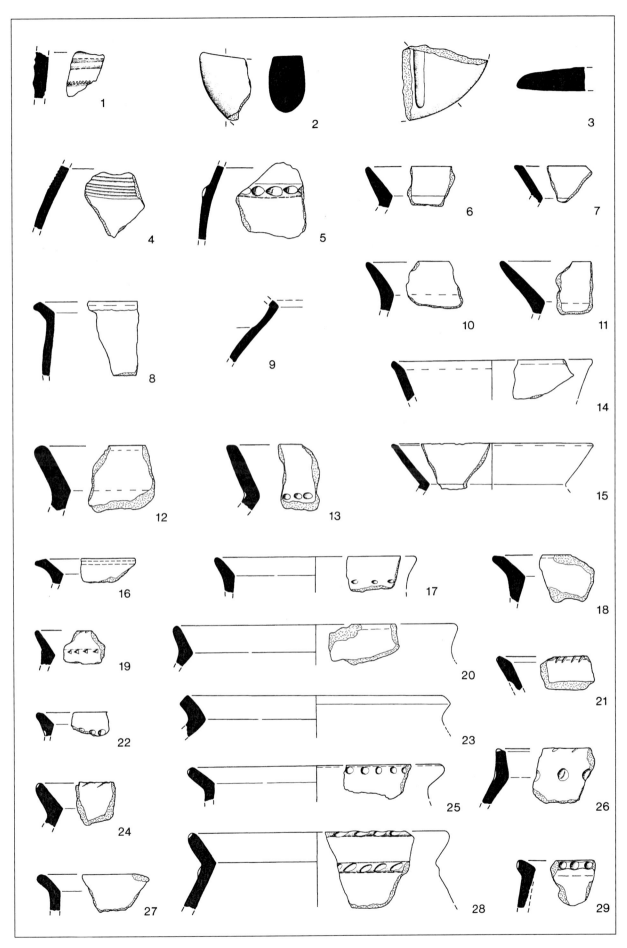

Buchheim (FS 471), „Rockenbusch" oder „Scheuerlesfels", Lkr. Tuttlingen. – M. 1:3.

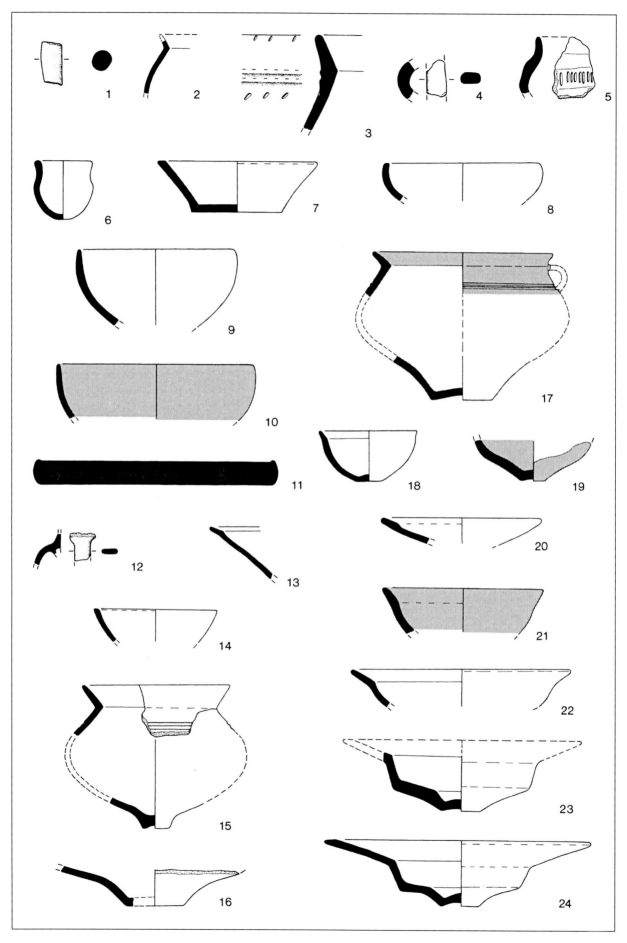

Buchheim (FS 468), Hügel 1, Lkr. Tuttlingen. – M. 1:3 (2.3.6.7.9–11.15.17.18.22 nach W. Kimmig).

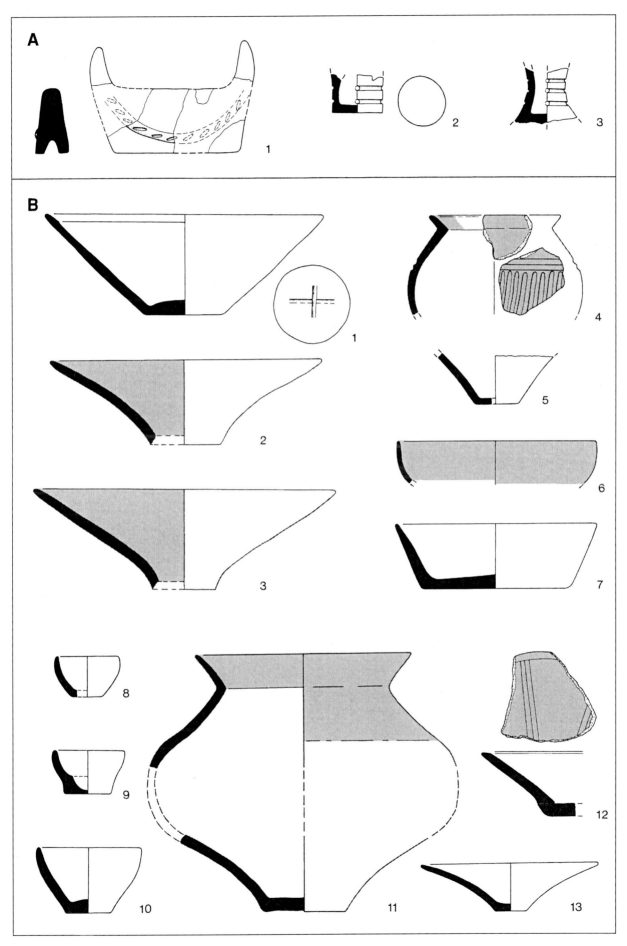

Buchheim (FS 468), A Hügel 1. – B Hügel 6, Lkr. Tuttlingen. – M. 1:3 (B 2.3.7–11.12 ergänzt;13 nach W. Kimmig).

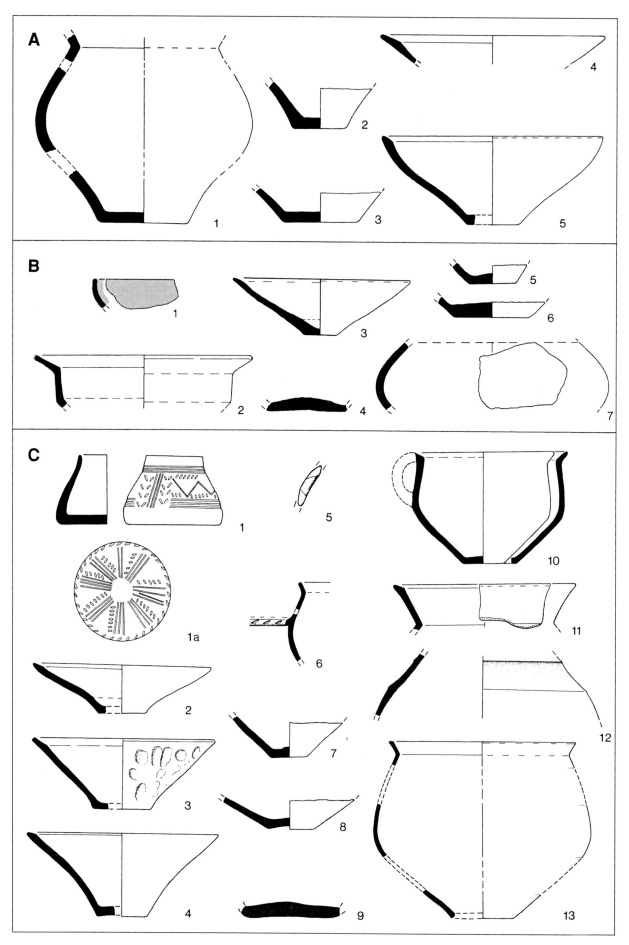

Buchheim (FS 468), A Hügel 3. – B Hügel 7. – C Hügel 8, Lkr. Tuttlingen. – Bronze M. 1:2; Keramik
M. 1:3 (A1–3. C1.2.5.6.13 nach W. Kimmig).

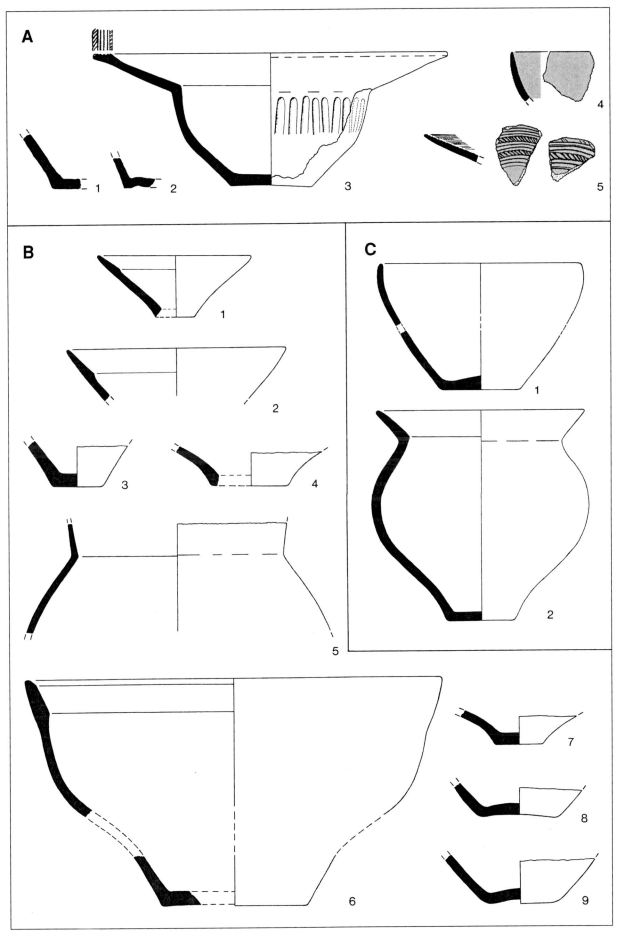

Buchheim (FS 468), A Hügel 9. – B Hügel 10. – C Hügel 11, Lkr. Tuttlingen. – M. 1:3.

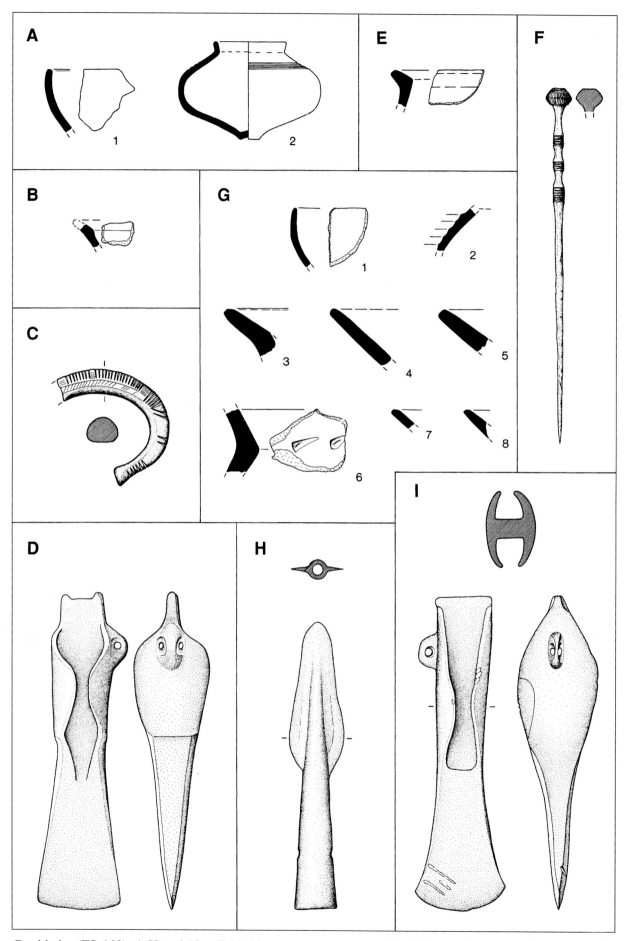

Buchheim (FS 468), A Hügel 12. – B Mahlstetten-Aggenhausen (FS 493). – C Emmingen-Liptingen (FS 473). – D Immendingen-Zimmern (FS 491). – E Gosheim (FS 485). – F Geisingen-Gutmadingen (FS 480). – G Egesheim (FS 472). – H Geisingen-Gutmadingen (FS 481). – I Gosheim (FS 486), Lkr. Tuttlingen. – Bronze M. 1:2; Keramik M. 1:3 (A nach W. Kimmig; C.F nach A. Beck; D.I nach B. Schmid).

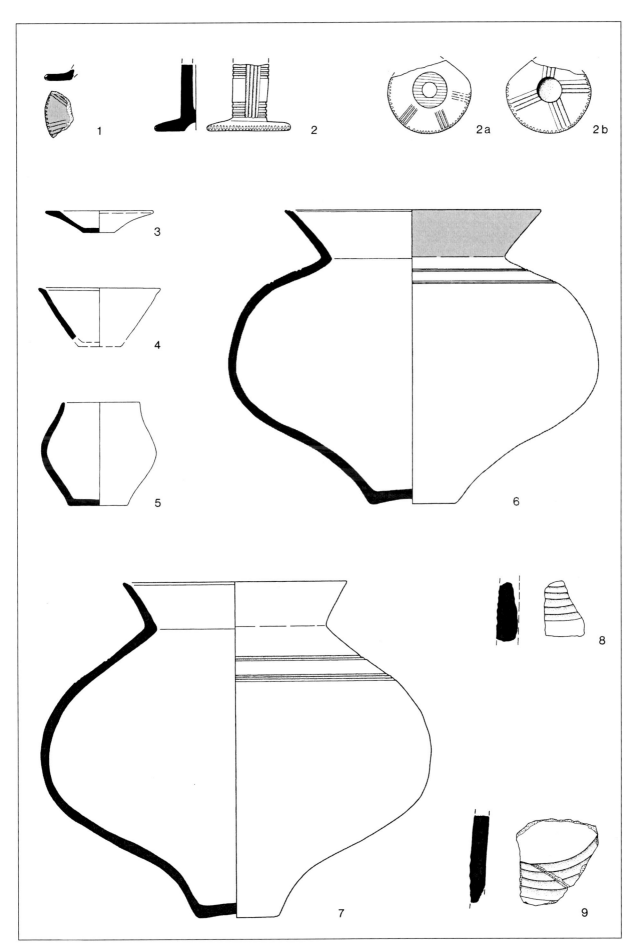

Emmingen-Liptingen (FS 474; dazu Taf. 190 B; 195 B), Grabhügel 2, Lkr. Tuttlingen. – M. 1:3 (5 nach W. Kimmig).

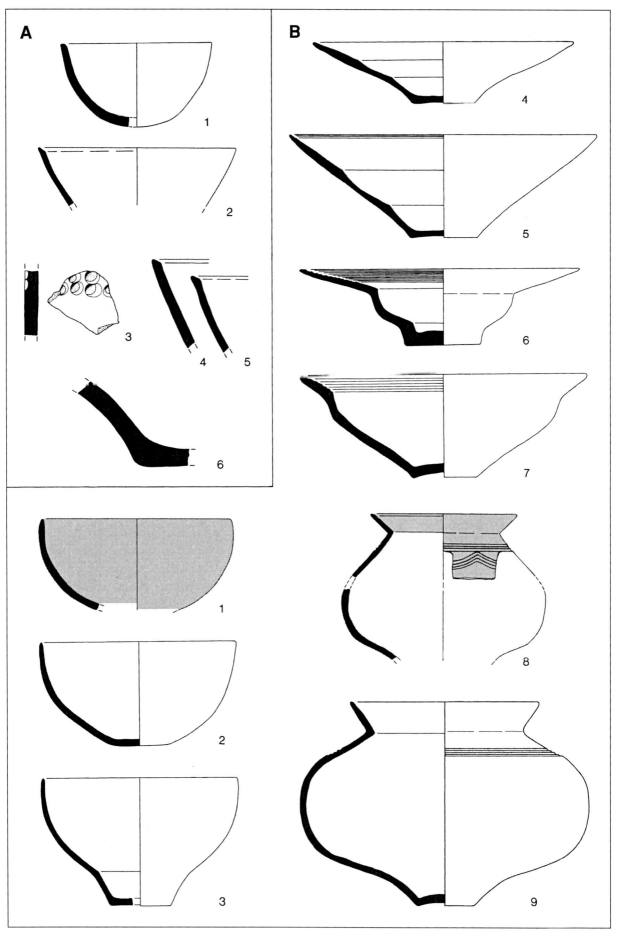

A Geisingen (FS 479), Grab 2. – B Emmingen-Liptingen (FS 474; dazu Taf. 189; 195 B), Grabhügel 2, Lkr. Tuttlingen. – M. 1:3 (A nach B. Schmid; B 6.7 nach W. Kimmig).

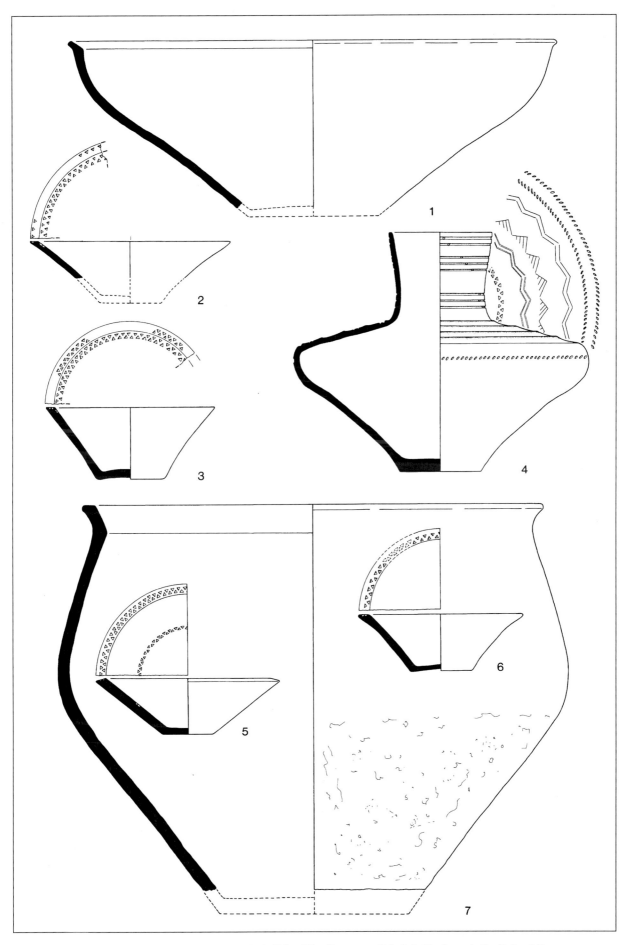

Geisingen (FS 479), Urnengrab 1, Lkr. Tuttlingen. – M. 1:3 (2–6 nach B. Schmid).

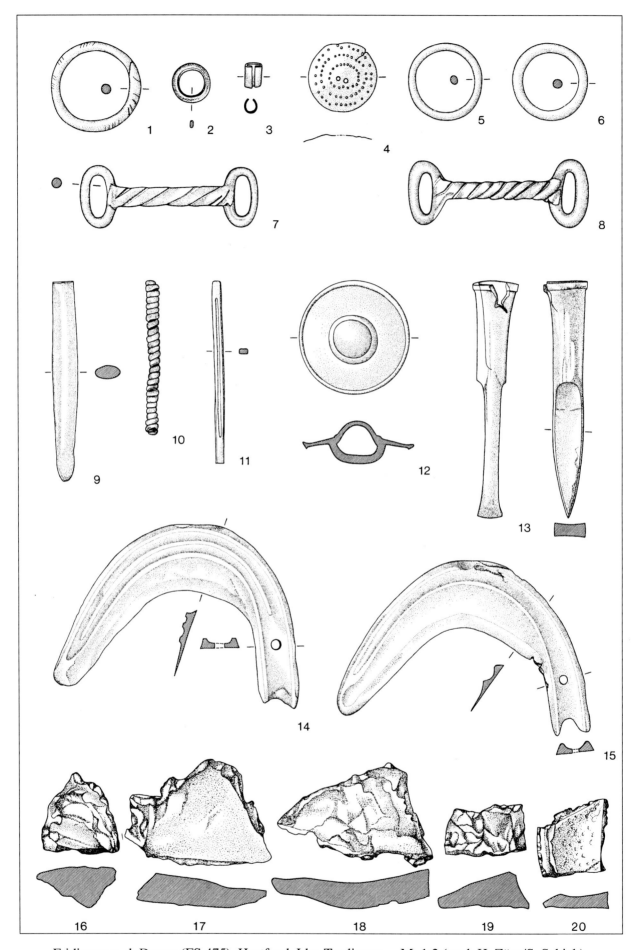

Fridingen a. d. Donau (FS 475), Hortfund, Lkr. Tuttlingen. – M. 1:2 (nach H. Zürn/S. Schiek).

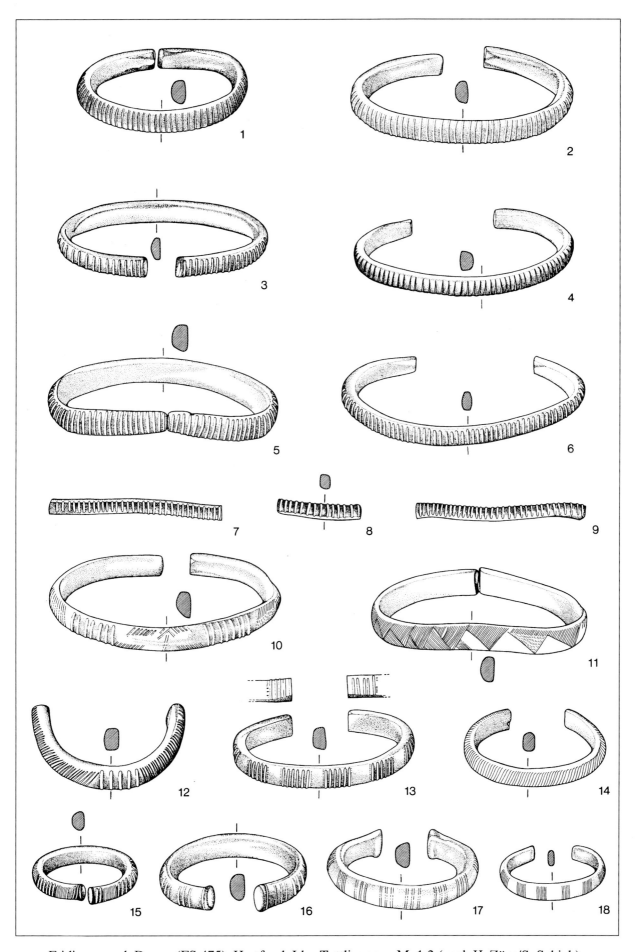

Fridingen a. d. Donau (FS 475), Hortfund, Lkr. Tuttlingen. – M. 1:2 (nach H. Zürn/S. Schiek).

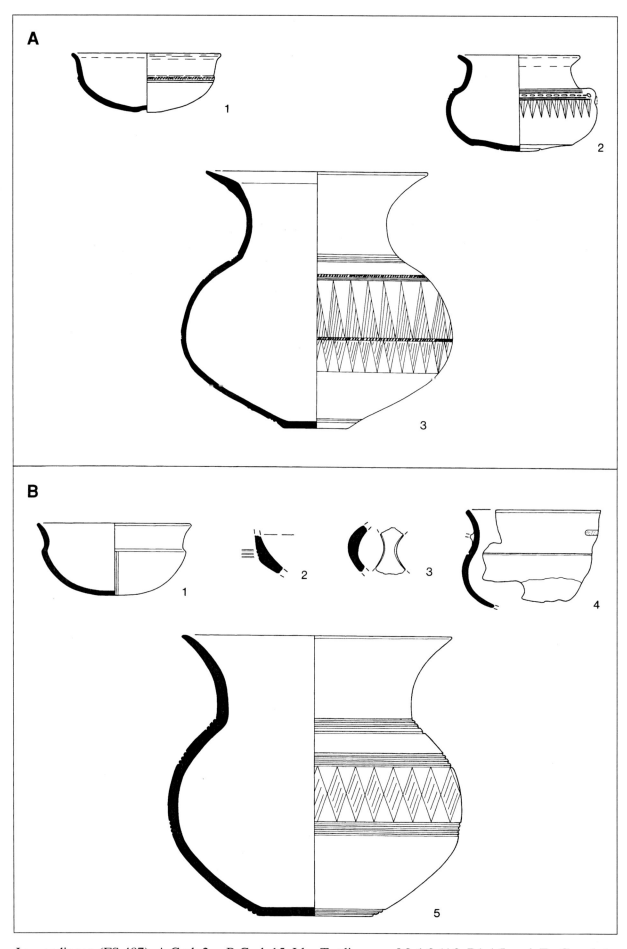

Immendingen (FS 487), A Grab 2. – B Grab 15, Lkr. Tuttlingen. – M. 1:3 (A3. B1.4.5 nach Fr. Garscha).

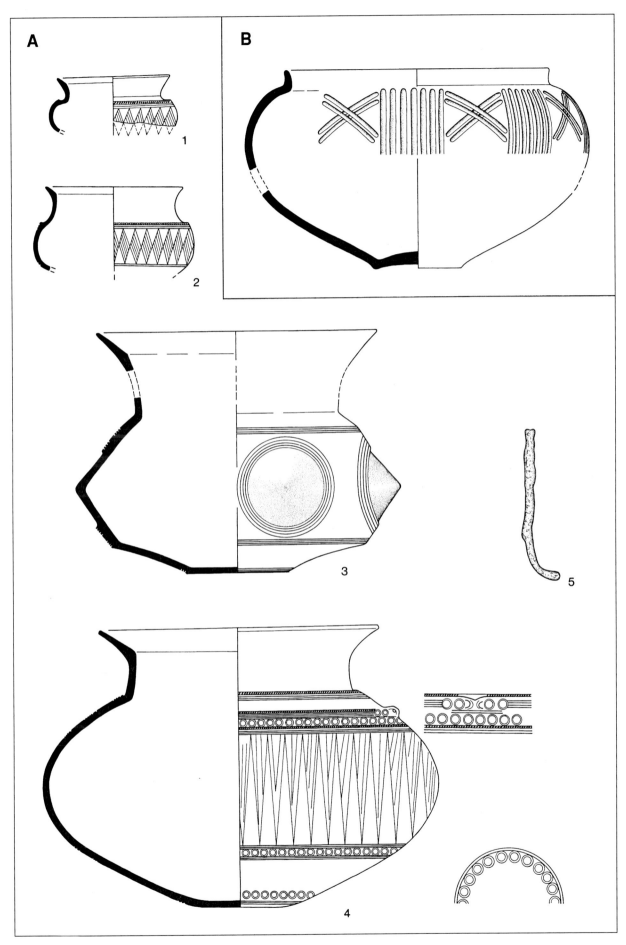

A Immendingen (FS 487), Grab 9. – B Emmingen-Liptingen (FS 474; dazu Taf. 189; 190 B), Grabhügel 2, Lkr. Tuttlingen. – Bronze M. 1:2; Keramik M. 1:3 (A1.3–5 nach Fr. Garscha).

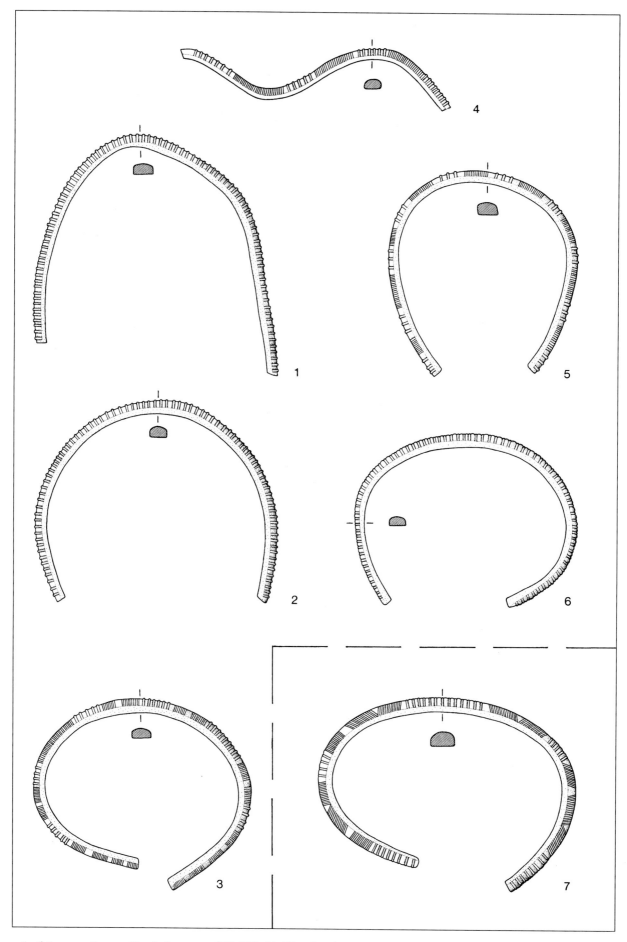

1–6 Immendingen-Bachzimmern (FS 488 A), Hortfund. – 7 „Zimmern" (FS 488 B), Lkr. Tuttlingen. –
M. 1:2 (1–6 nach H. Müller-Karpe).

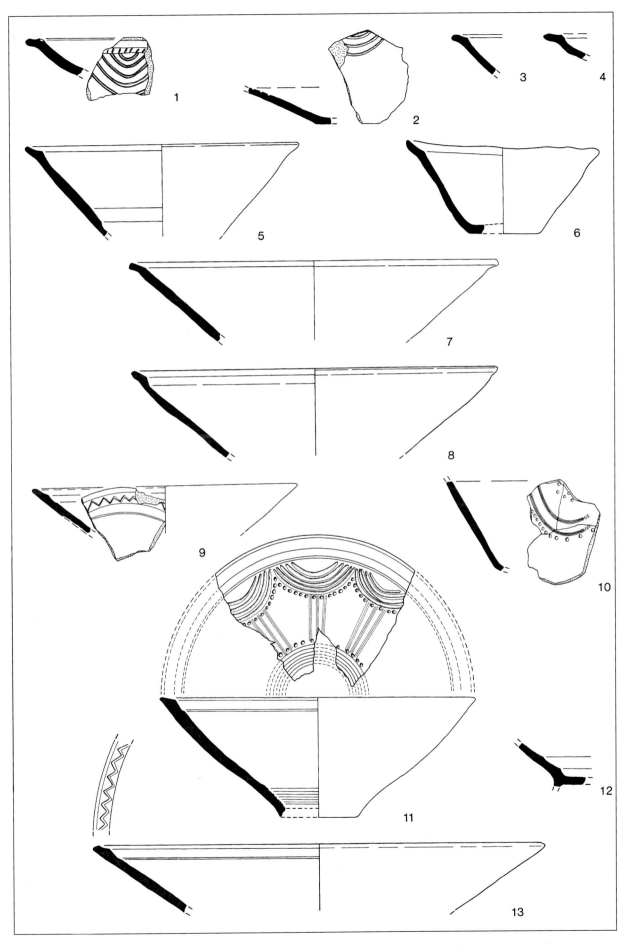

Immendingen-Hintschingen (FS 489), Lkr. Tuttlingen. – M. 1:3 (nach St. Unser mit Ergänzungen).

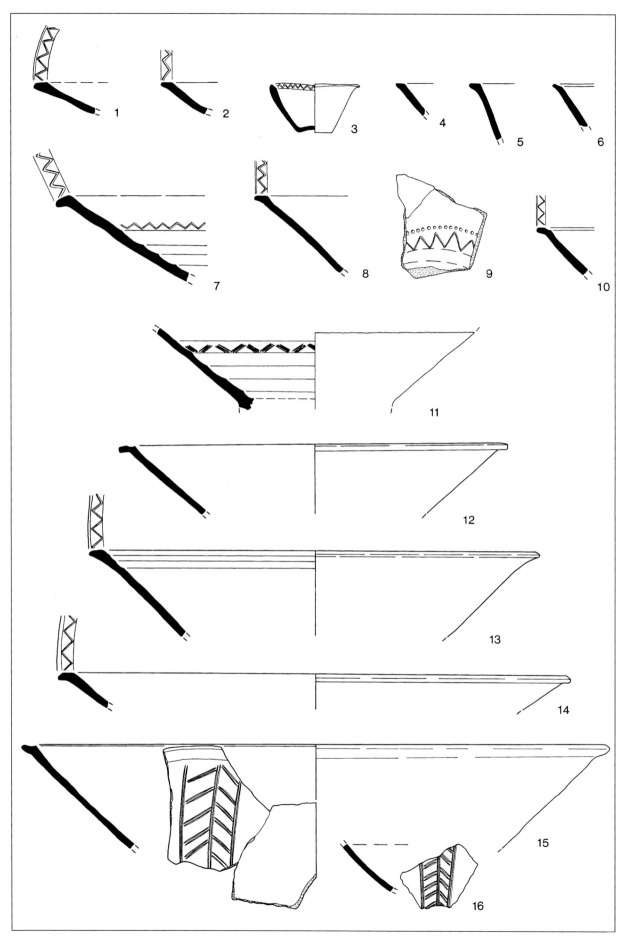

Immendingen-Hintschingen (FS 489), Lkr. Tuttlingen. – M. 1:3 (nach St. Unser mit Ergänzungen).

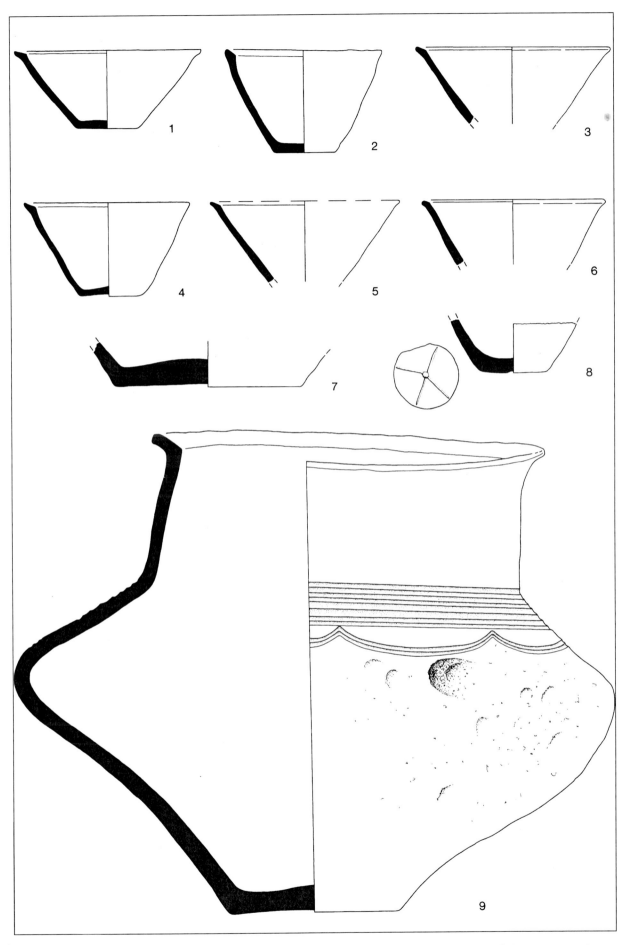

Immendingen-Hintschingen (FS 489), Lkr. Tuttlingen. – M. 1:3 (nach St. Unser mit Ergänzungen).

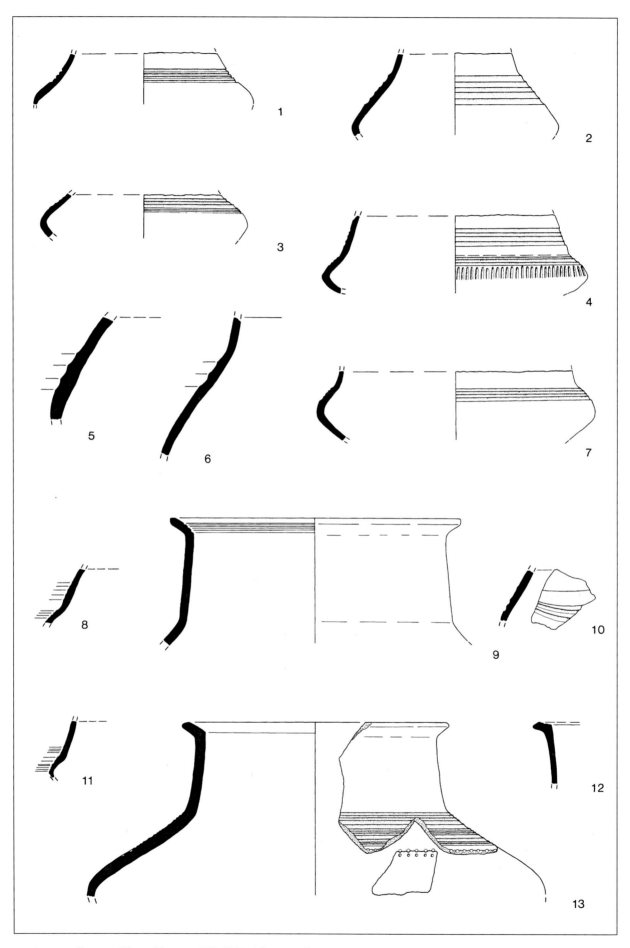

Immendingen-Hintschingen (FS 489), Lkr. Tuttlingen. – M. 1:3 (nach St. Unser mit Ergänzungen).

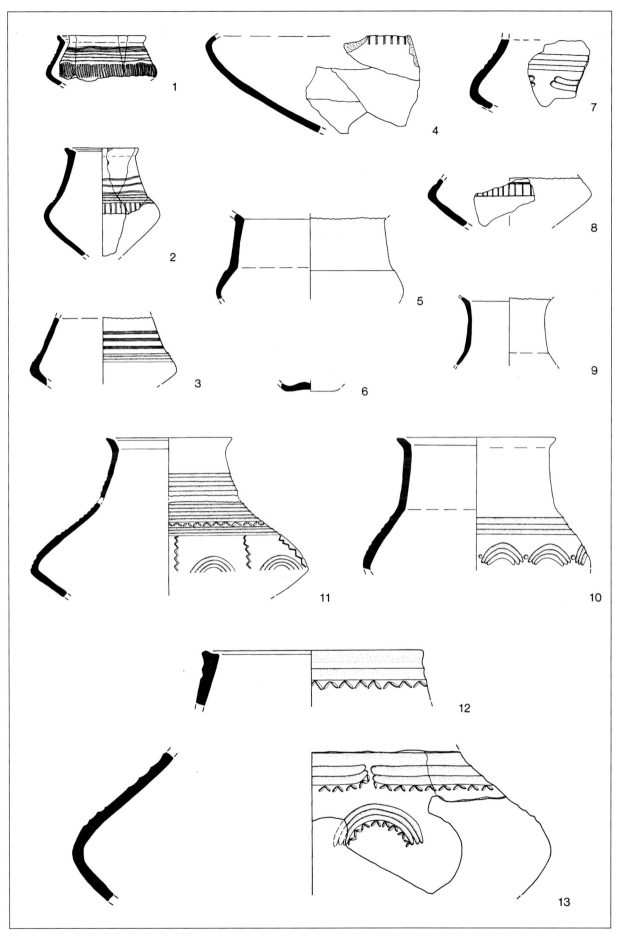

Immendingen-Hintschingen (FS 489), Lkr. Tuttlingen. – M. 1:3 (nach St. Unser mit Ergänzungen).

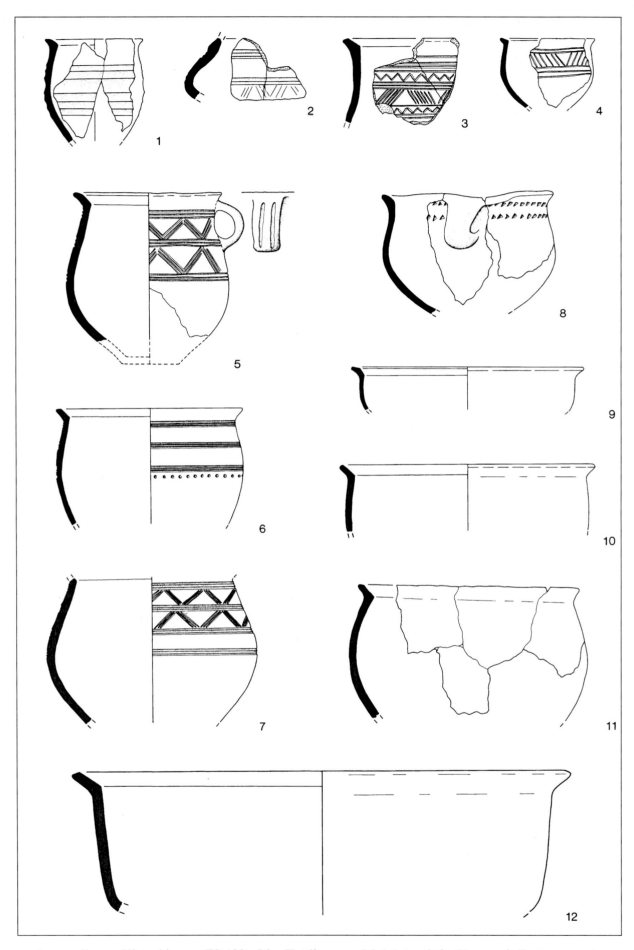

Immendingen-Hintschingen (FS 489), Lkr. Tuttlingen. – M. 1:3 (nach St. Unser mit Ergänzungen).

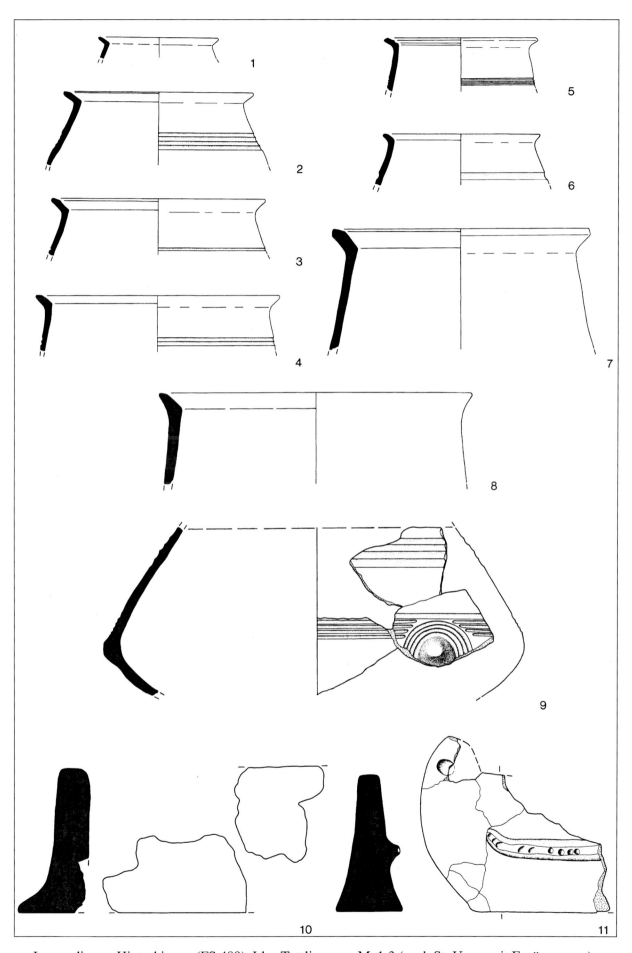

Immendingen-Hintschingen (FS 489), Lkr. Tuttlingen. – M. 1:3 (nach St. Unser mit Ergänzungen).

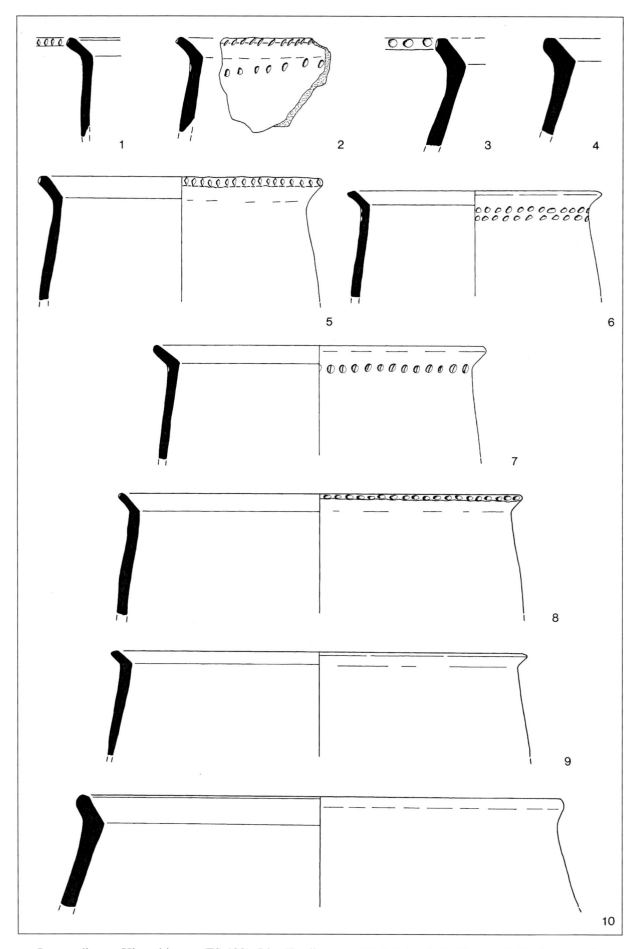

Immendingen-Hintschingen (FS 489), Lkr. Tuttlingen. – M. 1:3 (nach St. Unser mit Ergänzungen).

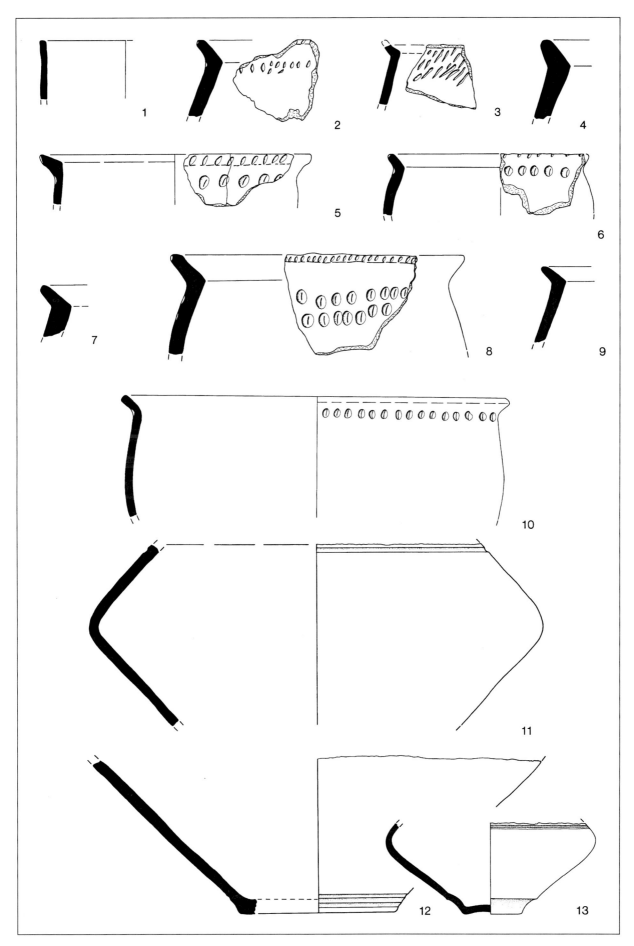

Immendingen-Hintschingen (FS 489), Lkr. Tuttlingen. – M. 1:3 (nach St. Unser mit Ergänzungen).

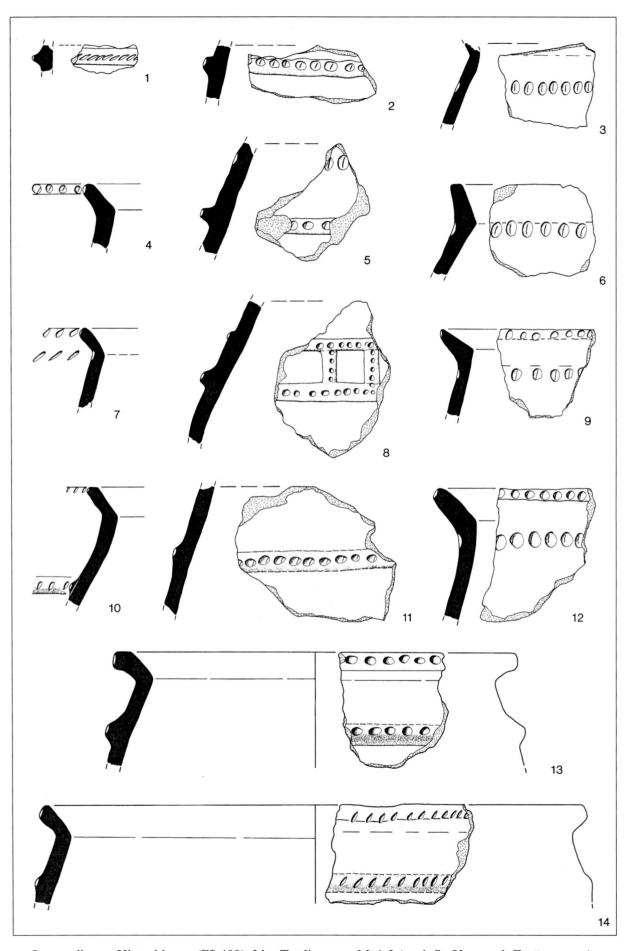

Immendingen-Hintschingen (FS 489), Lkr. Tuttlingen. – M. 1:3 (nach St. Unser mit Ergänzungen).

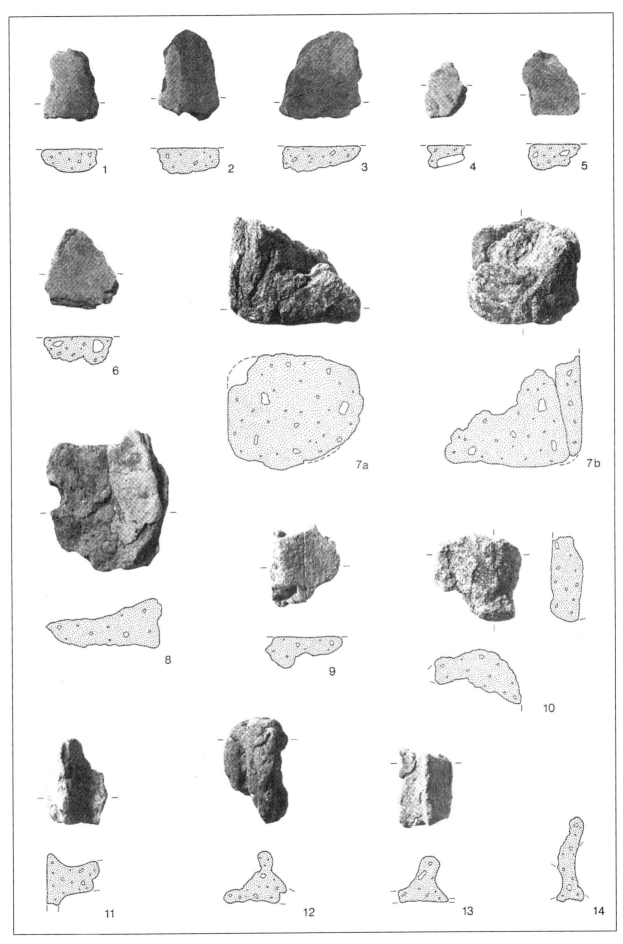

Immendingen-Hintschingen (FS 489), Lkr. Tuttlingen. – M. 1:3.

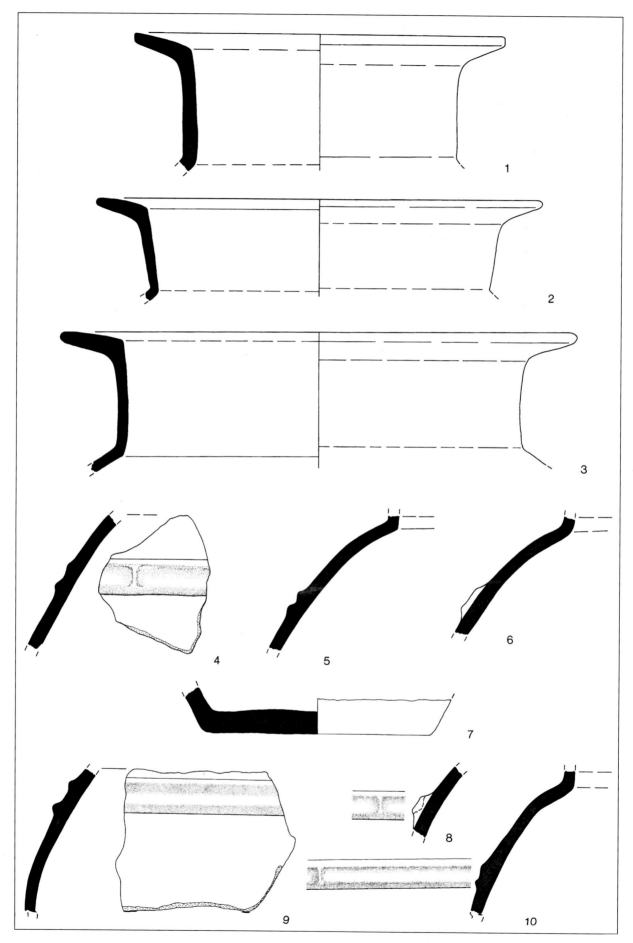

Immendingen-Mauenheim (FS 490), Lkr. Tuttlingen. – M. 1:3.

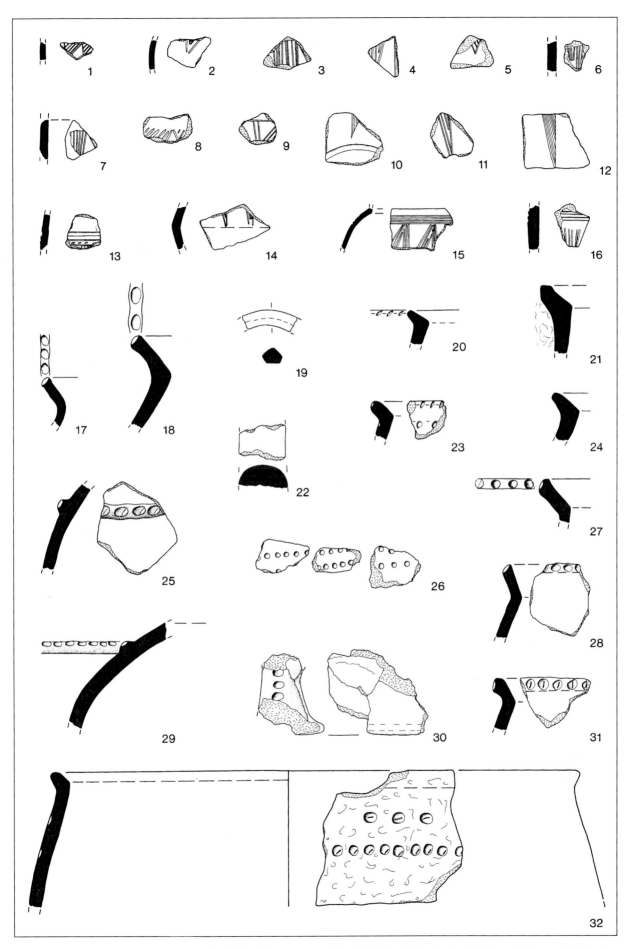

Immendingen-Mauenheim (FS 490), Lkr. Tuttlingen. – M. 1:3 (10–12.17.18.22.26.28.30.31 nach J. Auf -
dermauer).

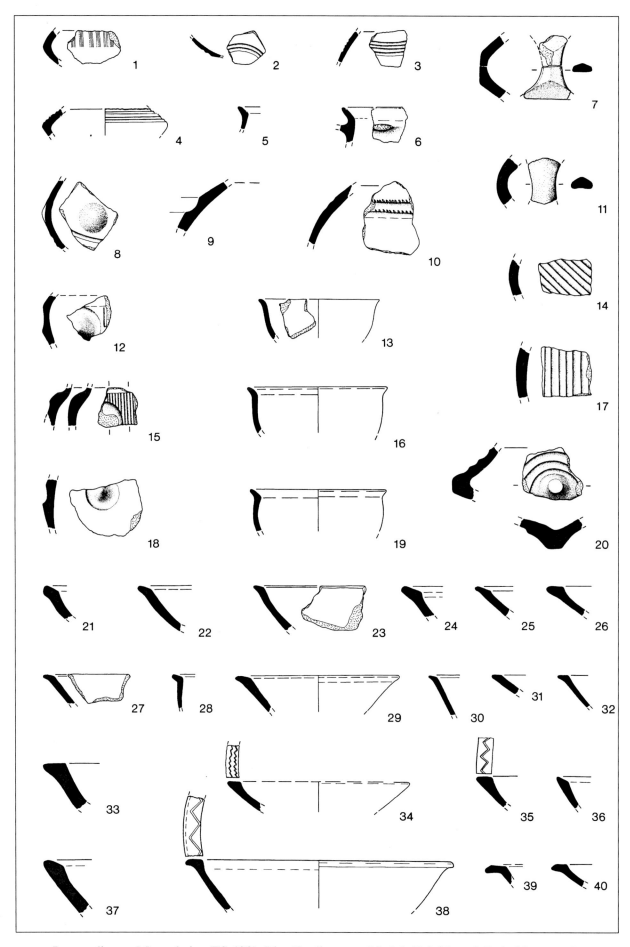

Immendingen-Mauenheim (FS 490), Lkr. Tuttlingen. – M. 1:3 (2.8.12 nach J. Aufdermauer).

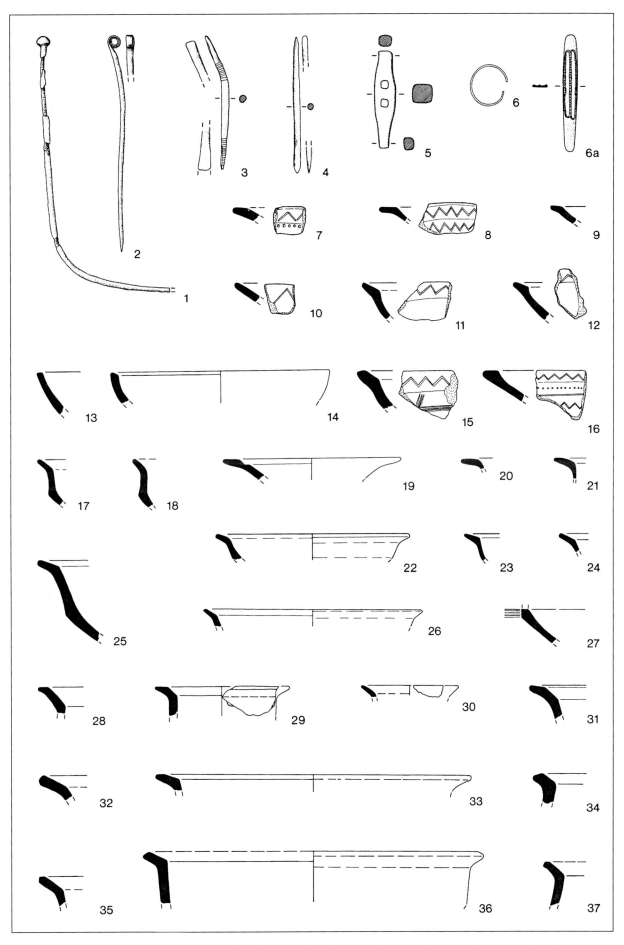

Immendingen-Mauenheim (FS 490), Lkr. Tuttlingen. – Bronze M. 1:2; Keramik M. 1:3
(1.2.10–12.15.17.25 nach J. Aufdermauer).

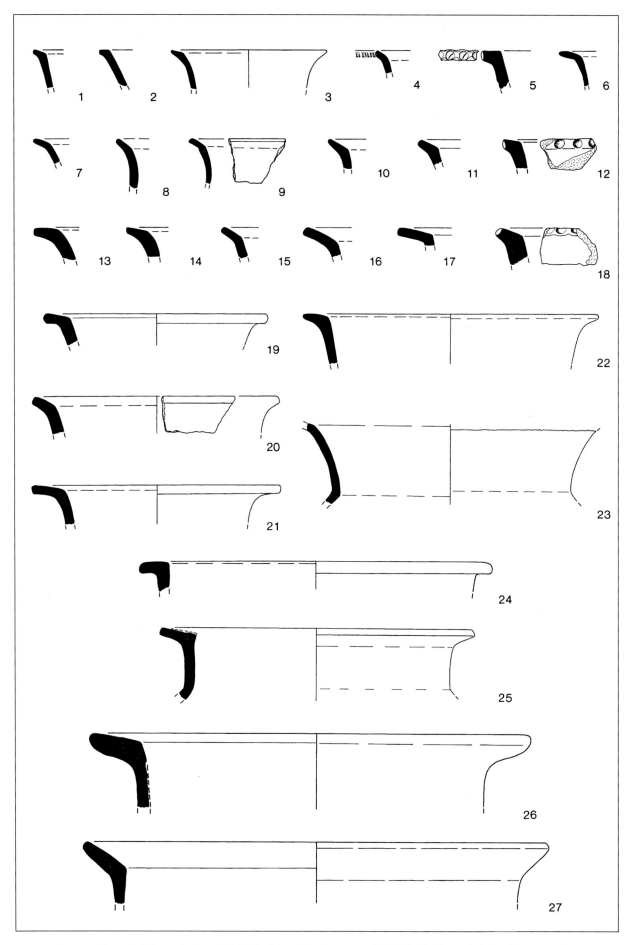

Immendingen-Mauenheim (FS 490), Lkr. Tuttlingen. – M. 1:3 (6.17 nach J. Aufdermauer).

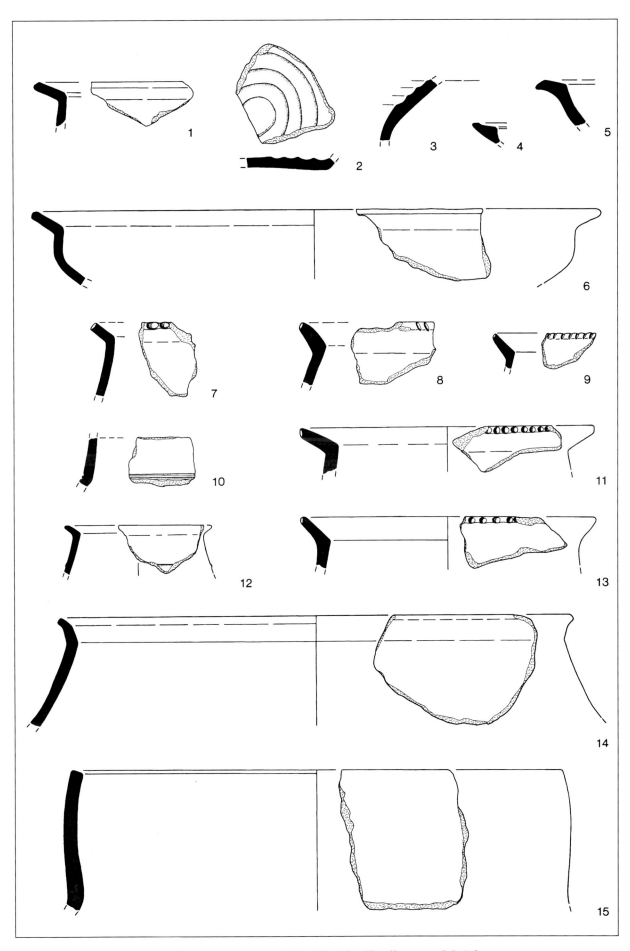

Mühlheim a. d. Donau (FS 496), Lkr. Tuttlingen. – M. 1:3.

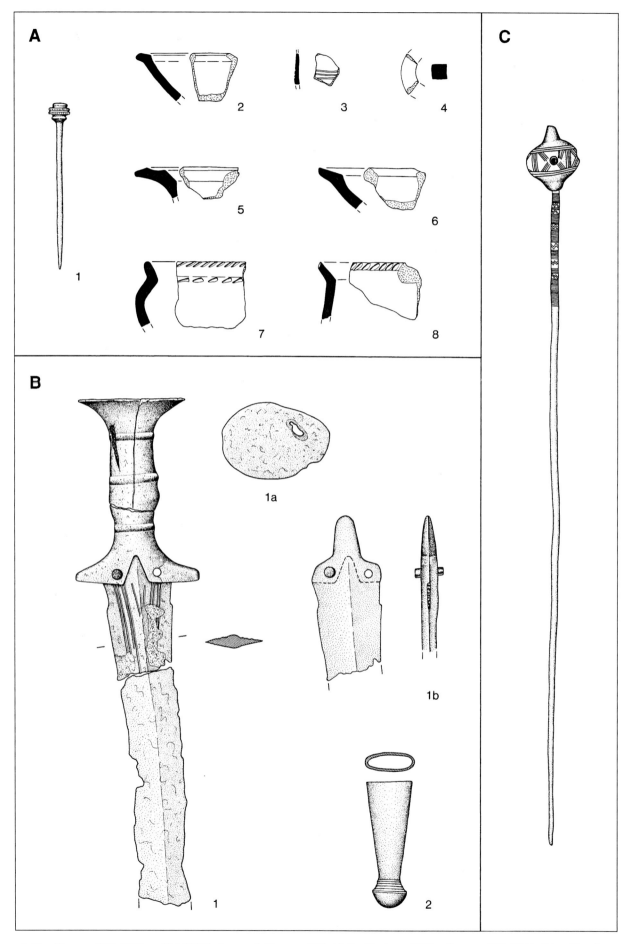

A Tuttlingen (FS 499). – B Mühlheim a. d. Donau (FS 495), Grab. – C Tuttlingen (FS 509), Lkr. Tuttlingen. – Bronze M. 1:2; Keramik M. 1:3 (C nach H. Zürn/S. Schiek).

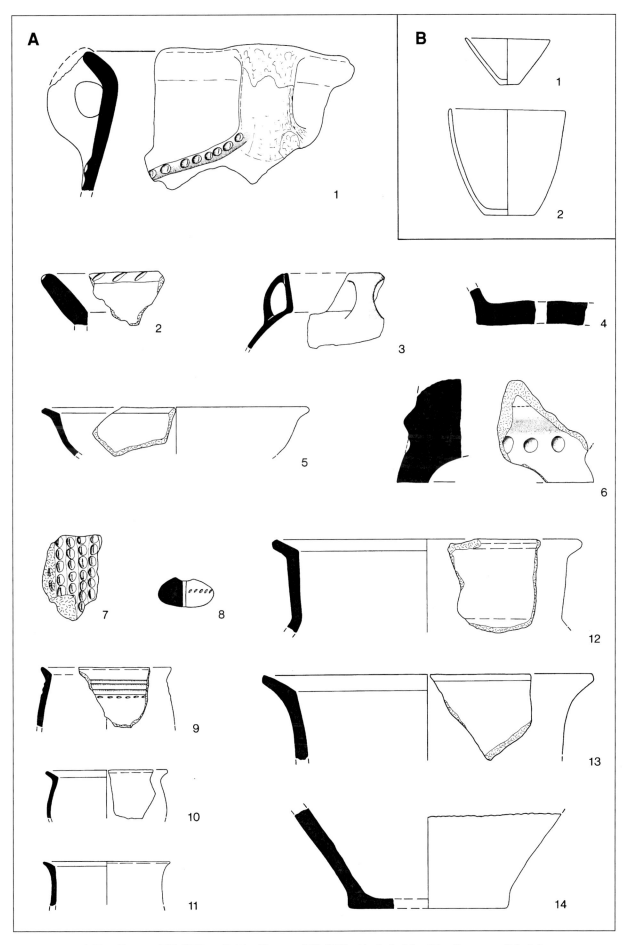

A Tuttlingen (FS 500). – B Tuttlingen (FS 501), Grab 1, Lkr. Tuttlingen. – M. 1:3.

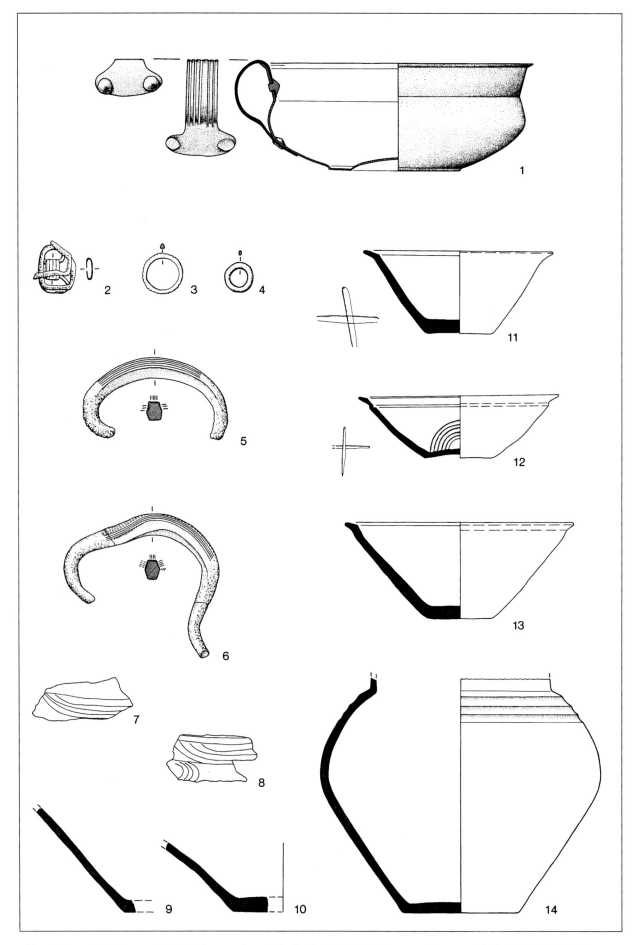

Tuttlingen-Möhringen (FS 511), aus einem(?) Grab, Lkr. Tuttlingen. – Bronze M. 1:2; 14 M. 1:6, Keramik sonst M. 1:3.

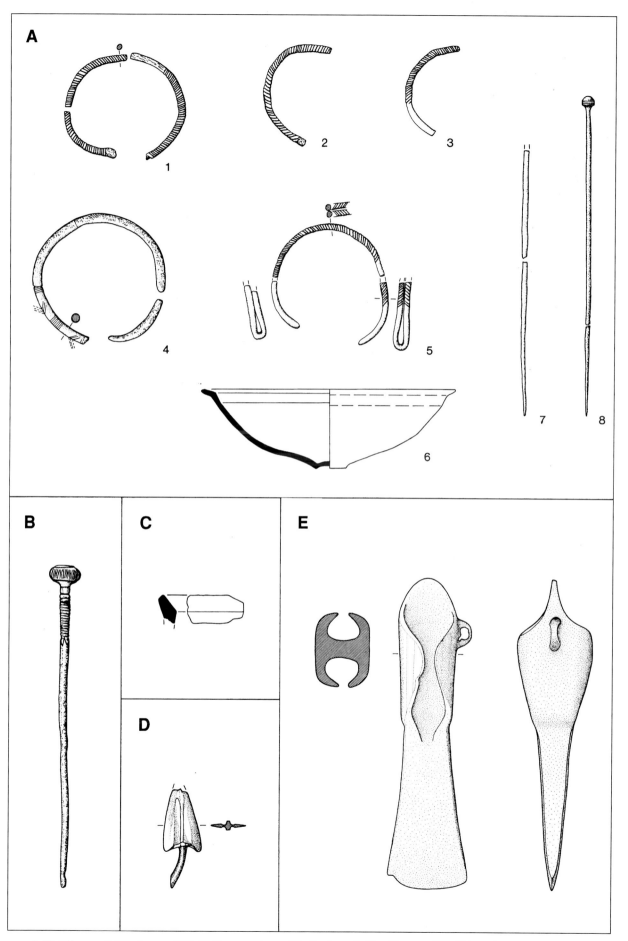

A Tuttlingen-Möhringen (FS 511), aus einem(?) Grab. – B Tuttlingen (FS 507), Lkr. Tuttlingen. –
C Rottweil-Neukirch (FS 517), Lkr. Rottweil. – D Irndorf (FS 492). – E Tuttlingen-Möhringen
(FS 510), Lkr. Tuttlingen. – Bronze M. 1:2; A 6 M. 1:6; Keramik sonst M. 1:2 (A 6 nach
W. Kimmig; C nach A. Beck; D nach H. Zürn/S. Schiek; E nach B. Schmid).

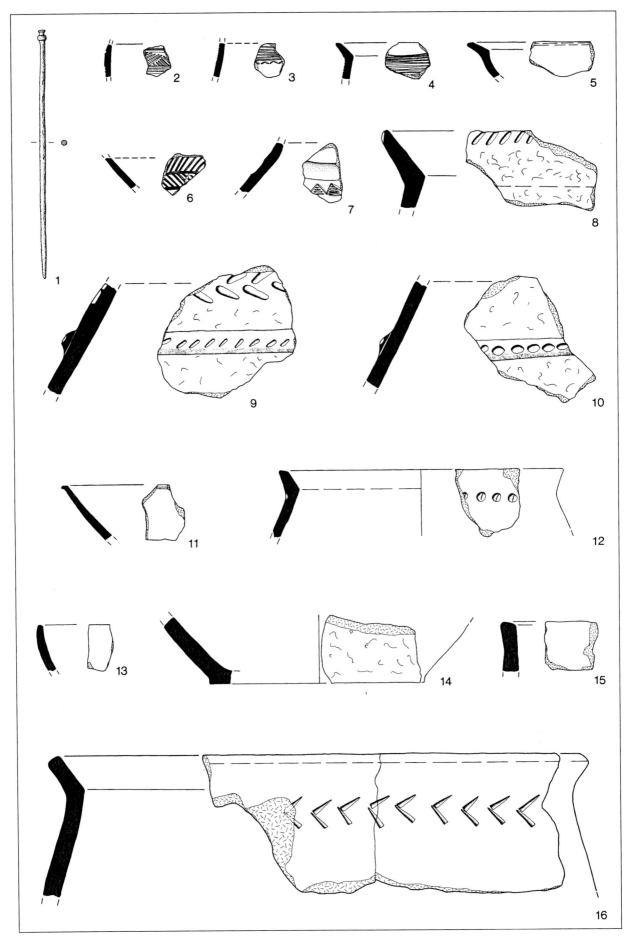

Donaueschingen (FS 521), Schwarzwald-Baar-Kreis. – Bronze M. 1:2; Keramik M. 1:3.

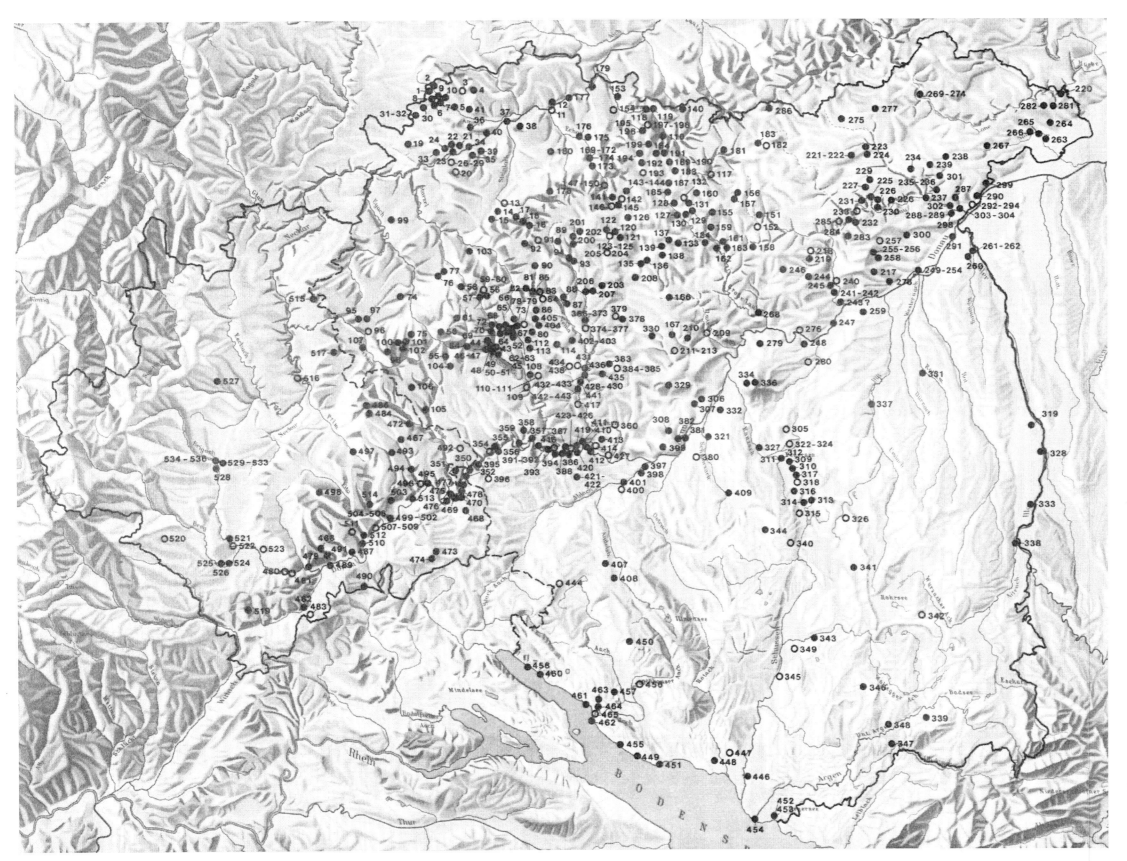

Kartierung aller Fundstellen (vgl. Teil 1, 418 ff.).

● Fundstelle, Gewann genau lokalisierbar

O Fundstelle nur auf Markung bzw. Region ein-
   grenzbar

? Fundstelle nicht lokalisiert bzw. Fundort unsicher

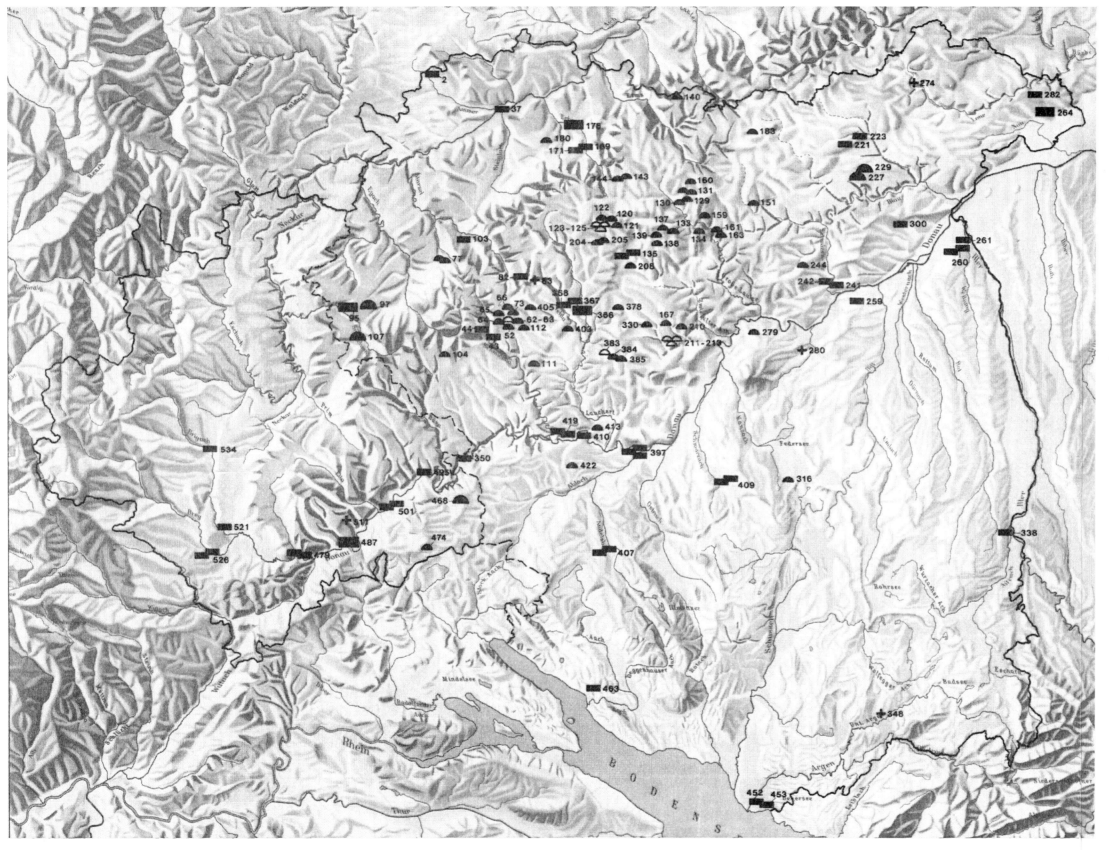

Kartierung der Bestattungsplätze (vgl. Teil 1, 424 ff.).

Grabhügel

Zwei und mehr Grabhügel

Grabhügel? (wahrscheinlich)

Flachgrab (kein Grabhügel beobachtet oder nachweisbar)

Zwei oder mehr Flachgräber

+   Grabform unbekannt

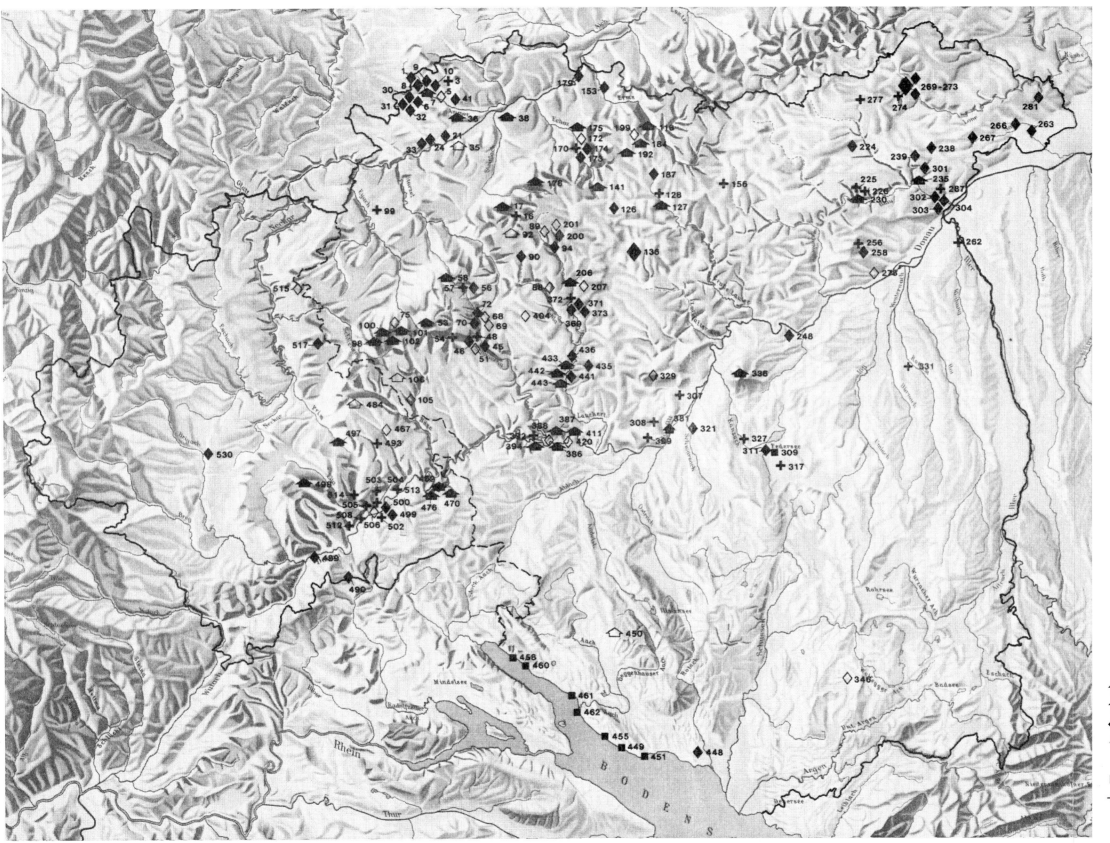

Kartierung der Siedlungsfundstellen (vgl. Teil 1, 426 ff.).

⬥ Siedlung in Schutzlage
⇧ Siedlung in Schutzlage (Funde verschollen)
◆ Siedlung im offenen, ungeschützten Gelände
◇ Siedlung im offenen, ungeschützten Gelände (Funde verschollen)
■ Feuchtbodensiedlung, Seeufersiedlung
+ Wenige oder nur feintonige Scherben (Grab- oder Siedlungsfund?)

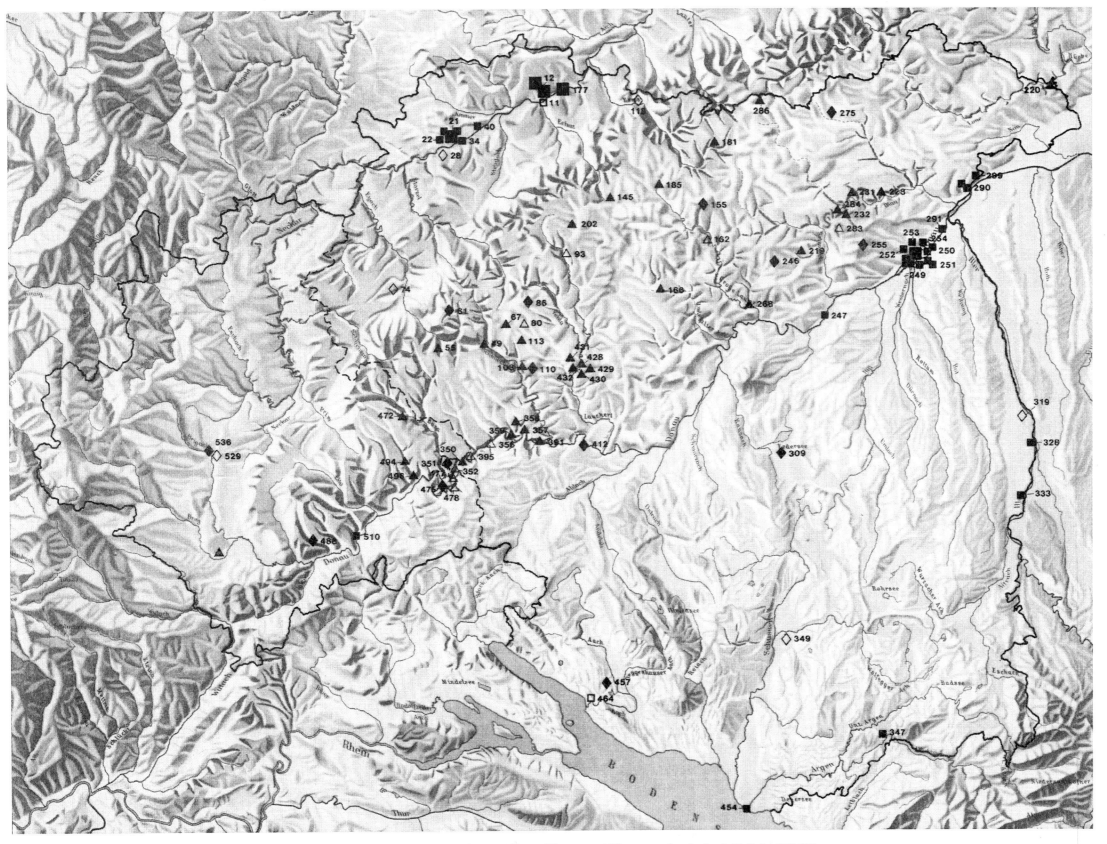

Kartierung der Höhlen, Felsüberhänge, Hort-, Fluss- und Flussauenfunde (vgl. Teil 1, 428 ff.).

▲ Höhle oder Felsüberhang

△ Höhle oder Felsüberhang (Funde verschollen)

◆ Hort

◇ Hort (unsicher)

■ Flussfund, Flussauenfund

□ Flussfund?, Flussauenfund?

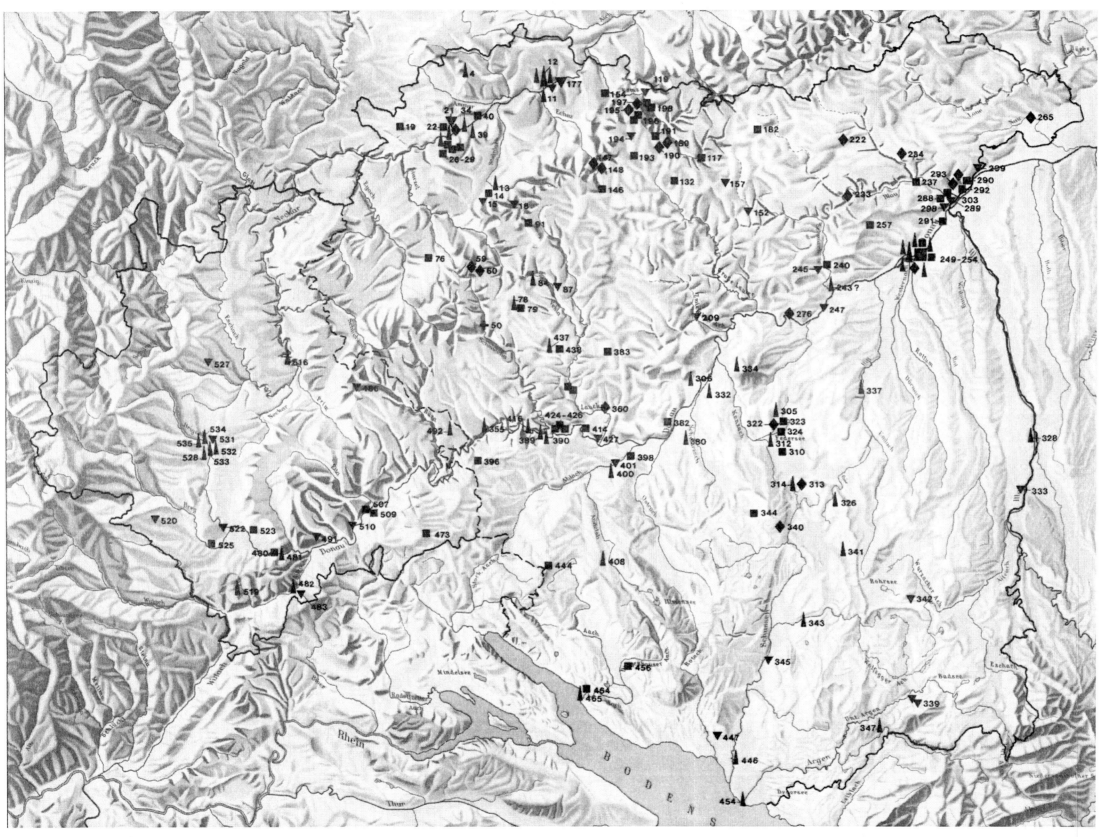

Kartierung der Einzelfunde, einschließlich der Fluss- und Flussauenfunde (vgl. Teil 1, 430 ff.).

▲ Waffen: Schwert, Lanze, Pfeilspitze
◆ Schneidegerät: Dolch, Messer
▼ Gerät: Beil, Sichel, Meißel
■ Schmuck: Nadel, Ring
+ Sonstige Bronzeobjekte